袁騰飛講成吉思汗

袁騰飛◎著

他一生充滿傳奇，凝聚了個人奮鬥，團隊發展，政權興盛的一切智慧！

成吉思汗，是世界歷史上最具影響力，也是爭議最大的人物之一。
他年少喪父，幾次身臨絕境，最終卻成為震撼世界的一代天驕；
他率領的游牧部落迅速崛起，創建了人類歷史上疆域最大蒙古帝國；
他用兵如神，先後經歷六十多場戰役而鮮有敗績，多次以少勝多，堪稱一代戰神；
他馭下情同手足，一生殺戮無數，深諳弱肉強食的人類生存法則……

目錄

他，建立了世界上最大的帝國，卻沒有留下一座小小的墳墓。

他，一生雄才偉略，英勇無敵，卻在童年時歷經苦難，數次命懸一線。

他，在世界文明史上留下了血與火的深深印跡。

他就是被稱爲一代天驕的成吉思汗！

自序：歷史是一面鏡子

三年前，在錄製《騰飛五千年》的時候，我的製作團隊正好在幫助一家電視臺製作「世界名人」的節目，公司讓我主講成吉思汗，也作為《騰飛五千年》的一部分。節目錄製完成後，經泰學（北京）文化傳媒有限公司聯繫，將於近期與觀眾見面。於是，就有了呈現在您面前的這本書。

出版《兩宋風雲》時，我在後序中寫了我從小對歷史的喜愛和敬意，以及長大以後成為一名歷史教師的自豪和責任。在此，我還想說明一點的是，我不是歷史學家，不是專家學者。我大學讀的是歷史教育學，說白了就是怎麼教歷史，而不是怎麼研究歷史。走上工作崗位，站在三尺講臺上時，我明白了歷史要想讓學生愛聽，必須會講故事！《史記》《漢書》《三國志》個個都是講故事的高手，裡面多對話、多心理活動、多細節描寫，使已經深埋地下、過去久遠的人和事一下變得活靈活現、生動有趣。讓我感到遺憾的是，我們的教科書太枯燥了，缺少故事性和趣味性，只有「三省六部、九品中正、重農抑商、閉關鎖國、百家爭鳴、獨尊儒術……」靈動的歷史變成了一堆乾巴巴的名詞概念。學生們聽著這一堆抽象的概念，難免打瞌睡。

我有時候中午乘計程車，發現幾乎每一位司機師傅都在聽評書，《三國演義》《水滸傳》《大明英烈》等等，為什麼人們百聽不厭？因為它們講故事！所以，想讓中國人對祖宗曾經幹過的事、對祖宗的生活感興趣的唯一法子，就是給他們講祖宗的故事！

基於上述想法，我很想把華夏五千年的歷史以故事的形式詳盡地講給大家聽。這些故事取自傳統史書和史學大家的著述，可以看作情節真實的評書。有人說我就是一個「說書的」，我很高興得到這個評價，願意繼續說下去，說好，說精彩！

幾年來，我雖然離開了百家講壇，但並沒有離開講臺。感謝曾為我製作《兩宋風雲》和《塞北三朝》的王詠琴老師，為我量身訂製了一檔大型系列節目《騰飛五千年》，從三皇五帝一直講到清帝遜位，力爭把中國歷史做一個詳盡的講述。目前，這個節目還在錄製中。

我和我的製作團隊及投資方之所以篳路藍縷、苦心孤詣地要製作完成《騰飛五千年》，不惜投入血本，就是想用講故事的形式使中國歷史為人熟知，重受重視。歷史是一面鏡子，了解歷史才能了解今天。一個熟悉自己歷史的民族，才會是一個強大的民族。

《袁騰飛講成吉思汗》能夠和大家見面，應該感謝李志峰先生的大力支持。作為製作投資方，他們不惜血本，以砸鍋賣鐵的精神投入製作，兩年多只投入不產出，個中艱辛，非言語能表。感謝泰學（北京）文化傳媒有限公司的執行董事牛博楊先生、總經理黑德侖先生，是他們使這個節目能見天日。最後，還要特別感謝我的母親和妻子在我最困難的時候給我的理解、支持和鼓勵！

謝謝大家！希望這本書能得到大家的喜歡。

第一講

黃金家族多劫難

1.草原傳說：黃金家族的由來

距今大約八百多年以前，在蒙古高原上橫空出世了一位偉大的人物，在他的帶領下，蒙古高原上一盤散沙似的各個部落，最終匯聚成了一個強大的帝國。

這個帝國在極盛的時候，它的面積大概佔了地球陸地表面積的三分之一，是人類歷史上疆域最大的國家，國土面積相當於蘇聯的一．五倍、今日俄羅斯的二倍左右。

那麼是誰把一個小部落發展成了這樣一個龐大的帝國？進而這塊高原都用這個部落的名字來命名呢？這就是中國歷史上的傑出人物，也是世界歷史上的著名人物——成吉思汗。是什麼力量讓他所向披靡？是怎樣的性格使他成就千古霸業？他那顯赫的黃金家族，又有著怎樣的起源與傳說？

蒼狼白鹿的美麗傳說

關於成吉思汗和蒙古民族的起源，有很多種說法。蒙古人跟鮮卑人出於同源，《舊唐書》把他們記載為蒙兀人，意思是永恆跳動的火焰。後來蒙兀人分成了很多部落，其中有一部叫作蒙古部。

蒙古一開始只是一個部落名，後來成吉思汗完成草原的統一之後，才用自己這個部落的名字來命名草原上所有的部落，從而形成了蒙古族。後來這個地方也被稱為蒙古高原。

蒼狼白鹿的傳說

蒙古民族的起源有一個非常美麗的傳說。在蒙古高原上有一條著名的河流叫斡難河，被蒙古民族看作是聖河。據說，在遙遠的時代，有一頭蒼色的（就是深青色的）狼和一頭白色的鹿——這當然是神狼和神鹿了，沿著斡難河源行至此處，一見鍾情結合了。

我們知道，北方民族的起源有很多這樣的美麗傳說，比如契丹族起源的傳說是白馬青牛——騎白馬的神仙和騎青牛的神仙結合產生了契丹人。傳說中蒙古民族的起源也是這樣，是蒼狼和白鹿結合產生的後代。

實際上，據歷史學家考證說，可能是一個以蒼狼為圖騰的氏族的男子，和一個以白鹿為圖騰的氏族的女子結合，他們繁衍的後代形成了蒙古民族。

娶個美女做媳婦

他們的後代繁衍生息了不知多少代之後，終於出現了一位史籍上有明確記載的人物——朵奔篾兒干。

朵奔篾兒干和他的哥哥有一次出去放牧。蒙古草原上有高低起伏的山巒，有流水潺潺的河流，景色非常怡人。朵奔篾兒干和哥哥看著天高雲淡的景色，感到心曠神怡。

兩個人正被眼前的美景陶醉的時候，朵奔篾兒干的哥哥突然說，弟弟你看見沒有？那邊來了一隊牧民，當中有一個特別美麗的女子。我去問問這個女子嫁人沒有，如果沒有嫁人，就給你娶來當媳婦。

朵奔篾兒干一聽，要給我娶個美女做媳婦，這還有什麼可猶豫的啊？於是，倆人打馬揚鞭就向這隊人迎了過去。

朵奔篾兒干雖然非常開心，但是小夥子比較羞澀，不好意思張口。他哥哥就問這隊牧民中的老者，這個美女是你什麼人？老者說是我外孫女。出嫁了沒有？沒出嫁。那好，你看我弟弟怎麼樣？

這時候，朵奔篾兒干趕緊一挺胸脯往前一湊，英雄美人初次相見，彼此之間一見鍾情，就擦出火花來了。

老者也很願意把自己的外孫女嫁給朵奔篾兒干。第二天，朵奔篾兒干的哥哥趕緊張羅，帶著貂皮、牽著馬匹作為聘禮，讓弟弟迎娶了這位美人。

這位美人日後成了蒙古民族共同的老祖母，是蒙古民族共同敬奉的女神，名字叫阿蘭豁阿。

從哪兒來的弟弟

朵奔篾兒干迎娶了阿蘭豁阿之後非常高興，兩個人恩恩愛愛，生了兩個兒子。

沒想到朵奔篾兒干過了不長時間就去世了。他一去世，美人阿蘭豁阿就成了寡婦，帶著兩個兒子艱難度日。

這時候發生了一件神奇的事兒。阿蘭豁阿在朵奔篾兒干去世之後，很快又生了三個兒子。

俗話說「寡婦門前是非多」，何況平空還有了三個胖小子，草原上的人們就議論開了，說什麼話的都有。連阿蘭豁阿跟朵奔篾兒干生的那兩個兒子，都覺得這件事很可疑。兩個人湊在一塊嘀咕，母羊沒有公羊就生不出小羊羔來，草原上如果沒有草籽，它就長不出草來。你說咱父親都去世了，咱這仨弟弟是從哪兒來的？

整個部落裡的牧民都在議論，自己的兒子也在議論，阿蘭豁阿意識到這個問題很嚴重了。

有一天，她把自己的五個兒子都叫到帳篷裡來，對跟朵奔篾兒干生的兩個兒子說，你們不要像這些牧民一樣說三道四，以為你們的父親去世了，我一定是不守婦道才生的這三個弟弟。如果我真是不守婦道，我可以大大方方地改嫁。咱們家是部落裡最富有的，牲畜、帳篷、財產是最多的，我要改嫁誰不樂意？我何必做偷雞摸狗的事呢？你們知道這三個弟弟是從哪兒來的嗎？

那倆兒子搖著頭說，不知道。

這就是黃金家族

阿蘭豁阿接著說，自從你們的父親去世之後，我每天晚上都很想念他，想得都睡不著覺。結果一到晚上，就有一個金色頭髮、渾身白光的仙人飛了進來，飛進來之後就撫摸我的肚子，然後一道白光就進入我的肚子，於是我就懷孕了，又生了三個兒子。這是神來到我的帳篷裡讓我受孕，這三個兒子是天神所賜，是神的孩子，你們不要胡思亂想。

這真是太離奇了。阿蘭豁阿跟朵奔篾兒干生的那兩個兒子面面相覷，不敢相信。

阿蘭豁阿說，我知道你們倆不信，這樣吧，隨便找一個晚上，你們閒著沒事的時候到我的帳篷外等著，自然就明白了。

一天夜裡，這五個孩子都來到母親的帳篷外邊等著。果然，夜靜更深的時候，一道白光「嗖」的一聲進了母親的帳篷。等到天亮的時候，一道白光「嗖」地又從帳篷裡飛出來消失得無影無蹤了。

這樣一來，五個孩子就信了。尤其後來生的那仨孩子更高興，原來我們真的是金髮天神的孩子。

因此，後來就有了兩部蒙古人。一部叫尼魯溫蒙古人，尼魯溫就是腰的意思，指阿蘭豁阿跟神生的這三個孩子，是從阿蘭純潔的腰部出生的。他們繁育的後代，是最高貴的蒙古人。成吉思汗所屬的「黃金家族」，就是尼魯溫蒙古人。

另一部叫都兒魯斤蒙古人，是阿蘭豁阿的前兩個兒子繁衍的後代，意思是普通的蒙古人。

在這五個兒子裡邊，阿蘭豁阿最喜歡的是她的小兒子孛端察兒。根據《元史・太祖本紀》的記載，孛端察兒就是成吉思汗的十世祖。

百家飯不好吃

阿蘭豁阿與幾個孩子在草原上快快樂樂地生活了一段時間以後，感到自己可能大限將至了。

一天晚上，阿蘭豁阿把兒子們叫到一塊，讓她的小兒子孛端察兒拿了五支箭過來。孛端察兒拿來箭之後，阿蘭豁阿把這五支箭分別發給五個兒子，然後跟兒子們講，你們把它給我撅折了。五個兒子每人撅一支箭不費吹灰之力，「啪啪啪啪啪」，五個人都把箭給撅折了。

然後，阿蘭豁阿讓孛端察兒再去拿五支箭來。這次阿蘭豁阿拿繩子把這五支箭一捆，交給自己的大兒子，說你把它撅折了。大兒子費了半天勁也沒撅折，接著二兒子、三兒子、四兒子到孛端察兒，每個人都無法撅折綁在一起的這五支箭。

這時，阿蘭豁阿說，你們看明白了吧？一支箭很容易被撅折，而五支箭捆在一起就不容易撅折。我擔心我死了之後，你們五兄弟不和。你們五兄弟要像這牢牢綁在一起的五支箭一樣齊心合力，我們這個家族才能興旺，我們這個部落才能強大。你們一定要牢記我的話，記住今天我讓你們做的這件事。

這就是蒙古歷史上有名的故事——阿蘭祖母五箭立誓。

沒過多久，阿蘭豁阿就去世了。

阿蘭豁阿一去世，大兒子就說媽沒了，咱們分家吧。他們把財產均分為四份，老大、老二、老三、老四一人一份，沒老五孛端察兒什麼事。

這麼分家，老五孛端察兒當然很不滿意。老大、老二就跟孛端察兒說，你現在年紀還小（孛端察兒當時只有十幾歲），也沒有理財的能力，就分給你一匹禿尾巴馬，還有弓箭、火鐮、火石這些生活必需品，你有頂帳篷住就完了。至於吃飯，就吃百家飯得了，今天在大哥家吃，明天在二哥家吃，四天循環，我們天天管你飯吃。

孛端察兒胳膊擰不過大腿，只能這樣了。

從第二天開始，孛端察兒就去這幾個哥哥家吃飯。一輪還沒吃下來呢，孛端察兒就不幹了。為什麼呢？哥哥、嫂嫂都對他十分冷淡，給他的飯食還不如奴隸吃得好呢。

孛端察兒心想，我也是個頂天立地的男子漢，受這罪幹什麼呀？於是，孛端察兒不辭而別，帶著弓箭、乾糧和一些生活必需品，騎上自己的那匹禿尾巴馬，就向著大草原的深處出發了。

跟雄鷹作伴

孛端察兒到了一處山清水秀的地方，很快搭好了一間茅草屋，解決了居住問題。他隨身帶著火石，能夠吃上熱的食物，感覺小日子這麼過也還可以。

有一天，孛端察兒出來尋找食物的時候，發現天上有一隻鷹特別厲害。這隻鷹在空中盤旋，看到地上有獵物的時候，就像離弦的箭，衝下來抓起獵物。

孛端察兒暗想，我要有這麼一個幫手可就好極了，問題是怎麼抓住這隻鷹呢？

孛端察兒一看自己那匹禿尾巴馬，眉頭一皺計上心來，從這匹禿尾巴馬的尾巴上拔了幾根毛做了一個繩套。然後，他悄悄地接近那隻鷹，當那隻鷹站立不動的時候，他猛然用這個繩套套住了鷹。

這隻鷹一開始當然不幹了，在拼命掙扎。孛端察兒就撫摸著鷹的背，跟這隻鷹說，你看，我是孤孤單單一個人，你也是孤孤單單一隻鷹，咱倆作個伴多好啊！

神奇的是，這隻鷹好像聽懂了孛端察兒說的話，然後就不鬧了。

從此以後，孛端察兒就跟這隻鷹形影不離。這隻鷹成了他在草原上最忠實的伴侶。

吃的問題雖然解決了，但孛端察兒很想喝馬奶，沒有馬奶怎麼辦？孛端察兒騎著禿尾巴馬登上山岡，舉目遠眺，發現不遠處有一頂一頂的帳篷。

孛端察兒連忙騎著馬奔過去了。到了這個部落的營地之後，他跟這個部落的人說，我想求一點兒馬奶喝，我不白喝你的馬奶，我拿我的鷹抓來的野雁跟你換。

於是，雙方開始了平等的交換。

過了一段日子之後，跟孛端察兒同樣是神所生的一位哥哥終於良心發現了，騎上馬來找孛端察兒。這位哥哥有一天走到了孛端察兒經常去要馬奶的那個部落，他形容了一番自己弟弟的樣貌。這個部落的牧民告訴他說，有這麼個人，他經常來我們這要馬奶喝，你要找他很容易，他帶著一隻鷹。這位哥哥謝過牧民後，翻身上馬要去找自己的弟弟。正在這個時候，他看到遠方有一匹禿尾巴馬緩緩而來，馬上是一個英俊的青年，青年的肩膀上立著一隻雄鷹，正是他的弟弟孛端察兒。

兄弟二人相見，抱頭痛哭一番，然後他哥哥跟孛端察兒講，我知道自己錯了，當初挺對不起你的，不應該把你轟出來，你還是跟我回去吧。

於是，孛端察兒回到自己的茅草屋，簡單收拾了東西，跟著他的哥哥踏上了回家的路。

搶來的妻子

在回去的路上，孛端察兒一邊騎著馬趕路，一邊不斷地回頭看，對他哥說，剛才你去的那個部落沒有首領，是一群烏合之眾，很容易戰勝。不如咱們回去之後，動員部落裡的人，打他們一個措手不及，他們的財物、牲畜就全歸咱們，男女老幼給咱們做奴隸，你看這事怎麼樣？

他哥一聽，這事太好了！你瞧我這弟弟真聰明，太有謀略了。

在咱們看來，孛端察兒這個人太沒有良心了，人家每天提供給你馬奶喝，你還想搶人家。但按史籍中的記載，這件事反映出了孛端察兒的大智慧。那個時候，草原上奉行叢林法則，弱肉強食。這個部落的牧民萬萬沒有想到，自己用馬奶引來了這麼一群人。孛端察兒帶著人衝過來之後，在部落營地的入口處，看到了一位年輕美麗的孕婦。

孛端察兒先把這個孕婦逮著，問你們部落的頭兒是誰，有多少人。了解清楚情況之後，孛端察兒帶著人馬衝進了部落，把起來反抗的男子全都殺掉，把婦女小孩全都當作奴隸，把財物全部弄到手，然後浩浩蕩蕩地回到了自己的營地。

在當時的草原上，部落間相互吞併、你爭我奪的生存競爭是異常殘酷的，搶財物，搶牲畜，甚至搶親，都不是什麼罕見的事，弱肉強食是草原上最基本的生存法則。被孛端察兒吞併的這個部落，此後世世代代成了蒙古部落的奴隸。

孛端察兒立了這個大功之後，他的哥哥說要賞賜他，搶來的東西優先分給他，還讓他從搶來的女子當中找一位做老婆。

結果，孛端察兒看上了第一個被他俘虜的孕婦。然後兩人成了親，後來生了好幾個孩子。

差點遭到滅頂之災

再後來，孛端察兒又娶了幾個小妾，生了很多孩子。他的孩子又生孩子，其中他有一個孫子叫篾年土敦。

這個篾年土敦的兒子也特別多，這一支發展下來就是成吉思汗的直系祖先。

篾年土敦去世之後，留下一位遺孀，叫那莫倫。他還留下七個兒子，個個虎背熊腰、孔武有力，其他部落不敢輕易來招惹。

這個時候，草原各部爭戰不休。其中一個部落被別的部落打敗，只有大約七十戶人僥倖逃脫，來到了蒙古部落的地面上，他們饑餓難耐，只好挖草籽充饑。一挖草籽就把草場給破壞了。

正坐著馬車巡視草場的那莫倫，一看有人在破壞草場，立即火冒三丈，驅趕著馬車就衝這些虎口餘生的牧民撞了過去，據說撞死了幾個小孩。

那莫倫一邊驅車撞這些人，一邊派人回家報信，把幾個兒子叫來。那莫倫的六個年齡大的兒子一接到信，扔下飯碗騎上馬衝了過來，連皮製的盔甲（那時候蒙古人的盔甲是用牛皮做的）都來不及穿戴。

這時，那莫倫感覺到危險了，這些牧民有七十戶，自己只有六個兒子，而且連盔甲都沒穿。所以那莫倫趕緊吩咐兒媳們給兒子們送盔甲。但是晚了一步，沒等兒媳們把盔甲送到，這六個兒子已經全部被殺掉了。

被撞的牧民也特別氣憤：我們被別的部落追殺，連飯都吃不上，挖點兒草籽吃怎麼了？你居然撞死我們的人！他們知道黃金家族不好惹，就想乾脆斬草除根，所以把那莫倫和她的六個兒子都殺了。

黃金家族差點遭到滅頂之災。

那莫倫和她的六個兒子死了，黃金家族還有沒有人活下來呢？那莫倫的七兒子活了下來。史籍上記載，這個人叫作納臣把阿禿兒，把阿禿兒在蒙古語中是勇士的意思。他是因為入贅到了其他部落，所以躲過了這次劫難。

除了納臣把阿禿兒，黃金家族還有一個男性成員活了下來，就是那莫倫的長孫海都。海都當時年幼，被一個老婦人藏在了柴堆裡，因此得以倖免。

黃金家族的生死存亡，就靠這叔侄倆了。那麼，這叔侄倆面對家族差點滅亡的局面，是怎樣振興黃金家族的呢？

2. 以弱勝強：蒙古部落發展壯大

在草場衝突中得以倖存的叔侄二人，終於成功復仇，而且振興了黃金家族。日漸強大的蒙古部落，引起了當時草原霸主金國的注意。金國皇帝設下盛宴邀請蒙古部落的第一位大汗——合不勒汗。但是在宴席上，合不勒汗卻因醉酒惹下禍端。惱怒的金國皇帝派出金兀朮等名將，率大軍去殲滅蒙古部落。當時還很弱小的蒙古部落，是怎樣戰勝強大的金國軍隊，並進一步發展壯大的呢？

納臣隻身闖敵營

倖免於難的納臣把阿禿兒聽說家裡的變故之後，從岳丈家急忙趕回自己的部落。他趕到自己部落的駐地一看，已經是一片狼藉。最慘重的損失，就是家裡的幾百匹馬都沒有了。

我們知道，對於牧民來說，牲畜是最主要的財產。尤其是馬匹，打獵也好，放牧也好，靠兩條腿，能追得上四個蹄嗎？都得靠馬匹。

納臣暗下決心，我一定要復仇，還得把被搶走的幾百匹馬奪回來。

蒙古人信奉的最高的神叫長生天，因為天是永生不滅的。這個時候真是長生天保佑，部落裡的一匹馬跑回來了。

於是，納臣騎著這匹馬，直奔仇家的營帳去了。行至半途，納臣發現前面走著兩個人，騎著馬，肩膀上架著鷹。納臣一眼就認出來，倆人肩膀上架著的鷹，正是哥哥們馴養過的鷹。不用說，這兩個人就是滅他們家的仇人。

納臣不動聲色，驅馬接近了後面的人，攀談起來，你們這個部落叫什麼呀？你們家在哪兒啊？草原上的人，心地比較實誠。我們常說害人之心不可有，防人之心不可無，這個人連防人之心也沒有，有一說一，有二說二，竹筒倒豆子似的，我們是什麼部落，我們最近特得意，搶了好多馬，現在要往哪兒哪兒去，一五一十都跟納臣說了。

果然是毀家仇人！納臣一聽這話，怒從心頭起，惡向膽邊生，趁著前面的那個人隔得遠沒注意，一刀就把後面的這個人給捅死了。

之後，納臣不動聲色地騎上了這個人的馬，把這個人的屍體拴在馬尾巴後頭，然後驅馬追趕前面的那個人。

前面的那個人喝著小酒，一路高歌，正得意地往前走呢，一回頭看見納臣騎著馬過來了。這個人估計是喝大了，都沒看出來這不是自己的夥伴，還對納臣說，你馬後面那個人，怎麼老在地上躺著啊，你把他叫起來行不行啊？

話音未落，納臣就衝到跟前，一刀把這個人也給幹掉了。

復仇是件神聖的事

幹掉這兩個人之後，納臣在這匹老馬的帶領下，找到了仇人部落的營地。到這兒一看，簡直是長生天再次保佑！為什麼呢？原來這個部落之前被人打得差點滅亡，沒想到現在發了這麼一筆大財，這種天上地下的巨大反差，讓他們興奮得有點兒忘乎所以了。這幫人在草原上載歌載舞，徹夜狂歡。搶來的幾百匹馬，就放養在山下，只有幾個小孩兒在那兒看著。

納臣一看機不可失，立即飛身衝下山去，一刀一個，把這幾個小孩幹掉，然後把這幾百匹馬，領回了自己的居住地。

納臣知道仇人是不會善罷甘休的，於是帶著侄兒海都，回到了自己的岳丈家。

納臣的岳丈家在貝加爾湖畔，他們到這兒慢慢積蓄力量。等實力發展起來之後，納臣輔佐侄兒海都做了部落的首領。

海都確實很有王者風範，做了部落的首領之後，開始招募牧民。只要你願意投奔我，我就敞開大門收留你，好酒好肉分給你，還分給馬匹、帳篷。於是，草原上的流浪漢、盜馬賊、弓箭手，紛紛前來歸附。

海都部落的實力越來越強。在海都的率領下，一舉滅掉了當年殺害他父親和祖母的部落。

在蒙古人看來，復仇是一件很神聖的事。根據蒙古史書的記載，海都把仇人部落滅掉之後，在大家的一致推舉下，做了蒙古部落的可汗。

這裡要注意，海都是蒙古部落的可汗，不是蒙古草原的可汗，跟後來成吉思汗這個可汗是兩碼事。

海都汗，還有他的曾孫合不勒汗，合不勒汗的堂弟俺巴孩汗，這三位可汗在蒙古歷史上是很有名的。

誰敢揪皇帝的鬍子

合不勒汗在蒙古的歷史上，是一顆光彩奪目的巨星，幹了好幾件驚天動地的大事，史籍上大書特書了一筆。

合不勒汗統領蒙古部落的時期，生長於白山黑水的女真人建立的金國，已經不斷壯大，滅遼破宋，成了從黑龍江到淮河以北廣大地區的霸主。

這個時候，合不勒汗居然敢跟金國叫板。蒙古牧民經常去騷擾金國的邊境，搶掠金國。當時的金國皇帝，有的史籍上記載是太宗完顏晟，也有的史籍上記載是熙宗完顏亶。我個人認為太宗的可能性大一點兒，原因後面再講。

金太宗完顏晟想見一見合不勒汗。既然這個人這麼不好打交道，硬的不行，那就來軟的。金太宗覺得蒙古人是土包子，沒見過世面。給合不勒汗一點兒好東西，好酒好肉招待他，可能就不跟我們大金作對了。

於是，金朝皇帝就向合不勒汗發出了邀請。

合不勒汗來到當時的金國都城上京會寧府，到這一看，金國的宮殿太壯美了。蒙古人當時還是住帳篷，甚至連帳篷都沒有，幕天席地。所以合不勒汗來到金國的宮殿裡，真是劉姥姥進大觀園的感覺，看什麼都新鮮。

金朝皇帝對合不勒汗也很好，三日一小宴，五日一大宴，請他吃山珍海味。在酒宴上，金國的君臣驚訝地發現，合不勒汗飯量大得驚人，肉是一盤一盤地吃，酒是一罈一罈地喝。十幾罈酒下去了，一點兒事都沒有。八大盤肉、兩隻整羊都進去了，還是吃不飽。飯量這麼驚人，得有多大力氣啊？蒙古人要都是這樣，可真是我大金的心腹之患啊。

合不勒汗怎麼這麼大的飯量呢？

道理很簡單，他粗中有細。千萬別以為不識字沒文化的人就一定傻，不是這麼回事。合不勒汗怕金國皇帝在酒肉裡下毒，所以喝完一罈子酒之後，馬上去廁所，一按肚子吐了，回來接著喝，喝完接著吐。這種喝法，你想能有底嗎？

合不勒汗是吃了吐，但他的隨從沒有這麼多心眼，一個勁兒暴嘬這珍饈美味。合不勒汗一看隨從吃了沒事，自己也就放開膽子開始吃喝。這樣一來，終於喝高了，開始忘形了。他醉醺醺地走下席位，去揪金國皇帝的鬍子。

為什麼我前面判斷這個時候的皇帝是金太宗完顏晟，而不是金熙宗完顏亶？因為金熙宗繼位的時候，只有十六歲，還是一個少年，應該沒有那麼長的鬍子。

看到皇帝的鬍子被人揪，金國滿朝的文武大臣全都急了。平遼滅宋之後，金國已經開始漢化了，很講究君臣之間的禮儀，跟皇上一塊光著身子下河洗澡的時代一去不復返了。現在看到有人竟敢揪皇帝的鬍子，金國大臣一個個怒不可遏，拍案而起。有的大臣甚至拔出腰間的佩刀，要殺合不勒汗。

合不勒汗虎口脫險

合不勒汗一看這陣勢，馬上酒醒了，嚇得出了一身冷汗，趕緊跪在地上請罪說我是個邊鄙粗人，不識朝廷禮法，犯下如此重罪，請皇帝陛下懲罰。

金太宗哈哈一笑，心想請合不勒汗來的目的，就是想懷柔遠人，現在拔刀動槍的，豈不壞事兒？於是太宗說，咱們女真人跟他們一樣，都是豪飲的民族，哪回酒宴上不喝大幾個？這很正常，沒什麼大不了。

金太宗如此大度，合不勒汗趕緊叩頭謝恩。金太宗接著說，我賞你一些綾羅綢緞，你以後不要跟我們大金作對了，咱們世世代代友好下去。

合不勒汗拿到綢緞之後，心想此地不宜久留，萬一皇帝老兒翻了臉，要殺我怎麼辦？他連驛館都沒回，直接翻身上馬，連夜跑了。

這樣一來，金國大臣有口實了，馬上去見金太宗，說這個人不能留著，必須殺。他如果心裡沒鬼，幹嘛連夜跑啊？

金太宗一想也是，派出使臣要把合不勒汗追回來。使臣快馬加鞭，追上了合不勒汗，對合不勒汗說，我們皇帝思念可汗，說跟您還沒喝夠呢，您這麼快就走了，皇帝有點兒不痛快，想請您回去接著喝。

合不勒汗心想，甭跟我來這套，我要回去就沒命了。合不勒汗跟使臣說，大丈夫一言九鼎，大金皇帝剛剛說讓我回家，這又要追我回去，你們說話算數不算數，你們害羞不害羞？

這一句話噎得金國使臣無言以對，金國使臣只好悻悻地回去覆命。

合不勒汗總算虎口脫險，回到了草原上。沒多久，金國又派使臣來了，說皇上想念可汗。合不勒汗一聽，這是黃鼠狼給雞拜年沒安好心，一再叫我去，肯定是要害我，看來他們不會善罷甘休了。怎麼辦？豁出去了，有賊無我，有我無賊，乾脆把這些金國使臣殺掉得了。

合不勒汗手下的人有點兒害怕，有的隨從臉色都變了。這可不是鬧著玩的，咱們蒙古只是一個小小的部落，人家大金有百萬大軍，咱要把大金的使臣給殺掉，萬一大金興師討伐，咱可不是對手啊！

這一下，合不勒汗火了，你們是不是蒙古男兒？你們怎麼這麼沒種？我一聲令下，必須給我殺。

這幫人一看，既然可汗已經豁出去了，只好一鼓作氣衝到金國使臣的營帳，把金國使臣全部殺掉了。

蒙古人打起了游擊戰

金國使臣被殺的消息傳到了上京，金太宗一聽，好你個合不勒啊，膽大包天，我好心好意請你吃飯，賞賜你財物，你竟敢殺掉我的使臣，這回非得給你點兒厲害瞧瞧不可。於是，金太宗派了一員將領叫胡沙虎，率領一萬多名騎兵，前去討伐蒙古部落。

雖然合不勒汗率領的蒙古騎兵人強馬壯，但當時蒙古部落能不能找出一萬個青壯年男子，都很難說。而金國派出的騎兵部隊就有一萬多人，發誓要血洗草原，滅掉蒙古部落。

金軍雖然人數眾多，又訓練有素，可惜金太宗所差非人，派出的胡沙虎是個沒用的將領。當時金國的主力，可能在跟南宋作戰，對付岳飛、韓世忠。蜀中無大將，廖化做先鋒，所以派了個胡沙虎。

胡沙虎一到草原上就暈了，連敵人在哪兒都不知道。草原上沒有路，地形、地貌又幾乎完全一樣，走出去幾十里，看起來跟沒動一樣。沒有嚮導帶路，根本找不到蒙古人在哪兒。

蒙古人是天生的騎手和神箭手，三個一群，五個一夥，神出鬼沒地在草原上跟金軍展開了游擊戰。今天摸你一個哨兵，明天搶你一匹馬，後天燒你幾頂帳篷，搞得金軍疲憊不堪，後勤給養也出了問題。

胡沙虎一看，這仗沒法打，乾脆撤軍得了，回去跟皇上覆命也好說，我們只是沒找著敵人而已，要找著敵人，他們一定不是我們的對手。

合不勒汗的軍事才能，在這一仗中發揮得淋漓盡致。你來找我的時候，我不能讓你找著；現在你要撤退，那就是我來找你了。金軍撤退的時候，合不勒汗埋下伏兵。設伏的地方特別好，三面環山，只有一個入口。

金軍一進這個口袋，蒙古人就居高臨下放箭，然後伏兵四起，大砍大殺。金軍到草原上這麼長時間，沒睡過一個囫圇覺，沒吃過一頓飽飯，已經疲憊不堪，根本沒有什麼戰鬥力了，所以四散奔逃，兵敗如山倒。胡沙虎一看戰局不利，扔掉部隊打馬就跑。

金軍這次遠征蒙古，想給合不勒汗一個教訓，沒想到卻被合不勒汗狠狠地教訓了一番。

從合不勒汗以弱勝強、打敗金軍的這場戰役中，可以看出黃金家族的驍勇善戰，也依稀可以看到成吉思汗日後稱霸草原的影子。

了不起的可汗

胡沙虎打了敗仗回去之後，史籍也沒有記載皇帝怎麼處理他，因為金太宗很快就駕崩了。

金太宗歸天之後，由金太祖完顏阿骨打的長孫繼位，這就是金熙宗完顏亶。完顏亶繼位之後，他的遠房叔祖完顏昌等人攬權，主張對宋議和，完顏亶依靠自己的叔父完顏宗弼（就是金兀朮）等主戰派，把完顏昌等人給殺了。

完顏昌被殺之後，他的很多部下四散奔逃，有的就來到了草原上投奔合不勒汗。這些叛逃的人跟金國有仇，就一再挑唆合不勒汗出兵打金國。合不勒汗有了這些人的指點，很快佔了金國二十幾個地方。

在這種情況下，完顏亶匆匆與宋達成和議。金宋之間能夠達成和議，有一個重要原因，就是金國想騰出手來對付崛起的蒙古。

在金國的將領中，第一名將就是皇叔梁王完顏宗弼。完顏宗弼是對宋作戰的總指揮，如果要讓他去對付蒙古，就必須盡快結束金宋戰爭。

金宋戰爭一結束，完顏宗弼就統率大軍出征蒙古。史籍上記載，光神臂弓手一個兵種就調了八萬人，可以想像這支大軍的人數有多少。這等於是金國傾全力而來，一定要把蒙古人消滅。

結果，完顏宗弼這樣的百戰名將來到蒙古草原，依然是一籌莫展。他雖然沒有像胡沙虎一樣被人打得滿地找牙，但是跟胡沙虎的遭遇完全一樣，還是找不著敵人，而且情況更糟糕。因為胡沙虎只有一萬多人，不需要太多給養，完顏宗弼光神臂弓手就帶來了八萬，這麼多人來，給養可就是大問題了。

完顏宗弼審時度勢，給侄兒金熙宗完顏亶上書：咱們長年對外作戰，師老兵疲，勞而無功。勞而無功還罷了，萬一要跟胡沙虎一樣中了人家的埋伏，我這一世英名可就扔在草原上了。如果宋朝跟蒙古人聯合起來，那對咱大金的威脅更大。蒙古人眼界不高，沒見過多少好東西，咱們趕緊給他們點兒東西，把他們打發了得了，這仗咱們別打了。

於是，金熙宗派出使臣去見合不勒汗。行了，咱們兩家別打仗了，你不是佔了我的一些地盤嗎？那些地盤都賞給你了。然後金國每年賞賜給蒙古人一些布匹和米之類的生活必需品，允許蒙古人每年來入貢，用自己的乳製品、皮毛、馬匹等特產，跟金國人換鹽、鐵器，但是蒙古人不能進入長城。金國怕蒙古人進入長城之後，看到中原的繁華，起覬覦之心。雙方從此之後，罷兵息戰，萬世和好，一切就OK了。

這實際上證明了，金國拿蒙古、拿合不勒汗沒轍。我們說合不勒汗很了不起，原因就在這兒。這時候的蒙古只是草原上的一個部落，還不夠強大，而部落領袖合不勒汗居然幹了這麼多驚天動地的大事，敢揪皇帝的鬍子，敢殺皇帝的使節，還打敗了皇帝的將領，還跟大金第一名將——皇叔梁王完顏宗弼周旋了一陣。

蒙古部落在合不勒汗的帶領下，走向了強盛。但人終有一死，合不勒汗帶領蒙古部落走向強盛之後，他的身軀卻一天天地衰老了下去。

合不勒汗有七個兒子，但是他沒有傳位給兒子，而是傳給了他的堂弟。這是為什麼呢？

3. 復仇誓言：草原各部落的仇殺與爭戰

俺巴孩汗繼位後，停止了東征西討，轉為休養生息，發展生產。一心要走「和平」路線的俺巴孩汗，把女兒嫁給塔塔兒部落的首領，以求和平共處。不料，前去送親的俺巴孩汗卻被塔塔兒人綁為人質，送給了敵國大金。那麼塔塔兒人為什麼要如此對待俺巴孩汗？原本對蒙古部落束手無策的金國，將會怎樣處置俺巴孩汗呢？而命運多舛的蒙古部落又將遭受哪些磨難呢？

草原六部

俺巴孩汗繼位的時候，蒙古草原是什麼樣子呢？

當時的蒙古草原上傳唱著一首歌謠，大意是：星空旋轉著，眾部落都反了，不得安臥，你爭我奪為財貨；草地翻轉了，所有的部落都反了，無法下榻。你攻我打，沒有思念的時候，只有彼此衝撞；沒有躲藏的地方，盡是互相攻伐；沒有彼此愛慕，只有相互仇殺。

那個時候，各部落的生產水準都十分低下，人口在增長，而資源是有限的，所以每一個部落要想強大起來沒有別的選擇，只有信奉叢林法則，強者為王。

如果一個部落實力不行，就會被別的部落消滅掉，或者是被別的部落吞併，做別的部落的奴隸。在這個過程當中，草原上的各個部落都在拚命發展、壯大自己，然後去消滅、吞併別人。這樣一來，草原上的牧民個個都練出了一身本領，從小就能縱馬馳騁、彎弓射箭，人人能征善戰。

在當時的蒙古高原上，有很多部落，蒙古部只是其中的一部。經過各個部落的爭戰，形成了六大勢力集團：蒙古部，塔塔兒部，篾兒乞部，汪古部，克烈部，乃蠻部。

斡難河和不兒罕山附近居住的是蒙古部，這是日後成吉思汗崛起的地方。蒙古部的東邊是塔塔兒部，北邊是篾兒乞部，南邊是汪古部，西邊的是克烈部，再往西邊是乃蠻部。這六部實力相當，六雄並立。此外還有一些小部落。

俺巴孩汗接過合不勒汗的汗位之後，要想發展蒙古部落的力量，不可避免地要跟其他部落發生衝突，特別是跟佔據水草豐美的呼倫貝爾草原的塔塔兒部發生衝突。

一個薩滿引發的血案

這個時候，蒙古部落前任可汗合不勒汗的妻弟（也就是小舅子）生病了，就請巫師來跳神驅魔。

當時草原上治病的方法比較簡單，一般就是請薩滿。而最靈驗的薩滿是塔塔兒部的，於是，蒙古部落就請了一個塔塔兒部的薩滿來跳神驅魔。塔塔兒薩滿來了之後，就在合不勒汗妻弟的營帳裡開始作法。結果不是很管用，治療了一段時間之後，合不勒汗的妻弟還是去世了。

合不勒汗的妻弟一去世，大家十分悲痛，認為是塔塔兒部的薩滿沒給好好看病。因為有的人用這種跳神驅魔的方法就能治好，那為什麼我們合不勒汗的小舅子卻沒被治好呢？只有一個解釋，就是薩滿沒給好好治。當時草原上的人不懷疑這個方法管不管用，而是懷疑薩滿有沒有給好好治。

於是，合不勒汗的親屬們痛哭之後，就把塔塔兒部的這位薩滿給殺了。

消息傳到塔塔兒部之後，塔塔兒人是群情激奮。薩滿在一個部落裡是相當神聖的，他是能跟長生天溝通的，是溝通天界和人間的人。

薩滿在文明時代以前的部落中，相當於一個部落的最高精神領袖。有時候，薩滿的影響力甚至超過了部落的首領。

塔塔兒人一看，我們的薩滿好心好意地去給你治病，你的生命被天神召喚走了是你自己的問題，關我們的薩滿什麼事？你竟然把我們的薩滿給殺掉了，此仇不報枉為人。

當時的草原上，報仇是相當神聖的事。因此，塔塔兒部點齊了人馬殺向蒙古部，要為他們的薩滿報仇雪恨。

光明正大不行就玩陰的

前面講過，合不勒汗有七個兒子。死掉的這位，是合不勒汗這七個兒子的舅舅。在他們看來，舅舅被塔塔兒部的薩滿給害死了，處死這個薩滿是天經地義的，沒想到塔塔兒部還打上門來了。

合不勒汗的七個兒子個個英勇絕倫，披掛上馬，率軍迎戰，衝上來就把塔塔兒部打了個落花流水。

塔塔兒部的首領被殺得大敗，逃回去之後，忍辱含憤，臥薪嘗膽，一年後重整旗鼓，又來攻打蒙古部落。結果又丟了一次人，再次被合不勒汗的七個兒子打得大敗，而且有不少人被俘，不少牲畜被搶走。

當時的草原上，生產力水準比較低，人口和牲畜是一個部落最重要的生產資料。這些東西被搶走，塔塔兒人實在嚥不下這口氣。但是塔塔兒部又打不過蒙古部，怎麼辦呢？硬的不行來軟的，光明正大不行就玩陰的。

於是，塔塔兒部派遣使者來到蒙古部落，跟俺巴孩汗說，我們服了，以後再也不想跟你們打仗了。咱們都活在一片草原上，沒有必要為了這麼一點兒雞毛蒜皮的事就兵戎相見。不如這樣，咱們結成兒女親家，以後世世代代友好相處，您看怎麼樣？

俺巴孩汗非常高興。他心想，我從哥哥合不勒汗手裡繼承了這麼一份偌大的家業，哥哥這麼信任我，沒把汗位傳給自己的七個兒子，而是傳給我這個堂弟，所以我不能讓這份家業敗在我的手裡。殺敵一千，自損八百，能不打仗當然不要打。既然塔塔兒人主動上門來提親，俺巴孩就答應把自己的女兒嫁給塔塔兒部的一位首領。

然後，按照蒙古部落的風俗，俺巴孩汗得親自送自己的女兒去塔塔兒部。

塔塔兒部借刀殺人

俺巴孩汗帶著女兒和幾個隨從，到了塔塔兒人的營地。沒想到，剛一到，塔塔兒人伏兵四起，就把俺巴孩汗給捆綁起來了。

有的隨從一看形勢不對，趁亂跑回蒙古部報信。這一下子，蒙古部落的人非常氣憤，說好了雙方和好，我們的可汗還送閨女去和親，你們怎麼能行如此不義之事呢？

合不勒汗的大兒子就帶著人去質問塔塔兒人，想把自己的叔叔俺巴孩汗要回來。塔塔兒人一看這挺好，買一送一，本來只想抓個俺巴孩，這下又送上門來一個，二話不說就把合不勒汗的大兒子也捆上了。

抓了俺巴孩汗和合不勒汗的大兒子，塔塔兒人怎麼處置呢？塔塔兒人是草原各部裡心眼是最多的，他們知道，如果把俺巴孩汗和合不勒汗的大兒子給殺掉的話，就要背上不義的罪名，樑子也會越結越深，這仇就沒完沒了了，所以乾脆把這兩人獻給金國。蒙古人跟金國人打過仗，從胡沙虎到完顏宗弼，金國大軍討伐蒙古部落是勞師無功，金國人丟了很大的面子，被迫向蒙古部落割地，還得賞賜物品，金國皇帝心裡肯定是憋了一股火。所以他們就把俺巴孩汗和合不勒汗的大兒子送到了金廷，送到了當時的金熙宗完顏亶的手裡，想要借刀殺人。

金熙宗完顏亶非常關心蒙古部和塔塔兒部之間的鬥爭。兩部相爭，一方面阻止了蒙古部落對金國邊境的侵犯，另一方面也就同時削弱了兩方敵人的實力，金國就能坐收漁翁之利。

現在蒙古部落的首領，已經淪為金國的階下囚，金熙宗會怎樣處置俺巴孩汗呢？

俺巴孩之死

金國到了熙宗完顏亶的時候，已經是一個漢化程度非常高的國家了，心眼可比塔塔兒人多多了，一眼就看出這是塔塔兒部想借刀殺人，而且嫁禍於金國。

這個時候，金國皇帝有幾個選擇：

第一個選擇，把人退回去。把俺巴孩還給塔塔兒人，你自個兒逮的人你自己看著處理。但這麼做，會讓塔塔兒人輕視我大金，塔塔兒人把大金的仇人給抓來了，大金卻不敢動這仇人，所以這不可取。

第二個選擇，把人給放了。把俺巴孩放回蒙古部落，這就不只是塔塔兒人輕視大金了，連蒙古部都輕視大金。而且這樣一來，蒙古部跟塔塔兒部就不會結成世仇。

第三個選擇，就是把人給殺了。

完顏亶最終做了第三個選擇。金國把俺巴孩汗和他的侄子處死，有什麼好處呢？會讓塔塔兒部和蒙古部結成世仇。我把俺巴孩給殺了，蒙古部人是會恨我，但這兩人是塔塔兒人捆上送來的，所以蒙古部人更應該恨塔塔兒人。從此之後，這兩個部落兵連禍結，我大金正好從中漁利。這是很典型的以夷制夷，蒙古部人恨塔塔兒人，塔塔兒人就會有求於我大金。

俺巴孩汗送女成親，沒想到平白無故地遭此大難。因此，俺巴孩汗非常憤怒，臨終之前瞪大雙眼，怒視金國的文武大臣，怒視在場圍觀的所有人，憤怒地說，我俺巴孩英雄一世，我是好心好意把閨女送到塔塔兒部，沒想到塔塔兒人如此齷齪、卑鄙，所以我死不瞑目。如果是在戰場上，我兵敗被俘，你們怎麼殺我，我都心甘情願，但是你們玩這種陰謀手段，我不服。

俺巴孩汗衝著遠處的隨從高喊，回去之後要告訴部落裡所有人，就是十指磨傷、五指磨光，也要給我報此血海深仇。

然後，金國人就把俺巴孩汗綁在木驢上殘忍地處死了。

俺巴孩之死

忽圖剌以戰迫和

俺巴孩汗的隨從看見俺巴孩汗慘死之後，連夜逃回了蒙古部落，對蒙古部落的人一番哭訴。蒙古部落的人聽到消息後群情激奮，眾志成城，誓要為俺巴孩汗報仇雪恨。

但當務之急是要找出一位俺巴孩汗的接班人。蒙古部落的人推舉誰做俺巴孩汗的接班人呢？合不勒汗的四兒子忽圖剌。

忽圖剌為什麼能夠繼位？忽圖剌是天生異人，據蒙古史書記載，忽圖剌食量很大，一頓飯要吃一隻整羊，喝一桶牛奶。他的手就像巨熊的熊掌一樣，一巴掌能把一個健康的男人拍成兩截。他的叫喊聲，隔著七座山都能聽到。冬天的時候，他在火爐邊上睡覺，結果火星子濺到了他的身上，燒到了他的身體，他以為這是蝨子在咬他，壓根不在意。可想而知，忽圖剌至少是一個勇武絕倫的人。

忽圖剌做了接班人之後，清醒地認識到，這個時候的蒙古部落要去找金人復仇的話實力不夠，畢竟金是一個幅員萬里、帶甲百萬的大國，曾經吞遼滅宋，連兩個強大的帝國都不是它的對手。蒙古只是一個生產水準落後、文明程度很低的部落，找大金拼命，時機不成熟，不能腦門發熱，把祖先留下的這點兒寶貴家業全都糟蹋掉。

那怎麼辦呢？打著復仇的旗號，先跟金國打幾仗，讓金國認識到我們蒙古部落的厲害，以戰迫和，從金國那裡撈點兒好處。於是，忽圖剌率領蒙古部落的勇士跟金國打了幾仗，又搶了金國幾處草場，金國人就主動提出來要跟忽圖剌議和。忽圖剌以戰迫和的目的達到了。

但罪魁禍首塔塔兒部是不能放過的。忽圖剌帶領蒙古部落，就跟塔塔兒部幹上了。

誰能殺死忽圖剌

有一次，打了勝仗歸來的忽圖剌很高興，就出去打獵，放鬆一下心情。游牧民族打獵，既是一種娛樂，也是一種練兵。游牧民族的君主為什麼這麼愛打獵啊？因為這實際上也是一種軍事演習，圍殲凶猛機警的野獸都沒問題，四條腿的鹿一箭都能放倒，射兩條腿的人那不更準嘛。

沒想到，忽圖剌打獵的時候跑得太快了，隨從都沒跟上，一個人跑散了，遭到其他部落的襲擊。襲擊忽圖剌的部落跟他並沒仇，只是看著他穿戴不錯，馬也不錯，就來搶劫他。

忽圖剌畢竟只有一個人，寡不敵眾，只好縱馬逃跑。他跑的時候經過一片泥潭，馬陷了下去，越掙扎陷得越深。忽圖剌一看不好，今天弄不好命喪此處啊。

他觀察了一下，站到馬鞍上，使勁一跳，就跳到了乾地上。人出來了，但是陷在泥潭裡的馬沒救了。

沒馬怎麼辦？這離家大老遠的，什麼時候才能走回去？忽圖剌心想，剛才襲擊我的那個部落有馬，既然他們先襲擊我，我也不妨去搶他們的馬。

於是，忽圖剌一個人來到這個部落的營地，把這個部落的幾十匹馬一口氣全給裹走了。

忽圖剌被這個部落襲擊的時候，他的衛士沒有跟上。等這些衛士找過來一看，地上有廝殺的跡象，忽圖剌的馬陷在了泥潭裡，人卻不見了。他們就以為，忽圖剌已經遇害了。

這些衛士回來之後就報喪，說我們的首領遇害了，沒想到忽圖剌一世英雄，沒有倒在跟金國和塔塔兒人打仗的戰場上，卻被這麼一幫人給害了。

聽到忽圖剌遇害的消息，整個部落如喪考妣，齊聲痛哭。只有忽圖剌的妻子非常鎮定，她說我很了解我的丈夫，他一頓飯吃一隻羊，手就像巨熊的熊掌，一巴掌能把人拍成兩半，一叫喚七座山以外都能聽得見，什麼人能殺死他啊？草原上能殺死我丈夫的人還沒出生呢。既然你們也沒看見他的屍首，那他一定是在忙別的什麼事。你們別在那兒哭喪了，他忙完別的事，一會兒就回來了。

忽圖剌的妻子正這麼說的時候，忽圖剌就回來了，不但自個兒沒事，還帶著一群馬回來了。這一下，蒙古部落真是太高興了。大家覺得蒙古部落一定會興旺發達，將來一定能夠消滅塔塔兒部為俺巴孩汗報仇。

為什麼大家這麼認為呢？除了忽圖剌非常能幹之外，在忽圖剌的子侄當中還有一位非常偉大的人物，這個人叫也速該把阿禿兒。前面說過，把阿禿兒就是勇士的意思。

這位也速該，就是成吉思汗的父親，是忽圖剌的侄子。

忽圖剌看到二哥的兒子也速該英武過人，到他年老的時候，就把部落首領的位置傳給了也速該，沒傳給自己的兒子。

蒙古部落很有軍事民主制的遺風，傳賢不傳子，不是父親死了就一定讓兒子繼位，而是部落裡面誰最勇敢，最能帶領部落戰勝強敵、興旺發達，誰才是首領的接班人。

忽圖剌死後，也速該繼承了蒙古部落首領的職位。但是，也速該很快就遭到了滅頂之災。這是為什麼呢？

4. 橫空出世：成吉思汗的誕生

忽圖剌汗雖然驍勇善戰，卻沒能報得了黃金家族的血海深仇，於是他將消滅塔塔兒部落的希望，寄託在了侄子也速該身上。這位蒙古部落的勇士也速該，正是成吉思汗的生身父親。成吉思汗的母親訶額侖，是也速該從篾兒乞人那裡搶來的。正是這位搶來的新娘，生下了一代天驕成吉思汗。成吉思汗是怎樣降生的？為什麼他剛一出生，也速該就稱他是家族的希望、草原的狼王？在他出生時究竟發生了什麼驚天動地的大事呢？

越看美人越喜歡

也速該從小勇武過人，據說他能拉開七石的硬弓，每次在草原上射獵的時候，他打的鳥獸最多。在跟塔塔兒部和金國打仗的時候，也速該都是前鋒，是能在萬馬軍中取上將首級的勇將。

忽圖剌在世的時候，非常看重自己的這位侄子，唯一讓他掛懷的一件事，就是也速該年紀不小該娶妻了，但他遲遲沒有找到中意的新娘。草原上的民族娶妻都是族外通婚，只能找其他部落的人，不能娶本部落的，本部落的人都是一個祖先繁衍下來的。

有一天早上，也速該吃完一隻煮熟的羊腿，喝了點酒，酒足飯飽之後，在斡難河畔打獵放鷹。

這個時候，遠處來了一支隊伍，男的騎著馬，中間有一輛馬車。也速該看到車上有一個衣衫豔麗的女子，就打馬過去看熱鬧。

也速該出身黃金家族，一向膽識過人，不把別人放在眼裡。但他看到車上坐的女子，清新秀麗，體態豐盈，就動了心了，心想，我這不是到處找美女找不到嗎？長生天保佑，這下送上門來一個。

於是，也速該騎著馬，跟這支隊伍並排而行。他看到馬車邊上有一個男子，打扮得挺精神，但是看得出來是一個比較懦弱的人。也速該就衝這個男子大喊了一聲，你們是從哪兒來的？你們是幹什麼的？

這個男子趕緊低聲回答，我是篾兒乞部落的人，我的名字叫也客赤列都。

也速該其實並不關心這個男子叫什麼，他拿鞭鞘指著馬車說，這個女子是你什麼人？

這個男子回答說，這個女子是我剛從弘吉剌部迎娶的新娘。

弘吉剌部是草原上盛產美女的部落，可以說是遠近聞名。也速該一聽，就更動心了，越打量這個美人越是喜歡，於是動了搶親的念頭。

據《蒙古祕史》記載，自從俺巴孩汗被金國處死之後，蒙古第一汗國也隨之覆滅，草原部落和氏族間仇殺成風，劫掠無度。盜竊馬匹，搶奪婦女，這樣的事情隨處可見。搶親是當時很常見的婚配方式。

搶來的新娘訶額侖

也速該這個時候也動了搶親的念頭，但是他現在隻身一人，人家好歹有一支隊伍，沒法動手。也速該就跟也客赤列都說，你慢慢走，我去辦點事，回來我有話跟你說。

也客赤列都心想，咱倆素不相識，你有什麼話要跟我說？你為什麼還要讓我等你一會兒？沒等也客赤列都發問，也速該打馬揚鞭，一溜煙沒影兒了。此地離自己的部落很近，也速該要去叫他的兄弟們來幫他搶親。也速該的父親一共有四個兒子，也速該是老三。他的兄弟一聽也速該想搶親，二話不說，翻身上馬。三個人背著弓箭、挎著腰刀騎著馬就衝過來了。

也客赤列都的送親隊伍，正往自己的營地走，遠遠看見三個人騎著馬急匆匆趕來。膽小的也客赤列都趕緊問自己的新娘，這三個人氣勢洶洶地衝了過來，咱們會不會有危險？

新娘抬頭看了一眼遠方，就知道大事不好，對也客赤列都說，你看這三個人，相貌十分凶狠，眼睛像鷹一樣敏銳，性情像狼一樣凶殘，我估計沒有什麼好事。八成是來搶親的，你趕緊逃走得了，把我留在這兒。像我這樣的女子草原上多的是，如果你真想我的話，等你再娶一個妻子的時候，給她取我的名字就可以了。

然後，新娘把自己身上的汗衫脫下來遞給了丈夫，你想我的時候就看看這件衣服，你趕緊跑吧。

這也客赤列都也太沒種了，一看那三人衝了過來，要搶他的新娘，他沒有拼命保護他的新娘，而是接過汗衫之後，帶著隨從上馬就跑了。

也速該一看也客赤列都跑了，就更輕視這個人了。三騎衝到馬車邊，也速該讓自己的兄弟看住

也速該搶親

新娘，然後打馬去追也客赤列都。也客赤列都連著跑過了幾個山坡，不但把新娘扔了，連隨從都扔了，幸虧他的馬是匹好馬，加上也速該急於回去找新娘，所以沒有繼續追。

也速該來到新娘的身邊，非常高興，怎麼看怎麼美，就問新娘，你叫什麼名字？新娘說，我叫訶額侖。

改變草原歷史的女人

也速該用搶親的方式得到了訶額侖，但他沒有想到，正是因為這次搶親，蒙古部落從此和強大的篾兒乞部落成了宿敵，直到後來成吉思汗完成草原的統一，才結束了部落之間無休止的戰爭。這是後話了。

訶額侖一看，自己在新婚之日就遭到這樣的不幸，丈夫被轟走了，自己被一個不相識的人給搶了，就開始痛哭，哭得非常傷心。

也速該的兄弟跟訶額侖說，你那個丈夫已經逃走了，你看他那熊樣，我們一來搶親，他壓根沒想著保護你，而是自己打馬就跑，把你扔在這兒。這種男人你嫁他幹什麼？你就別再想他了，鐵了心跟我兄弟也速該好好兒過日子吧。

訶額侖一聽，也是這麼一個理，慢慢就止住了哭泣。

搶了這麼一個美人，也速該很得意，興高采烈地回到營地，跟忽圖剌汗講，叔叔你看，我搶了一個美人，我這些年一直光棍一條，現在終於夙願得償，叔叔你應該為我高興吧？

忽圖剌非常看重這個侄子，他都想把首領的位置傳給這個侄子，所以一看侄子搶回來一個美人做媳婦，就高興得不得了，說好，真是太好了，從今天起她就是你的妻子。咱們選日不如撞日，今天就是好日子，今天晚上就給你們成親。

訶額侖一聽，想起自己本來應該今天結婚，但不是跟素不相識的也速該結婚，所以悲從中來，又開始痛哭。

訶額侖一哭，忽圖剌就說，你這個女人怎麼這麼不識好歹，你知道我是誰嗎？我忽圖剌，是蒙古部落的首領，也速該是我的侄子，將來我要把首領的位置傳給也速該。你上哪兒找這樣好的丈夫去？你如果嫁給了也速該，將來就是高貴的夫人，相當於蒙古部落的皇后，你有什麼可哭的，你應該高興才是啊！

訶額侖聽後也就止住了哭泣，反正事已至此，無可奈何了，再一聽原來搶我的是這麼個大人物，嫁給蒙古部落首領的侄子，也很不錯，於是就不哭了。

訶額侖不哭了，意味著同意嫁給也速該。

忽圖剌一看，高興地說，好，把這個姑娘帶下去收拾收拾，打扮得漂漂亮亮，今天晚上就給他們完婚。

到了晚上，草原上點起了篝火，斟上了馬奶酒，宰殺了牛羊，烤起了噴香的牛羊肉。蒙古部落的男女老少載歌載舞，興高采烈，慶祝也速該完婚。大家非常高興，吃到盡興而歸。然後一對新人，攜手進入帳篷，從此開始歡歡喜喜、恩恩愛愛地過日子。

訶額侖，就是蒙古歷史上著名的月倫夫人，也就是成吉思汗的生母。

生擒兩員敵將

從也速該搶親這件事，我們可以看出，成吉思汗的生母訶額侖不但有情有義，膽識過人，更是一位能夠審時度勢、把握自己命運的傑出女性。當她發現一切已成定局無法改變的時候，就毅然選擇了適應新的生活。

訶額侖嫁給也速該後，一共生了四個男孩和一個女孩。其中的老大，就是改變了世界歷史的傑出人物——成吉思汗。

也速該跟新婚妻子正甜甜蜜蜜的時候，塔塔兒部又來犯境。忽圖剌派人來叫也速該，婚也結了，咱們還得跟塔塔兒人繼續打仗，你是我蒙古部落的第一勇士，所以由你來領兵去抵擋塔塔兒人的進犯。

也速該一聽，這是責無旁貸，於是告別了新婚的妻子，披掛上馬奔赴前線。

塔塔兒部這次派了兩員將領，一個叫鐵木真兀格，一個叫庫魯不花。也速該果然是天生神力，勇武異常，跟鐵木真兀格交戰幾個回合之後，趁著兩馬一錯的機會，伸手一把抓住鐵木真兀格的腰帶，就把他從馬上生生拽過來了，然後擱在自己的鞍橋上，把他俘虜了。

庫魯不花一看自己的夥伴鐵木真兀格被俘了，非常著急，趕緊催馬來救。也速該看到庫魯不花來救鐵木真兀格，故意放慢了速度。庫魯不花不知有詐，一門心思都在怎麼救人上面，沒有防備也速該突然回身刺出一槍，正中庫魯不花的馬腹，庫魯不花就從馬上掉了下來，也成了俘虜。

也速該一戰擒獲了敵軍兩員將領，非常高興，想在第二天乘勝出兵，徹底打敗塔塔兒人。

塔塔兒人一看自己的兩員將領被俘，不敢掉以輕心，又派出兩員將領來跟也速該交戰。這兩員將領知道也速該只能智取，不能力敵，怎麼辦呢？誘敵深入，堅壁清野，把也速該引入塔塔兒部的牧場上。

也速該一看塔塔兒人的這個打法，也是一籌莫展，只好派人去求援。援兵很快趕到了，而且統軍的將領是也速該的弟弟。也速該的弟弟來了之後，跟也速該講，咱們退兵吧。

也速該一聽就蒙了。自從塔塔兒人將俺巴孩汗出賣給金國，並把俺巴孩汗處死之後，蒙古部落和塔塔兒部落就結下了血海深仇。從此兩個部落兵連禍結，戰爭不斷。這個時候，為什麼要主動退兵呢？

生下一個非凡的嬰兒

也速該的弟弟告訴也速該，叔叔忽圖剌不行了，急著讓你回去呢。另外，還有大喜事在等著你。也速該說有什麼大喜事啊，不過就是抓了兩員敵將而已，又沒能一舉蕩平塔塔兒部，沒有什麼可喜的。

也速該的弟弟講，鐵木真兀格和庫魯不花在塔塔兒部都算得上人物，所以才派他們出來迎戰你，草原上都知道你的勇武，派出來迎戰的自然不可能是小人物，因此擒獲兩員敵將已是一喜。更大的喜事是嫂子快要生孩子了，咱們黃金家族又將添新丁。

也速該一聽自己要當爹了，那是喜出望外，也不跟塔塔兒人打仗了，立即退兵，回家抱孩子去了。

也速該凱旋回師的消息，蒙古老營已經知道了。訶額侖跟老營的其他人一樣，準備來迎接自己的丈夫。訶額侖當時已經快要生產，行至半途就覺得自己馬上要生了，底下的僕人趕緊忙活，找了一處水草豐美的地方，然後搭好帳篷，讓訶額侖生產。

過了一會兒，隨著一聲嘹亮的嬰啼劃破長空，一個嬰兒誕生了。訶額侖生的這孩子長得十分俊美，大家都交口稱讚。這個孩子生出來之後，族中的長輩發現孩子的一隻手緊緊握著，張不開。長輩就上來把孩子的小手輕輕扒開，扒開一看，孩子手裡握著一塊凝固的血塊，顏色像紅寶石一樣鮮豔。大家覺得這真是天生異人，這個孩子肯定是一個了不起的人物。

孩子出生之後，族中的人已經快馬去給也速該報信。很快也速該就趕到了，一聽大家說孩子不但長得漂亮，手裡還握著一塊凝血，啼哭聲非常嘹亮，劃破長空，簡直不得了，也速該趕緊三步併作兩步衝到妻子臥處，把孩子抱起來一看，果然像大家說的那樣，孩子手裡握的這塊凝血呈矛尖的形狀。

也速該非常高興，把孩子高高舉過頭頂，跟大家講，這就是草原的狼王，這就是我們蒙古人將來的領袖。看到他手裡握的這塊凝血了嗎？這是我們蒙古民族的象徵，我們生生不息，歷盡坎坷，將來發展的希望，就寄託在這個孩子的身上了。

於是，大家一起拔出長刀直刺藍天，大聲歡呼。大家都為也速該生了這麼一個非凡的兒子而感到驕傲。

這是在西元一一六三年。

成吉思汗出生

尊重英雄的民族

然後，也速該趕緊回到部落的營地，將與塔塔兒部打仗的經過，還有訶額侖夫人生了兒子的事情，都報告給了忽圖刺。

忽圖刺已經病得很重了，聽完也速該的彙報之後特別高興，我們黃金家族又添新丁了，給孩子起個名吧。

也速該一想，我前些日子跟塔塔兒人打仗，生擒了塔塔兒部的勇士鐵木真兀格，今天我得了一個兒子，好，就用被我擒獲的敵人勇士的名字給孩子命名。

於是，也速該就給自己的兒子取名為鐵木真，加上姓就是孛兒只斤‧鐵木真。從這件事可以看出來，蒙古部落是一個尊重勇士的部落，所以用被擒獲的敵人勇士的名字給自己的孩子命名。一般來講，勝利者是看不起俘虜的，怎麼可能用俘虜的名字給自己的孩子命名呢？而在蒙古人看來，鐵木真兀格是一個勇士，他為自己的部落竭盡全力，兵敗被俘，這不丟人，他能做到這一點很不錯。所以我用這個勇士的名字給我的孩子取名，我希望我的孩子長大以後，也能對我們的部落盡忠，像鐵木真兀格一樣勇敢，一樣堅強，一樣忠貞。

尊重英雄的民族是了不起的民族。特別是尊重敵方的英雄更了不起，敵人很厲害，你把他戰勝了，那證明你更厲害。

鐵木真這個詞到底是什麼意思呢？歷來眾說紛紜，有人認為是鐵的意思，有人說是鐵匠的意思，還有人說是鐵的變化、化鐵為鋼的意思。我個人感覺，鐵的變化、化鐵為鋼的意思比較解釋得通。也速該這樣一位英雄，不可能給自己的兒子起名叫鐵匠，難道他希望自己的兒子將來做一個鐵匠？如果是鐵，跟鋼比起來，差太多了，鐵百煉才能成鋼。

彌留之際的忽圖剌，欣慰地看到黃金家族又添了這麼一位手握凝血的非凡男丁。他跟也速該講，我的時間不多了，我希望我死之後，你能接過部落首領的擔子，擺在你面前的是一個重擔，你不要覺得這是天大的便宜，我是把千斤的重擔讓你來承擔。你看現在草原上群雄並起，咱們蒙古部是強鄰環伺，北有篾兒乞，東有塔塔兒，要讓咱們蒙古部發展壯大，很不容易。你做事一定要冷靜，要大膽，也要細心，這樣才能當好一個部落首領。

也速該聽了叔父的諄諄教誨，看著行將就木的叔父，內心非常痛苦，不斷地流淚，不斷地點頭稱是，說叔叔您放心，您走了之後，我一定會把咱們部落帶上興旺發達之路，不會辜負您老人家的一番厚愛，您放心吧。

忽圖剌看到自己所傳得人，也就欣慰地閉上了雙眼。

九歲就該找媳婦

也速該當上蒙古部落的首領後，並沒有像叔叔忽圖剌一樣稱汗。雖然日後成吉思汗的榮光返照到了也速該的身上，但也速該是一個生不逢時的悲情英雄。也速該比叔叔忽圖剌面對著更多的仇敵，肩負著蒙古部落復興的沉重使命。

也速該繼位後，經常對外征戰，主要是跟塔塔兒部打仗，雙方互有勝負。

時光荏苒，歲月如梭，訶額侖夫人又給也速該生了三兒一女。後來也速該又娶了一個小妾，這個小妾也給他生了兩個兒子。也速該一共是六兒一女，其樂融融，盡享天倫之樂。

訶額侖夫人生的四個兒子，老大就是鐵木真，老二叫合撒兒，老三叫合赤溫，老四叫帖木格。這些人後邊我們都要提到，這都是蒙古歷史上響噹噹的人物。訶額侖夫人生的女兒叫帖木侖。

也速該的小妾生的兩個兒子，一個叫別克帖兒，一個叫別勒古台。

在那個時代，草原上的人要多生兒子，有兒子才有希望。也速該欣慰地看著自己的兒女們一天天地長大，希望這些兒子將來能夠擔負起振興蒙古部落的重任。

很快，九年過去了，鐵木真已經由一個嗷嗷待哺的嬰兒長成一個九歲的兒童。古人壽命短，基本上沒有我們現在說的青春期，一過了兒童的年齡就算是成年了，所以也速該要給鐵木真張羅婚事了。在現在看來，九歲就張羅婚事，這也太早了。但在古代，由於營養和醫療技術落後，古人的平均壽命都很短。那個時候，蒙古部落醫巫不分，有了病就請薩滿在那兒跳，跳好的應該很少，跳死的應該是多數。所以，九歲的孩子你不給他張羅婚事，等到二十多歲的時候，沒準來不及結婚就掛掉了。因此，也速該就為九歲的鐵木真張羅婚事。

也速該心想，鐵木真的生母、自己的夫人訶額侖，不就是弘吉剌部的人嗎？弘吉剌部是草原上盛產美女的部落。乾脆去弘吉剌部，給鐵木真找一個美女得了。

於是，也速該帶著年僅九歲的鐵木真，前去弘吉剌部給鐵木真找媳婦。

沒想到，也速該這一回走上了一條不歸之路，讓他的家庭遭遇了滅頂之災，也將自己的兒子鐵木真送上了一條坎坷的人生路。

第二講

千錘百鍊方成鋼

5.少年磨難：鐵木真九歲喪父

鐵木真是手握一塊戰神長矛般的凝血而生的，似乎從這一刻起，就注定了他非凡的一生。然而天將降大任，必先降磨難，英雄豪傑往往要經受一般人難以想像的苦難。而鐵木真的苦難，在他九歲這年突然降臨到他的頭上。從此，幼小的鐵木真的命運滿是坎坷，必須躲避數次命懸一線的追殺；必須在弱肉強食的草原上艱難求生；必須伺機壯大部落，以報家族的血海深仇……那麼，在鐵木真九歲這年，到底發生了什麼？

找了個新娘孛兒帖

也速該為了給自己的兒子鐵木真找媳婦，父子倆打馬揚鞭，奔向鐵木真母親的部落——弘吉刺部的駐地。

他們走到弘吉刺部之後，遇上了一個人，此人叫德薛禪，薛禪在蒙古語中是賢者的意思。德薛禪看到這對風塵僕僕的父子遠道而來，十分好奇，就問也速該父子，你們來幹什麼呀？

也速該說明了來意，我是蒙古乞顏部人，我叫也速該，這是我兒子鐵木真。我們到這兒來，是想找一個女子給我兒子定親。

弘吉剌部雖然盛產美女，但在弱肉強食、信奉叢林法則的草原上，沒有什麼優勢。而蒙古部落是草原上的六大部落之一，乞顏部黃金家族更是高貴無比。德薛禪就想，如果能跟黃金家族攀上親，那對於我們弘吉剌部的發展來說，好處實在太多了。

於是，德薛禪馬上靈機一動，說了一番話：我昨天晚上做了一個夢，夢見一隻雄健的蒼鷹，一隻爪子抓著太陽，一隻爪子抓著月亮，飛到了我的肩上。之後這隻蒼鷹就變成了人的模樣，而且這個人的模樣，跟你的兒子簡直是一模一樣。所以，今天一看到你的兒子，我就知道我的福氣來了。你看你這個兒子，眼中有火，面上有光，一看就不是一般人。

前面說過，鐵木真出生的時候，啼哭聲非常嘹亮，體格健壯，面龐俊美。隨著鐵木真一天天長大，長得越來越英俊，史籍記載他身材高大，四肢比較發達，天庭飽滿，弱冠之年就留著比一般蒙古人都要長的長鬍鬚。更特殊的是，鐵木真長著一雙貓眼。什麼叫貓眼呢？就是灰綠色的眼睛。一般的蒙古人應該是黑眼睛，而灰綠色眼珠就有點兒像高加索人種。

德薛禪一看鐵木真的長相，就知道他不是一般人，於是就打定了主意，一定要跟也速該結成親家。德薛禪跟也速該講，我們弘吉剌部落的女兒，世代都是絕色美人。我們從來不爭搶別人的土地，我們從來都是駕著馬車，載著我們的美女，給別的部落的可汗送去。能娶我們這兒的女子的，一定是令人敬仰的大汗。你這會兒真來巧了，我有一個女兒叫孛兒帖，雖然不能說是閉月羞花，但是也出落得亭亭玉立。也速該大人，你有沒有興趣，到我們的營帳，去看看我的女兒？

也速該一聽，來得早不如來得巧，那走吧，去看看。到了德薛禪的營帳一看，果然小女子雖然年齡還小，但是亭亭玉立、嬌媚可人。而且這個女孩才十歲，只比鐵木真大一歲。

與孛兒帖定親

也速該當即就定下來了，好吧，相請不如偶遇，就跟你們家結親了。也速該接著把自己騎來的馬當作聘禮，交給了德薛禪，向德薛禪提親。

德薛禪也明白抬頭嫁女、低頭娶妻的道理，自己要嫁閨女了，怎麼著也得推三阻四一番。但德薛禪又怕什麼呢？賣賣乖可以，別賣大發了，人家要是不娶這姑娘，不就麻煩了？所以德薛禪就跟也速該說了這麼一番話，你男方應該多次提親，我們才能答應，如果第一次提親我們就答應，會覺得我們女方太輕賤。但是你這個兒子太了不起了，目中有火，臉上有光，我不想錯過。這樣吧，咱也甭搞這形式主義了，你一次求親我就答應。

然後雙方交換信物。德薛禪擺下酒宴，兩個親家喝得非常盡興。

蓋世英雄也怕狗

第二天，也速該告辭的時候，德薛禪動了個心眼。

德薛禪跟也速該講，按理說咱們雙方結了親，應該讓閨女跟你走。可是呢，我不像你，有那麼好的福氣，我們家人丁單薄。這個閨女在我們家長了十年了，我把她送到你們家，人生地不熟，我怕閨女不適應。你們家六個兒子一個丫頭，一個兒子不在家，你也不當回事兒。所以，乾脆你讓鐵木真留在我這兒。你兒子就是我女婿，女婿就是半個兒。你放心，我肯定會好好照顧他，不會讓他吃虧的。

也速該一想，這道理也說得過去，好吧，就把鐵木真留到你這兒。但是我兒子怕狗，你盡量別讓狗嚇著他。

鐵木真是蓋世英雄，為什麼還怕狗呢？一方面是因為當時鐵木真只有九歲，還是個孩子。另一方面是因為草原上的狗，跟咱們中原人養的狗，那可不一樣。草原上的狗體格碩大，性情殘忍，是要跟豺狼之類的猛獸搏鬥的，是用來看家護院的。所以鐵木真在那個年齡怕狗也很正常。

另外，這件事情也證明，任何名將也好，天才也好，其實都不是天生的。鐵木真在那個年齡，跟一般的小朋友一樣，也膽小，也怕猛獸，也怕狗。他後來能成為蓋世英雄，完全是後天歷盡坎坷和磨難的結果。有句話說多難興邦，對於一個人來說也一樣。

也速該把鐵木真留在親家德薛禪這兒，然後翻身上馬，就回蒙古部落了。

弘吉剌部離蒙古部路途比較遠，也速該行至半途，覺得饑渴難耐，發現前邊一塊空地上有人擺著酒宴，載歌載舞，在慶祝什麼。按照草原民族的習俗，只要草原上有人擺酒宴，路人可以不論親疏，直接加入慶祝的人群當中，該吃吃，該喝喝，就跟在自己家一樣，還不用隨份子。而擺酒宴的這撥人，看到有人路過，必須邀請，就算路人沒有要吃要喝的意思，你也得邀請人家：遠方的朋友，下來喝杯馬奶酒，吃點兒肉再走吧。這是最起碼的禮數，是當地的風俗。

所以也速該一看有人在擺酒宴，自然就奔過去了。

也速該怎麼也沒有想到，這群載歌載舞的人，為他開啟的是一扇通向死亡的大門，同時也拉開了兒子鐵木真坎坷人生的序幕，讓幼小的鐵木真此後飽嘗了人世間的苦難與艱辛。

也速該托孤

在這兒擺酒宴的是什麼人呢？塔塔兒人，蒙古部落的世仇。

理論上講，擺酒宴的時候是忘卻一切恩仇的時候，報仇不在這個時候，大家一塊兒吃吃喝喝，心地坦蕩，有本事咱們上戰場一刀一槍地幹。也速該抓鐵木真兀格和庫魯不花都是在戰場上，他以為塔塔兒人也是這麼想的。

在酒宴上，塔塔兒人一眼就認出了這是跟他們不共戴天的也速該。天堂有路你不走，地獄無門偏進來。於是塔塔兒人就在也速該喝的馬奶酒裡，下了慢性毒藥。

也速該跟世仇塔塔兒人在一塊兒談笑風生，大吃大喝，然後翻身上馬，回到了自己的部落。三天後，也速該毒性發作，腹痛難忍，請薩滿來跳神結果無效。也速該剛開始百思不得其解，後來突然想到幾天前喝了塔塔兒人的馬奶酒，沒想到塔塔兒人這麼卑鄙，當年俺巴孩汗就是被塔塔兒人出賣，送到金國被殘忍處死的。沒想到我這次又著了塔塔兒人的道了，看來我是勇猛有餘而心智不足啊！

想到這裡，也速該跟一個叫蒙力克的奴僕說，我送我的兒子鐵木真去弘吉剌部定親，在返回的途中，我遭到了塔塔兒人的暗害，被人在酒中下了毒，看來我的命不長了。我死了之後，我的幾個兒子都還小，你一定要幫助他們度過難關。蒙力克你一定要趕緊到我的親家德薛禪那兒，把我的兒子鐵木真叫回來，我要見他最後一面，我有後事要交代給他。

這就是也速該臨終之時催人淚下的托孤之言。《蒙古祕史》寫到這一段的時候，流露出來的激動與同情，即使今天讀來，仍然催人淚下。

可以說，成吉思汗是背負著幾代先輩的血海深仇登上歷史舞臺的。日後成吉思汗的很多作為，都能從蒙古部落和他的父祖所遭受的坎坷經歷當中找到影子。你想一想，在當時奉行叢林法則的蒙古草原上，一個九歲的孩子，一個黃金家族的部落領袖的長子，在父親被敵人毒害之後，會面臨什麼樣的艱苦和不幸？那麼，他又是憑著怎樣的勇氣和毅力，才能戰勝這一切？這個問題，我們後面再講。

蒙力克聽完也速該的托孤遺言之後，趕緊哭著說，主人你放心，我快馬加鞭一定把少爺接回來。

蒙力克的智慧

鐵木真，在蒙古語裡的寓意是鐵的變化，百煉成鋼。這樣的名字，似乎預示著他要經過烈火冶煉，化石為鐵、化鐵為鋼的命運。

當父親也速該遭到敵人暗害的時候，鐵木真才九歲。此時身處弘吉剌部的鐵木真，對父親生命危在旦夕以及自己將要面對的種種磨難，還渾然不知。

蒙力克快馬加鞭趕到了鐵木真的岳丈德薛禪的營地，跟德薛禪說，我們的老爺呀，想自己的兒子都想病了，因此我們老爺派我來接少爺回去，父子倆團聚幾天，我再把少爺送回來。

可以看出，蒙力克這個人非常聰明，他沒有說也速該病重，快不行了。他怕萬一德薛禪得知了這個消息之後悔婚怎麼辦？德薛禪本來是想攀高枝，找一個黃金家族的貴人結親，這下黃金家族有難，德薛禪還願不願意把女兒嫁給鐵木真，就難說了。萬一把我們家少爺扣下來，甚至當奴隸，或者做人質，這就麻煩了。所以，蒙力克沒說我們家老爺不行了，而是說我們家老爺想孩子想得不行了。

蒙力克這麼一說，德薛禪自然覺得這在情理之中，好吧，那你就把鐵木真帶回去吧，別忘了過幾天再送回來。

於是，鐵木真跟著蒙力克翻身上馬，回到了蒙古部落。路上蒙力克告訴鐵木真，你父親在回來的路上，遭到了塔塔兒人的暗害，現在已經是奄奄一息，命不久長。你趕緊回去，見父親最後一面，你父親有話要囑咐你。

鐵木真一聽，心急如焚，快馬加鞭，匆忙趕回自己的部落。可惜還是來晚了一步，沒能見到父親最後一面。

鐵木真一看父親已經去世了，就撲在父親的遺體上，放聲痛哭。這才多長時間呀？幾天前，父親還有說有笑，還給我定了親，我還打算以後娶妻生子，讓父親抱孫子，然後一塊盡享天倫之樂。沒想到父親在回來的路上，就遭了塔塔兒人的毒手。

鐵木真哭的時候，蒙力克的父親察剌合老人就過來勸鐵木真：少主人不要哭了，哭也解決不了問題，人死不能復生。既然也速該首領已經被長生天召喚去了，咱們現在最關鍵的是要穩住咱們的部眾，千萬不要讓部眾離心。然後咱們要想辦法發展，把咱們蒙古部落發展壯大。現在這個重擔就落在你的肩上了，你不能玷污了黃金家族的榮譽。

察剌合老人這一番話說完之後，訶額侖首先止住了悲痛。訶額侖一想，對呀，雖然丈夫死了，但是留下的一大家子人，六個兒子一個女兒，還指著我撫養，我不能哭。於是，訶額侖強忍悲痛，安慰鐵木真說：我的兒啊，察剌合老人說得對，咱們現在最關鍵的是要安葬你的父親，然後絕對不能讓咱們的部族出亂子。

鐵木真只好跟自己的母親安葬了父親，這一家子孤兒寡婦，甚是淒涼。

祭祖風波

也速該生前，憑著自己的威望建立了由他所在的孛兒只斤氏以及同族的泰赤烏氏等蒙古牧民組成的強大部落聯盟。他的英勇，令草原上的其他部落畏懼三分，不敢輕易來犯。現在也速該這一死，以孛兒只斤氏為首領的蒙古部落聯盟就要瓦解了。

咱們講過，海都汗的兩個曾孫子都當過可汗，就是合不勒汗和俺巴孩汗。合不勒汗這一支，發展成了後來的孛兒只斤氏族，而俺巴孩汗這一支發展成了泰赤烏氏族。合不勒汗死了之後，傳位給弟弟俺巴孩汗。俺巴孩汗被塔塔兒人出賣之後，被金國的皇帝殘忍地處死在木驢上。於是，汗位又傳回到了合不勒汗的兒子手中，傳給了合不勒汗的四兒子忽圖剌。後來，忽圖剌又傳位給了自己二哥的兒子也速該。也就是說，俺巴孩汗死後，蒙古部落首領的位置就一直在孛兒只斤氏手中。

因此，泰赤烏氏很不滿意，但是也速該威名遠揚，神勇過人，是一個強大的領袖，大樹底下好乘涼，眾人都願意歸附在他的旗幟下。也速該在世的時候，泰赤烏氏沒有辦法。現在也速該死了，泰赤烏氏就想把氏族首領的權力，從孛兒只斤氏手裡奪回來。

也速該去世一年之後，輪到祭祖的日子了。祭祖是蒙古民族一件非常隆重的大事，要請來薩滿跳神。祭祖結束之後，給祖先上供的肉，各家各戶要分而食之。

這一次祭祖，俺巴孩汗留下的兩位妃子，作為家族中的長輩召集部眾祭祖的時候，竟然沒有通知訶額侖母子參加。這等於也速該一死，人走茶涼，連祭祖都不讓訶額侖母子參加了。

鐵木真的母親訶額侖，其實是一位很有魄力、具有首領氣質的女人。在丈夫也速該死後，她便堅強地承擔起了整個孛兒只斤氏家族的重擔。九歲喪父的鐵木真此後能夠成為傑出的英雄，絕對離不開母親的薰陶與培養。

偉大的母親

此時，訶額侖得到不讓他們母子參加祭祖的消息之後，非常憤怒，趕來質問俺巴孩汗的兩位妃子。訶額侖非常清楚，不讓參加祭祖意味著有可能被逐出部落，這絕對不是一個好兆頭，所以一定要據理力爭，維護我們孛兒只斤氏的尊嚴和權力。

因此，訶額侖轉守為攻，氣勢洶洶地來質問俺巴孩汗的兩位妃子：你們做得太過分了，你們以為也速該死了之後，你們就可以為所欲為了嗎？也速該還有兒子，總有一天會長大的，你們就不怕他們長大成人之後報復你們嗎？為什麼不通知我們祭祖？難道有一天，你們把營盤遷走的時候，也不通知我們一聲嗎？

訶額侖說得義正詞嚴，但二妃也不是吃素的，馬上一句句怨毒的話，就從嘴裡噴出來了。看來泰赤烏氏貴族在孛兒只斤氏光芒的照耀下，已經忍了很多年，早就等著要翻身作主了。二妃馬上說，沒有邀請你的道理，我們憑什麼邀請你？你為什麼就覺得自己應該被邀請？你可以在你自己的帳篷裡面祭祖，跟我們沒有關係。我們祭祀的時候，絕不會邀請你。你要還質問我們的話，等我們遷營的時候，就不告訴你，把你扔在此地。

兩位老婦人十分尖刻，當面搶白了訶額侖一頓。

訶額侖回去之後特別生氣，心潮難平，沒想到也速該首領去世之後，真的反了天了，把我們孤兒寡婦不放在眼裡。

俺巴孩汗的兩位妃子也怨恨難平，忽圖剌和也速該在世的時候，我們泰赤烏氏忍辱負重，忍了這麼多年。現在也速該死了，山中無老虎了，你猴子還想稱大王，還在我這兒吆五喝六、指手畫腳，你算老幾呀？

俺巴孩汗的兩位妃子回去之後，就跟泰赤烏氏當時的當家人塔兒忽台抱怨。塔兒忽台聽後是火冒三丈，咱們沿著斡難河遷走，就把他們孤兒寡婦扔在當地，讓他們自生自滅，看他們能怎麼樣？

於是，第二天一早，塔兒忽台就下令遷營，整個泰赤烏氏的貴族們帶著自己的牧民、帳篷、牲畜，拔營而起，還忽悠了很多也速該部落的人跟著他們一起走，卻把訶額侖母子扔在當地，任由他們自生自滅。

那麼，訶額侖知道了這件事之後，會做出什麼樣的反應呢？

6. 禍不單行：兄弟相殘鬧悲劇

泰赤烏氏的無情拋棄，對於連遭劫難的鐵木真一家來說，是個致命的打擊。然而，福無雙至，禍不單行，正當無依無靠的鐵木真一家在死亡線上苦苦掙扎的時候，他的家裡卻再次上演了一幕令人意料不到的悲劇。這一個個接踵而來的打擊，會對年幼的鐵木真造成什麼樣的影響呢？

孤兒寡婦被拋棄

泰赤烏氏貴族拋下訶額侖母子，帶著牧民遷走的時候，有位老人站出來勸阻。

這位老人就是也速該臨終時托孤的蒙力克的父親察剌合，他們父子倆一直對也速該家族忠心耿耿。這個時候，察剌合老人站出來勸阻也速該部落裡想跟著泰赤烏氏貴族一起走的這些人。察剌合老人主要勸阻的是一個叫脫朵的人。脫朵是合不勒汗的七兒子，也就是也速該的七叔，成吉思汗的七叔祖，屬於孛兒只斤氏族，而且是氏族當中的長輩。

察剌合老人拉住脫朵的馬轡說，誰走都可以，您老人家不能走啊！您是咱孛兒只斤氏的長輩，您哪能跟著泰赤烏氏走啊？

脫朵回答說，深淵已經乾涸了，岩石已經破碎了，我留下來還有什麼意思呢？大樹底下好乘涼，這道理，咱拿腳指頭都能想明白，現在也速該一家剩下孤兒寡婦，能把咱們帶到哪兒去呀？跟著他們，咱們免不了被人像牛羊一樣宰殺。所以我一定得跟著強大的人走，這天經地義，沒有什麼不合適的。

察剌合老人一看勸不住脫朵，就勸要跟脫朵一起走的牧民：咱們可不能忘了也速該首領的大恩啊！你家的牲畜，不是當年也速該首領分給你的嗎？你這個帳篷是誰給你建的？你身上的皮袍還是也速該首領賞給你的呢，你怎麼能忘恩負義呢？

脫朵一聽，好你個察剌合，你敢動搖人心，真是活得不耐煩了。他趁察剌合聚精會神地做動員的時候，突然挺起長槍，刺向察剌合。察剌合防備不及被刺中了後背，身負重傷，伏在馬背上逃回了營地。

於是，脫朵就帶著手下的人跟著泰赤烏氏貴族走了。

是走是留很矛盾

泰赤烏氏貴族為了再次統領蒙古部落，重現俺巴孩汗時代的風光，無情地拋棄了訶額侖母子。正是這種殘酷的政治鬥爭，成了鐵木真在冷酷的社會上學步的開始。

面對部眾們的叛離，拖兒帶女的訶額侖做出了一個驚人舉動。訶額侖翻身上馬，舉起了氏族的象徵——九足白旄大纛旗，帶著還跟隨自己的幾十個部眾，上馬就去追，大喊一聲：大家不要走！脫朵領著人往前走，正在那得意呢，回頭一看，訶額侖夫人滿臉怒氣，高舉大纛，幾十匹馬風一樣地闖了過來。跟著脫朵走的牧民，瞬間呆立在當場。訶額侖看起來是一副拼命的樣子，誰走就跟誰玩命。

訶額侖對大家說：大家都聽我的號令，誰也不許往前走了，趕緊回到我們的營地。

脫朵一看跟著自己走的牧民都呆立在當場，依稀從訶額侖的壯舉中看到了也速該首領在馬上的英姿。雖然也速該首領去世了，首領的夫人儼然就是首領在世。

跟著脫朵走的牧民也想起了也速該。剛才察剌合老人那一番話沒有白說，牧民們想起也速該在世時的種種恩情，覺得拋下訶額侖母子確實很對不起也速該。但是，牧民們也很矛盾，覺得留下來是凶多吉少，跟著十歲的孩子能有什麼前途？跟著塔兒忽台才有飯吃。一時之間，是走是留，這些牧民不知道該怎麼辦了。

脫朵是鐵木真叔祖輩的人了，年事已高，要真動武可能也不是訶額侖的對手，他也不知道這些牧民的心究竟向著誰，再看訶額侖手持大纛，一副要玩命的架勢，於是自己拍馬走了。

脫朵這一走，有的部眾就跟著走了。在這個時候，訶額侖又大聲說：你們太欺負人了！你們別看我的兒子現在還小，他們總有長大的時候，你們就不怕我的兒子長大了之後找你們算帳嗎？你們就忘了也速該首領的大恩了嗎？你們這些人目光就這麼短淺嗎？

訶額侖剛一說完，牧民們就開始議論起來了：是啊，首領平時對咱們不薄，現在人家遭了難了，咱們就棄孤兒寡婦而去，這怎麼也說不過去。

訶額侖一看人心有所動搖，就又說了一句：現在何去何從你們慎重選擇，我宣布凡是跟著脫朵走的人就是我孛兒只斤氏不共戴天的仇敵！將來有朝一日，我兒子長大成人絕不會放過你們。

訶額侖這麼一說，一些牧民就留了下來。這個時候鐵木真也衝了過來。母親這一番話剛說完，鐵木真就翻身下馬跪在地上，給他的部眾磕頭：各位叔叔大爺，求求你們了，你們留下來吧。

這些牧民一方面想著也速該首領的厚恩，一方面聽到訶額侖夫人放出狠話，一方面又看到少主人鐵木真跪在地上，所以除了前面已經跟著脫朵走的那些人，後邊的這些部眾終於留了下來。

艱難困苦，玉汝於成

可惜好景不長。游牧民族的生活十分艱辛，加上泰赤烏氏貴族不斷地來忽悠，最後包括蒙力克家族都離開了訶額侖。

這個時候訶額侖一家已經從部落首領的家人，變成了草原上的一個流民團夥，寡婦帶著年幼的孩子，只有一些少得可憐的牲畜，生活的艱難可想而知。訶額侖做了那麼多年的首領夫人，現在的處境可是天上地下了。她只好放下身段，帶著一家幾口人艱難謀生。

訶額侖夫人被迫去採集野果，甚至挖草籽，來養活這幾個孩子。隨著時間的飛逝，孩子們一天天地長大了，於是他們也開始用弓箭去射鳥獸，自己養活自己。

古人說：艱難困苦，玉汝於成。訶額侖的這些孩子也知道自己不是部落的小王子了，不能再高高在上，衣來伸手、飯來張口的日子沒了，得自己養活自己，而且經常吃了上頓沒下頓。不管怎麼說，這些孩子才十來歲，畢竟力氣很小，也打不到什麼大野獸，只能抓隻兔子、捕條魚來充饑。一家人只是勉強果腹，不至於餓死而已。

在這種情況下，訶額侖再三告誡自己的幾個孩子，現在除了自身的影子之外，我們再也沒有夥伴了；除了牲畜的尾巴之外，我們再也沒有鞭子了。因此我們必須要緊密團結，就像影子不能離開身體、尾巴不能離開牲畜一樣，我希望你們幾個兄弟姐妹，要緊緊地團結在一起，不要分開。

雖然訶額侖一再告誡這幾個兒子要團結，但是悲劇還是不可避免地降落到了這個家庭。

兄弟之間的爭奪

前面說過，也速該和訶額侖生了五個孩子，也速該的小妾也生了兩個兒子。

有一次，鐵木真和他的同母弟合撒兒，還有兩個異母弟別克帖兒和別勒古台一塊兒去釣魚。鐵木真和合撒兒是一夥，別克帖兒和別勒古台是一夥。鐵木真他們釣了一條非常漂亮的小魚。這條魚很漂亮，釣來之後他們不一定要吃，可能是要養著玩。沒想到這條魚被別克帖兒和別勒古台給搶走了。鐵木真和合撒兒很生氣，只好來找母親告狀：我們釣到一條非常好看的小魚，漂亮極了，卻被別克帖兒和別勒古台給搶走了，您得給我們作主。

在鐵木真的心目當中，訶額侖是他跟合撒兒的生母，而別克帖兒和別勒古台畢竟不是訶額侖生的，他覺得訶額侖一定會幫他們把這條小魚要回來。萬沒想到的是，訶額侖非常識大體，要一碗水端平，甚至還偏向那兩個不是她親生的孩子。

訶額侖義正詞嚴地對鐵木真兄弟倆說：不要說了，你們兄弟之間怎麼能有這樣的爭奪呢？我們面臨著泰赤烏人的威脅，隨時都有生命危險。我一再給你們講阿蘭老祖母五箭訓子的故事，你們為什麼不能團結呢？以後再有這種事兒不要跟我告狀，我不想聽了。

鐵木真和合撒兒當時畢竟年紀小，倆人非常不服氣，一摔門就出去了。出去之後這哥倆就合計，今天他們搶我們的魚，前幾天我們射了一隻雲雀，剛射下來就被他們倆給搶走了。別克帖兒和別勒古台這倆小子太壞了，跟咱不是一個娘生的，這日子本來就沒法兒一塊過，過不下去乾脆拉倒。

哥倆越想越生氣，既然當媽的不給咱作主，咱們自己解決吧。不然老這麼受欺負，什麼時候是個頭啊。鐵木真和合撒兒一合計，乾脆把別克帖兒幹掉得了，不然他老欺負咱們。

於是，鐵木真和合撒兒倆人帶了弓箭就去找別克帖兒。別克帖兒好幾次都佔了鐵木真和合撒兒的便宜，這次又搶了魚，非常高興，正在一面山坡上悠然放著家裡的那九匹馬。他叼著草根，躺在地上，曬著太陽，得意洋洋，根本沒有注意到鐵木真和合撒兒滿臉怒氣，拿著弓箭一前一後，悄悄地逼近了自己。

鐵木真和合撒兒都是射獵的高手，行動很隱蔽。直到兩個人走到面前，別克帖兒才驚訝地看到，自己的異母兄弟拿著弓箭瞄準了自己。

射殺異母兄弟

別克帖兒知道大事不好，看來今天鐵木真和合撒兒要跟他算總帳了。

鐵木真和合撒兒拿著弓箭瞄著他，別克帖兒想跑也跑不了，於是索性盤腿坐在地上說：母親經常告誡咱們不要自相殘殺，經常給咱們講阿蘭老祖母五箭訓子的故事，告訴咱們現在除了自己的影子再也沒有夥伴，除了牲畜的尾巴再也沒有鞭子，我們正面臨著仇人的威脅，為什麼還要自相殘殺呢？我們不要自相殘殺，以前都是我錯了，我認錯好不好？

鐵木真和合撒兒倆人心裡想，這個時候你才認錯，晚了，不殺你難出我們這口惡氣，非得把你殺掉不可。所以倆人一言不發，繼續怒視著別克帖兒。

別克帖兒知道大勢已去，就跟鐵木真和合撒兒說，既然這樣，我死了就死了，不要再殺我弟弟別勒古台。

話音未落，鐵木真和合撒兒就射出了利箭，把別克帖兒給射死了。倆人殺了別克帖兒後回到家中，訶額侖一看倆人臉色陰森恐怖，滿臉陰霾，又帶著弓箭，立刻明白發生了什麼。

訶額侖暴怒了起來，指著鐵木真和合撒兒兄弟倆說：你們兩個孽子，簡直就是殺人魔鬼。鐵木真你在我生出來的時候手裡就握著一個血塊，合撒兒你是用草原上一種猛犬的名字命名。你們就像下山的猛虎，你們就像憤怒的獅子，你們就像生吞獵物的惡魔！你們有這麼大的本事，為什麼不把弓箭對準我們的仇敵呢？我們現在面臨的是多麼艱難困苦的局面，你們為什麼要手足相殘？我再三告誡你們，我們現在除了自己的影子沒有夥伴，除了牲畜的尾巴沒有鞭子，結果你們竟然把自己的兄弟給殺害了。你們這兩個逆子，我再也不想看到你們了。

這個時候，鐵木真和合撒兒才感覺到自己錯了，太對不起母親了，怎麼能讓母親這麼傷心呢？在一氣之下殺死了自己的兄弟，做出如此親者痛、仇者快的事情，實在不應該。於是，兩個人摘掉了帽子，跪在地上，祈求母親的原諒。

射殺異母弟

訶額侖一看，事已至此，一個兒子已經沒了，總不能真的趕走這兩個兒子吧？訶額侖只好再三告誡鐵木真和合撒兒記住這個教訓，以後絕不能再犯同樣的過錯。而且訶額侖特別疼愛別勒古台，以後別勒古台跟隨鐵木真東征西討、南征北戰，立下了赫赫戰功。鐵木真也對這個異母弟弟格外地愛護，因為他已經殺了一個弟弟了，不能讓悲劇再次發生。

在這之後，這一家人雖然日子過得仍然很艱難，但是兄弟之間的仇隙化解開了。大家照樣在一起玩耍，在一起採集、漁獵。

泰赤烏氏斬草除根

時間一年年地過去，鐵木真已經將近十五歲了，長成了一個英俊少年，而且孔武有力。漸漸地，孛兒只斤氏的一些老部眾陸續回歸，鐵木真家的帳篷越來越多了，部落的人口也增長了。

消息傳到泰赤烏氏貴族的耳朵當中，塔兒忽台這幫人就開始商議：我們不能讓小雛鷹長成雄鷹，我們不能讓狼崽子長成猛狼，我們要趁他們幼小的時候斬草除根，徹底把孛兒只斤氏給幹掉。否則他們長大成人之後，對我們非常不利。

因此，泰赤烏氏貴族就決定偷襲鐵木真的營帳，抓住鐵木真。

於是有一天，在鐵木真他們外出捕獵的時候，看到泰赤烏氏的騎兵風馳電掣般衝了過來。

泰赤烏氏的人想，幾個小毛孩子還不好抓嗎？沒想到這幾個孩子一看到遠處的騎兵衝了過來，立即翻身上馬，一溜煙逃進了一片林地。這些孩子整天在這片林子裡面採集、射獵，所以對地形非常熟悉。而泰赤烏氏的人不熟悉地形，只能把林子圍住，然後發動進攻。

剛一開始進攻，一支利箭飛來，泰赤烏氏打頭的騎手立刻就從馬上掉了下來。放箭的是誰呢？別勒古台。從這兒可以看出來，鐵木真殺別克帖兒的仇，別勒古台並沒有記著。

打頭的騎手被射死之後，泰赤烏氏的人一看，這幾個毛孩子也不是很好對付的，只好把這片林子的出口包圍起來。之後他們高聲叫喊：我們這次來只抓鐵木真一人，跟別人沒關係，只要交出鐵木真，別的人我們一概不理。

泰赤烏氏的人這麼一喊，別勒古台等幾個人就打馬離去了，只有鐵木真還在林子裡躲著。

長生天一再示警

鐵木真一躲就是三天三夜。這三天三夜，鐵木真餓了只能摘一點兒野果吃，渴了只能找一點兒林中的泉水喝。三天三夜下來，鐵木真實在是餓得受不了了，心想這麼下去就得活活餓死，與其餓死還不如出去跟敵人拼個你死我活，死也死得痛快。

就在鐵木真準備離開這片林子，翻身上馬的時候，突然間馬鞍子掉下來了。鐵木真大吃一驚，一看馬肚帶也沒鬆，腹帶捆得挺好，馬鞍子怎麼突然從馬背上掉下來了呢？鐵木真一想，這八成是長生天示警，不讓我出去，我還是接著在這片林子裡躲著吧。

鐵木真又躲了三天三夜，這回真的是餓得前心貼後背了。他心想，不管外面的情況怎麼樣，我怎麼著也得出去找點兒吃的，林子裡只有野果和泉水，這玩意兒填不飽肚子啊。

於是，鐵木真牽著馬往林子外面走。根據蒙古史書的記載，鐵木真走到路口的時候，突然間一塊帳篷那麼大的巨石不知道從何處飛來，正好擋住了他的去路。鐵木真就想，為什麼好端端地飛來這麼一塊兒大石頭，把路給擋住了呢？看來這真的是長生天再次示警，不讓我出去。

鐵木真只好返回林子，繼續過野果充饑、泉水解渴的日子。又過了三天三夜，這個時候鐵木真要再不出去，可能就真的要餓死了。他把心一橫，我不管長生天示不示警，我必須得出去找點兒吃的。

因此，鐵木真拔出腰間的佩刀，來到擋路的巨石前，砍掉了旁邊的枝枝杈杈，砍出了一條小路，然後走出了這片林子。

鐵木真從林子裡出來之後，到底有沒有被泰赤烏氏的人抓住呢？

7.虎口脫險：英雄曾為階下囚

泰赤烏氏貴族害怕漸漸長大的鐵木真有朝一日會來報仇，並重新奪回蒙古部落首領的位置，於是決定斬草除根，抓捕鐵木真。那麼，泰赤烏氏貴族究竟有沒有抓住鐵木真呢？鐵木真落到他們手裡，會有什麼樣的悲慘遭遇呢？

鐵木真的驚險越獄

鐵木真剛剛走出林子，就被泰赤烏氏的人發現了。

鐵木真一看有埋伏，快馬加鞭往外跑。沒想到泰赤烏氏的人早就布置了絆馬索，把鐵木真絆得人仰馬翻。於是鐵木真就做了俘虜，被泰赤烏氏的人給戴上了木枷。

鐵木真心想，這下完了，我命休矣，落在泰赤烏氏的人手裡可就慘了，他們視我為眼中釘、肉中刺，必欲除之而後快啊。

鐵木真沒想到泰赤烏氏的人沒有殺他，而是把他交給牧民看管，一家一戶輪流看管。蒙古部落那個時候沒有監獄，抓了重要囚犯只好你們家看一天，他們家再看一天。

據《蒙古祕史》記載，泰赤烏氏的首領塔兒忽台後來說，他原本想要殺死鐵木真，但那時有一股不可抗拒的力量阻止了他。雖然這股力量是什麼我們無從得知，但可以肯定的是，此時在鐵木真身上，已經逐漸顯露出一代天驕的王者氣質。

於是，鐵木真戴著沉重的木枷，被當作囚犯看管了起來。

鐵木真覺得這麼下去肯定不行。塔兒忽台早晚有一天要對我下手，我必須得找機會逃跑，不能在這苟且偷生。蒼天不負有心人，泰赤烏氏的人有一次聚會的時候，負責看守鐵木真的是一個少年，而且看管得也不嚴。看管的少年可能因為別人聚會歡樂去了，把他一個人留下看犯人，心裡有氣，所以他就應付差事，看管得不認真。

鐵木真一看機不可失，時不再來，於是揮起沉重的木枷，一下子就把這個少年看守給打昏過去了。然後鐵木真撒腿就跑，可是他身上戴著沉重的木枷，跑也跑不快，跑到一條河邊就跑不動了。

這個時候，估計被鐵木真打昏的少年看守已經醒了，給大人們報了信，追兵馬上就到了。鐵木真聽見泰赤烏氏的營地已經有了馬嘶人喊的聲音，然後看到一串火把遠遠地朝這邊來了。在這危急關頭，鐵木真靈機一動，跳到了這條河裡。

泰赤烏氏的人很快就搜到了這條河的河邊，找來找去找不到鐵木真，這些人就開始議論，鐵木真這小子戴著沉重的木枷跑不遠，而且跑到這裡腳印也不見了，他應該就藏在這附近，咱們好好地搜一搜。

藏在水裡的鐵木真還真讓人發現了。發現鐵木真的是泰赤烏氏的一個奴隸，名叫鎖兒罕失剌。鐵木真不是整個身體潛伏在水裡、嘴上叼根蘆葦呼吸，他的頭就在水面上露著，因為他戴著木枷，這木枷有浮力，跟救生圈的功能相似。

這個時候，鎖兒罕失剌就站在河邊搜查，他離鐵木真藏身的地方很近，於是看到了藏著水裡的鐵木真，而且跟鐵木真四目相對，看了個真真切切。

鐵木真一看，壞了，這一下跑不了了，我命休矣。

救命恩人鎖兒罕失剌

鐵木真沒想到，鎖兒罕失剌居然會放他一馬。

發現鐵木真之後，鎖兒罕失剌小聲地跟鐵木真說：你是一個少年英雄，你的眼裡有火，臉上有光，你不是一般人。你年紀輕輕就遭此大難，是長生天給你的磨難。你好好藏著，你放心，我不會告發你。

鐵木真長出一口氣，繼續在水裡藏著。

最後，泰赤烏氏的人沒搜著鐵木真，商量說鐵木真不可能逃到天上去，他戴了一個沉重的木枷，又沒有馬，能跑到哪兒去啊？一定是剛才咱們搜得不仔細，必須要仔細搜。於是，有的人就拔出腰刀開始砍河邊的蘆葦，有的人準備下水去搜。

在這種情況下，鎖兒罕失剌趕緊對眾人說，大家說得對啊，鐵木真他走不遠，我估計他都不可能走到這條河邊，一定是咱們剛才搜得不仔細。咱們別在這兒沒完沒了，應該順原路回去再搜一遍。現在黑燈瞎火的，如果搜不到，明天白天咱們再搜，反正鐵木真也跑不遠。

大家一聽，覺得鎖兒罕失剌言之在理，於是就返回去了。在大家回去的時候，鎖兒罕失剌又走

死裡逃生

在最後，悄悄地對鐵木真說，我救你不為別的，我敬重你是一個小英雄。你這一次脫險後，趕緊回去找你的母親和兄弟們，如果有人發現了你，你千萬別說我救過你。

說完後，鎖兒罕失剌也就離去了。

眾人都走了之後，鐵木真從河裡站了起來。鐵木真渾身上下的衣服早就濕透了，又戴著沉重的木枷，餓著肚子，黑燈瞎火的，能走到哪兒去呢？鐵木真心想，必須得找一個地方隱藏，但藏到哪兒好呢？

鐵木真琢磨了一番，決定藏到鎖兒罕失剌的家裡。鎖兒罕失剌發現了我，卻沒有抓我去領賞，而且之前我被挨家挨戶看管的時候，鎖兒罕失剌他們家也看管過我，他們家的人不錯，對我特別好，給我肉吃，給我奶喝。

因此，鐵木真就決定去鎖兒罕失剌的家裡。但是鎖兒罕失剌已經騎馬走了，黑燈瞎火的，怎麼找到他們家去呢？這裡可以看出鐵木真的智慧，他早就觀察到鎖兒罕失剌是一個非常勤勞的牧民，他們家整天都在製作乳酪，所以他們家有一種特徵——就是攪奶器攪動的聲音。

於是，鐵木真戴著木枷就潛入了泰赤烏氏的營地，憑自己的耳朵聽，終於聽到了攪奶器攪拌的聲音。對於這時候的鐵木真來講，這是玉音啊，可算找到恩人家了。鐵木真就鑽進了鎖兒罕失剌他們家，對鎖兒罕失剌說：大叔，我沒地方去，求你收留我。

鎖兒罕失剌看到鐵木真，震驚得攪奶器差點兒沒掉地上。小祖宗你怎麼找我來了？我不是讓你跑嗎？你這不是害我嗎？

在羊毛堆裡藏身

鎖兒罕失剌大驚失色，一旦被泰赤烏氏的貴族發現鐵木真藏在自己家，有可能全家都性命不保。鎖兒罕失剌此前放過鐵木真已經算是仁至義盡了，沒想到鐵木真黏上了自己，這不是害人嗎？

這個時候，鎖兒罕失剌的兩個兒子接過話來了。鎖兒罕失剌的兩個兒子，一個叫沉白，一個叫赤老溫，這位赤老溫後來是成吉思汗的開國四傑之一。赤老溫和沉白接過話頭說，兔子被鷹趕得沒處躲的時候，兔子藏到草叢裡，那草還救兔子呢；羊被狼追得沒地躲的時候，羊逃到山上，這山還救羊呢。現在鐵木真落難藏到咱們家來，咱們哪兒能見死不救啊？難道咱們連山和草的覺悟都沒有嗎？

蒙古人說話特別愛用比喻，就像寓言似的。鎖兒罕失剌一看兩個兒子都這麼說，那我的覺悟不能比兒子還低啊，那就豁出去了，救鐵木真吧。於是鎖兒罕失剌吩咐兩個兒子，先得把這木枷給卸了，再把他的濕衣服給換下來，上廚房給他拿一碗煮肉，取一碗馬奶，讓他吃飽了，喝足了。

然後鎖兒罕失剌又一招手，鐵木真感覺眼前一亮，出來一個美女，是鎖兒罕失剌的女兒，叫合答安。鎖兒罕失剌跟女兒說，去把鐵木真哥哥的袍子烤乾，然後給他找一身乾衣服讓他穿著。

最讓鎖兒罕失剌糾結的是，把鐵木真藏在哪兒呢？天一亮，塔兒忽台必然會派人到處搜查，這家裡就這麼大的地方，能把鐵木真藏在哪兒？

小姑娘合答安大眼睛忽閃忽閃靈機一動，就有主意了，一指門口剛剪的一車羊毛，把他藏在羊毛堆裡，絕對不會有人想到羊毛堆裡藏著人。大家一聽，行啊，這主意不錯，於是就把鐵木真藏到這堆羊毛裡了。

袁騰飛講
成吉思汗

可惜我定親了

鎖兒罕失剌和兩個兒子忙活別的事，就讓合答安留下來照顧鐵木真。

雖然蒙古高原上晝夜溫差比較大，夜裡天氣比較涼爽，但是畢竟是夏天，人藏在厚重的羊毛堆裡還是暑熱難當。所以，鐵木真待了一會兒就熱得難受，跟合答安說，我太熱了，能不能把這羊毛給我去掉一點兒？

合答安趕緊跟鐵木真說：千萬別出聲啊，你要想保住自己的性命，就得忍啊，你在河裡都躲了那麼長時間，這羊毛堆裡有什麼不能藏的？

當然，合答安也知道鐵木真的難受，就給他拿下去了一些羊毛，而且還用袖子給鐵木真扇著風，又給他端來吃喝的東西。

鐵木真覺得這姑娘實在不錯，多善良的一個人啊，而且還漂亮、溫柔、善解人意，真是越看越好。於是，鐵木真就情不自禁地嘟囔了兩句：可惜，真是可惜。

合答安正在照顧鐵木真呢，一聽他怎麼說可惜，就問：你可惜什麼？

鐵木真說：可惜我定親了。

合答安畢竟是冰雪聰明的姑娘嘛，一下子臉就紅到了耳根子，你這傢伙，已經命懸一線，一隻腳都邁進鬼門關去了，你還有工夫瞎琢磨？你好好兒躲著吧，天一亮就有人來搜查了，你別胡思亂想了。

鐵木真經不住這一晚的折騰，很快就沉沉睡去。

天剛一放亮的時候，合答安就跑進來說：不好了，不好了，塔兒忽台的人來搜查了，你千萬要藏好，千萬不能出來啊。

鐵木真能不聽話嗎？大氣兒都不敢出。合答安把昨天拿下去的那些羊毛，又全給鐵木真蓋上。過了一會兒，就聽見皮靴踏地的聲音，一幫人衝進了鎖兒罕失剌的家，人聲鼎沸，有人在喊，仔細搜搜，鐵木真那小子到底藏在哪兒了。

鎖兒罕失剌特別緊張，就在這兒琢磨，八成是有人告密啊，因為昨天他們在河邊搜查鐵木真的時候，就是鎖兒罕失剌阻撓的，說不定有人起了疑心了。這幫人進了鎖兒罕失剌的帳篷，這帳篷一進門是一目了然，啥也沒有。這幫人很不甘心，有的人就盯住了這一車羊毛，走到跟前拔出佩刀就往羊毛裡插。

一刀沒插著，兩刀沒插著，要第三刀可就難免了。這個時候，鎖兒罕失剌和他的兩個兒子都非常緊張，面色大變。

有智慧的蒙古人

關鍵時刻，合答安說了一句話：你們真好玩，這大夏天的，人要是藏在羊毛堆裡躲一宿，悶也悶死了，你們一點兒常識都沒有，太好玩了。

這幫人看著十來歲的小姑娘合答安天真可愛的樣子，一想也是，咱別費這勁兒了，這一車羊毛都刨下來多費勁兒啊。鎖兒罕失剌是咱們泰赤烏氏的家奴，他就是吃了熊心豹子膽也不敢救咱們的仇人鐵木真。也許鐵木真藏到別的地方了，那算了，我們走了。

這幫人走了之後，鎖兒罕失剌和兩兒一女趕緊衝到羊毛車邊，七手八腳地把鐵木真刨了出來。鐵木真也顧不得頭上身上滿是羊毛，對這父女四人倒頭便拜，口中說道：我鐵木真今天能撿回一條命，多虧你們四位救我。有朝一日我出人頭地，絕對不會忘了你們一家的大恩大德。

鎖兒罕失剌說：得了，這話就先別說了，報答的事還早呢，你先得活下來，才能出人頭地。鎖兒罕失剌趕緊吩咐兩個兒子：老大你上廚房給他準備肉，給他帶上兩皮囊的馬奶，讓他在路上吃喝；然後吩咐老二，牽匹馬過來，這匹馬沒有馬鞍子；然後讓女兒合答安去給他拿一張弓、兩支箭，讓他在路上防身。

鐵木真拿了肉和奶，背上弓，裝好了箭，然後跨上這匹沒有鞍子的馬，跟鎖兒罕失剌一家道別：謝謝各位，以後我一定會報答你們，長生天見證我絕不食言。

蒙古人都是騎馬的高手，沒有馬鞍子照騎不誤。鐵木真騎上這匹裸馬，向自己的部落跑去。鎖兒罕失剌給鐵木真這些東西是有深意的。第一點：給你肉吃，給你奶喝，但這個肉和奶都是一天的量。因為從這裡到你們部落的營地，一天時間足夠了，你要是一天回不去你就沒吃的，你必須得趕快回去。

第二點：為什麼不給鐵木真馬鞍子？是怕萬一鐵木真被塔兒忽台的追兵趕上，一看馬鞍子就知道這是鎖兒罕失剌家的東西，那就等於告訴了塔兒忽台是誰救的鐵木真。

第三點：只給一張弓、兩支箭。這就更有意思了，一張弓、兩支箭只能用來防身，不可用來擊敵，萬一碰上追兵，彎弓搭箭射死一兩個就趕緊跑，不可戀戰。如果給他三十支箭，他就有可能戀戰，那就危險了，畢竟寡不敵眾。

鎖兒罕失剌的這些做法，既救了鐵木真，又保全了自己。所以說，鎖兒罕失剌這個人很有智慧。

可惡的盜馬賊

鐵木真被困在林子裡的時候，合撒兒、別勒古台這幾個兄弟回去，找到了他們的母親訶額侖夫人。為了躲避泰赤烏氏的追殺，他們已經遠遠地離開了早先的宿營地。所以鐵木真頗費了一番工夫才找到了家。

合撒兒眼尖，遠遠地看到了鐵木真，特別高興，趕緊招呼大家，哥哥回來了！

大家一窩蜂似的迎上來，母子相見，抱頭痛哭，訴說各自的遭遇。九死一生啊，長生天保佑，一家人總算又團聚了。鐵木真講，我這不是回來了嘛，大家應該高興才是啊，不要痛哭，不要悲傷，今天是個好日子。否極泰來，咱們應該商量一下以後的日子怎麼過，這個地方不能待了，咱們另擇一處水草豐美之地居住，好躲開泰赤烏氏的追殺。

於是，訶額侖母子遷徙到了一處水草豐美的地方。鐵木真每天跟幾個兄弟牧馬，照顧母親，操持家務，日子過得和和美美，平平靜靜。這個時候，鐵木真他們家已經由貴族變成了一般的牧民，而且連中等牧民都算不上了，家裡最寶貴的財產就是九匹馬。這九匹馬，在鐵木真被擒的時候丟了一匹，他連人帶馬都被人抓了，然後他從鎖兒罕失剌家回來的時候又騎回來一匹，但是騎回來的這匹馬不怎麼樣。所以，鐵木真一家對那八匹馬格外看重，這是家裡最寶貴的財產。

沒想到，有一天盜馬賊把這八匹馬給偷走了。這八匹馬一丟，鐵木真一家等於遭受了滅頂之災。

盜馬賊偷馬的時候，別勒古台騎著鐵木真從鎖兒罕失剌家騎回來的那匹馬打獵去了。直到日薄西山，別勒古台才騎著那匹馬回來，肩膀上擔著獵物。鐵木真看到別勒古台，十分焦急地迎上去說：咱們家那八匹馬丟了。

別勒古台一聽就急了，沒有那八匹馬，我們靠什麼活啊？所以別勒古台馬上說我去追。合撒兒攔住了別勒古台，你打了一天獵，對家裡的貢獻也不小，加上你又剛回來，滿面風塵，要追也是我去追。

鐵木真一看，自己作為長兄，保護家中的財產責無旁貸，你們倆誰也別爭了，我去吧。於是，鐵木真把別勒古台從馬上揪下來，自己翻身上馬，去追盜馬賊。

結識博爾朮

鐵木真追了三天三夜，來到一戶牧民的帳篷外，看到一個英俊少年正在擠馬奶。這個氏族跟他們孛兒只斤氏族有親緣關係，所以鐵木真翻身下馬問這個少年，有沒有看見八匹馬從這經過，這八匹馬是什麼樣什麼樣的，形容了一番。

這個少年一聽，就把手裡擠奶的工具往地上一扔，對鐵木真說，我看到了，這八匹馬確實是從我們家門前經過的，但是已經過去好幾天了，你是不是就找這八匹馬啊？

鐵木真焦急之情溢於言表：沒錯，那就是我們家丟的馬，我們家沒有這八匹馬簡直沒法兒活。

少年說：你別急，我跟你一塊兒去找。

鐵木真感慨地說：我和你素昧平生，怎麼好意思讓你跟我一塊兒去找，你給我指個路，我就很感激你了。

少年一擺手：你別這麼說，我敬重你是一位英雄，英雄落難更讓人同情。我既然敬重你，就跟你一塊去找。

少年打量了一眼鐵木真騎的馬，然後說：你這匹馬可不行，騎著這馬怎麼能追上那幫盜馬賊呢？於是，少年從自己家中牽出一匹好馬給鐵木真騎，他自己也騎上一匹，一塊去追盜馬賊。

路上，鐵木真問這個少年：請問壯士尊姓大名。你這麼幫我，我日後要好好兒報答你。

少年微微一笑：我的父親是納忽伯顏，我是獨生子，名叫博爾朮。甭說什麼報答不報答了，我幫你是心甘情願，我平生最見不得英雄落難。以後有用得著我的地方，只要招呼一聲，我立刻就來。

在鐵木真的身上，存在著一股讓人一見傾心的領袖魅力。博爾朮是納忽伯顏的獨生子，家裡很富有。鐵木真這個時候連中等牧民都算不上了，而且家裡的馬都讓人偷走了。在這樣的情況下，博爾朮二話不說就幫著鐵木真去找馬，只能說他被鐵木真的人格魅力所傾倒。

博爾朮就此成為鐵木真的得力幹將，日後成為蒙古帝國開國四傑之首，這四傑是博爾朮、赤老溫、博爾忽、木華黎。

永遠的朋友

博爾朮跟著鐵木真去追盜馬賊，追了很久，終於遠遠地看到了一處緩坡，緩坡上有一片馬圈，用圍欄圍著，馬圈裡有八匹馬，正是鐵木真家裡丟的那八匹馬。

鐵木真跟博爾朮說：你在這兒觀察情況，我去把馬圈的圍欄打開。

鐵木真過去打開馬圈，把自己家的八匹馬放了出來，然後與博爾朮一起返回。這八匹馬往外一跑，那些盜馬賊自然就看到了，其中一個盜馬賊拿著長長的套馬杆，騎著馬就來追趕博爾朮和鐵木真。

一看有人追趕，博爾朮對鐵木真說：把你的弓箭借我一用，我射死這小子。

鐵木真趕緊說：這哪兒成啊！你都幫我這麼大的忙了，要射死他也得我來啊，你趕著八匹馬往回走就是了。

於是，鐵木真彎弓搭箭，在馬上一回身，一箭射出去，雖然沒有射中這個盜馬賊，但是也嚇得他不敢再追了。這個時候，別的盜馬賊可能不在家，只留下這麼一個看家的，他畢竟是以一敵二，沒有勝算，所以就不追了。

回到博爾朮的家，博爾朮跟鐵木真下了馬，進了自家的帳篷一看，老爹納忽伯顏正在那兒哇哇大哭呢。這是為什麼呢？因為博爾朮是獨生子啊。

看到博爾朮平安歸來，納忽伯顏破涕為笑，但也不禁埋怨了幾句：你小子跑哪兒去了，你瞧把我給急的，你這太不像話了。納忽伯顏一看博爾朮後面跟著一個人，就問：這是誰啊？

博爾朮就把前因後果向老爹交代了一番。納忽伯顏一聽，我兒子原來助人為樂去了，這非常好。

鐵木真非常慷慨，對博爾朮說：要不是兄弟你幫我，我這八匹馬根本就追不回來。這樣吧，既然這馬追回來了，咱倆對半分，我分給你四匹，我不能讓你白出力啊。

博爾朮一聽就不高興了，對鐵木真說：我是為了要你這四匹馬才幫你的嗎？我不是說了嗎？我覺得你是個英雄，我願意追隨你，我不是衝這馬來的。

鐵木真一聽，更加感動得不知道說什麼好了。納忽伯顏也說：既然你們是這麼好的朋友，希望你們的友誼能夠一直維持下去，千萬不要因為別的事情而改變。

於是，兩個人就當著納忽伯顏的面發誓，這輩子甭管是富貴還是貧賤，咱們永遠做朋友。對於鐵木真來講，這次追馬最大的收穫，不是這八匹馬失而復得，而是結識了博爾朮這位一生的朋友。博爾朮可以說是鐵木真第一位生生死死不離不棄的朋友。

後來，鐵木真初點兵馬的時候，派自己的弟弟到博爾朮家去請博爾朮。博爾朮二話沒說，都沒跟自己的父親打招呼，弄條毯子往肩上一扛，牽著自己的馬就投奔到了鐵木真帳下，從此開始跟定了鐵木真。博爾朮這個人，沉雄鷙勇，善戰知兵。鐵木真發跡以後，博爾朮成為他帳下的第一大將，幫助鐵木真出謀劃策，衝鋒陷陣。甭管是運籌帷幄還是決勝疆場，博爾朮都立下了赫赫戰功。

鐵木真能從艱難的生存環境中走出來，最後成了統一草原的成吉思汗，離不開這些傑出人才的幫助。

鐵木真從死裡逃生到這八匹馬失而復得，已經經歷了太多的磨難。我們常說否極泰來，物極必反。那麼，這些磨難過後，是不是會有什麼好事在等著鐵木真呢？

8. 時來運轉：找到靠山脫里汗

自從鐵木真九歲喪父，他的童年就充滿了坎坷，歷盡了苦難。十五歲的時候，鐵木真終於等到了命運的轉機。這一年，鐵木真不但迎娶了對自己一生命運有著重大影響的妻子孛兒帖，更重要的是鐵木真找到了一個強有力的靠山，從此再也不是那個任人欺凌的落魄貴族了。那麼，鐵木真的這位強大靠山究竟是誰？鐵木真又是憑藉什麼，從他那裡獲得保護的呢？

娶回了美麗的新娘

鐵木真一家人本來愁眉不展，一看鐵木真找回了這八匹馬，立刻破涕為笑，得知鐵木真還結識了博爾朮這麼一位講義氣的朋友後更是高興，所以家裡的日子又開始紅紅火火地過起來。

一晃幾年過去了，眼看鐵木真一天天長大了，訶額侖就對鐵木真說：當初你父親給你定了一門親事，你的未婚妻是弘吉剌部德薛禪的閨女孛兒帖。現在這個姑娘也長大了，在他們弘吉剌部都是出了名的美女啊。弘吉剌部本身就產美女，她是美女中的美女。而且德薛禪親家重情重義，沒有因為咱們家道衰落就來退婚。現在你也老大不小了，到了談婚論嫁的年齡，就去把你這位美麗的新娘迎娶回來，給咱家增添人口。

鐵木真一聽，當然非常高興，他跟自己的未婚妻已經有十來年沒見了。於是，鐵木真帶著自己的兩個兄弟合撒兒和別勒古台，騎上馬就奔自己岳丈家的營地而去。找到德薛禪家的營地之後，德薛禪一看自己的女婿高大英俊、一表人才，把姑娘嫁給這樣的人，他也放心。

因此，德薛禪熱淚盈眶地拉著鐵木真的手說：我早就聽說了你不幸的遭遇，泰赤烏氏的人嫉妒你、迫害你，沒想到你還活得好好的，長這麼大了，我非常高興，你的岳母和妻子都很想見到你。

一家人見面其樂融融，在營地完了婚，相當於小倆口兒正式辦了結婚手續。辦了手續之後，就要把孛兒帖送到鐵木真家。

德薛禪也知道鐵木真目前的日子過得不是太好，所以就給孛兒帖陪嫁了大量的皮毛等物品。然後，孛兒帖的母親一直把孛兒帖送到鐵木真家。

特別值得一提的是，孛兒帖陪嫁的物品中，有一件珍貴的禮物——黑貂皮襖。在那個時候的草原上，人們的生活方式比較原始，沒有流通的貨幣，人們往往用物物交換的方式來獲得自己需要的東西。對於游牧民族來說，皮毛和牲畜就是最為普遍的財產。但黑貂皮襖很少見，即使放在今天也是非常昂貴的。

孛兒帖把這件黑貂皮襖作為嫁妝送到鐵木真家，鐵木真家收到這份禮物很高興。特別是訶額侖，一看這孛兒帖頭戴高帽，身穿紅衫，風姿綽約，漂亮高挑，打心眼裡喜歡，婆媳關係也非常融洽。孛兒帖又見了自己的小叔子和小姑子，給每個人送了一件衣服作為禮物。

從此之後，孛兒帖跟鐵木真就開始了恩恩愛愛的夫妻生活。鐵木真後來做了大汗，妻妾無數，但是對孛兒帖夫人始終十分敬重，孛兒帖不但擔當起了皇后的角色，甚至在某種程度上也擔當起了軍師的角色。鐵木真在很多關鍵時刻做出的重大決策，都是聽了孛兒帖的話。孛兒帖曾經被人搶走受辱，但是鐵木真對她的敬愛沒有一點兒改變。以後鐵木真每次率軍出征，陪王伴駕的是那些年輕貌美的姬妾，孛兒帖夫人則留守老營，但留守老營恰恰說明她是在給鐵木真看家產。也就是說，這個重擔鐵木真交給誰都不放心，必須要交給孛兒帖才放心。由此可見，孛兒帖夫人對鐵木真的影響非常大。

另外，鐵木真後來雖然跟好幾個妻妾都有孩子，但只有跟孛兒帖夫人生的兒子最後分到了鐵木真的遺產。所以很多外國人，包括不了解成吉思汗家庭的中國人，就以為成吉思汗只有四個兒子。拿破崙就曾說：我不如成吉思汗，他的四個虎子都爭為其父效力，我沒有這種好運。其實成吉思汗肯定不止四個兒子，最起碼他跟忽蘭夫人有一個兒子闊列堅，但是一般人的意識中就認為成吉思汗只有四個兒子，長子朮赤，二子察合台，三子窩闊台，四子拖雷，因為只有這四個兒子分到了成吉思汗的遺產，這四個兒子都是孛兒帖所生。

鐵木真的婚姻，可以說是他人生最重要的一個轉捩點。這個轉折意味著，鐵木真已經走過了苦難的年代，逐漸成長為一個年輕有為的部落首領，越來越多的人爭相跑來歸附他。

與脫里的交情

鐵木真迎娶孛兒帖之後，小日子和和美美地過起來了。可是，憑著他當時的力量要想發展壯大還是比較困難，必須還得有貴人相助。那麼在當時有誰能夠幫助鐵木真呢？

我們前面講過，當時的蒙古高原有六大部落，除了蒙古部之外，還有五大部落，東邊是塔塔兒部，北邊是篾兒乞部，南邊是汪古部，西邊是克烈部和乃蠻部。

鐵木真所屬的孛兒只斤氏，包括我們前面講的泰赤烏氏，都是蒙古部落裡邊的。我們來看這五大部落與蒙古部落的關係，塔塔兒部是仇敵，篾兒乞部也是仇敵，汪古部談不上有交情，乃蠻部離得遠，只有克烈部的可汗脫里跟鐵木真一家有交情。

什麼交情呢？當年脫里汗的父親去世之後，把汗位傳給了脫里，但脫里的叔叔起兵造反，奪了脫里的汗位，脫里沒辦法只好投奔了乃蠻部。脫里給了乃蠻部大量的物資和財寶，讓乃蠻部幫他出兵奪回汗位。

結果乃蠻部拿了東西不辦事。我們常說拿人錢財替人消災，乃蠻部是拿了錢財不給你辦事。最後脫里走投無路，只好去求蒙古部落當時的首領——鐵木真的父親也速該。

也速該這個人古道熱腸，當即就拍胸脯保證說沒問題。也速該很快就出兵打跑了脫里汗的叔叔，把克烈部的位搶了回來，又交還給了脫里，而且他不要任何報酬。所以脫里汗感動得不得了，說你的恩德不但我記著，我的子子孫孫都會記得，我們家世世代代都要報你的恩德，這個恩沒有完的時候，除非我這個家族絕嗣，否則的話我世世代代報答你。

聽了脫里的話，也速該當時也沒往心裡去，沒想到自己有朝一日會被仇人毒死，兒子也飽經磨難。也速該可能回來之後把這個事當個笑話跟訶額侖一講就完了，但是訶額侖是一個很有心機的女人，一直記著這事兒。當年咱們那麼慘的時候，咱沒臉去見人家，你說你讓人家幫你什麼？你跟人家地位太懸殊了，你讓人家怎麼報恩？頂多收留你，所以你到那兒也就是寄人籬下，弄不好你這小小的部落就被克烈部給吞併了。現在行了，咱們這個部落已經稍微有點兒起色了，可以要求脫里履行諾言了。

於是，訶額侖就跟鐵木真講了這一番話，既然脫里跟你的父親曾經結為安答（兄弟），那麼這個時候我覺得他不會棄咱們母子於不顧。咱也有點兒資本了，你拿著你岳丈家陪送的這件珍貴的黑貂皮襖作為禮物，去求見脫里，爭取讓脫里幫助咱們。

鐵木真聽完這話，覺得非常有道理，就帶著自己的弟弟合撒兒和別勒古台，去克烈部求見脫里汗。

黑貂誓言

克烈部人多勢眾，所以很容易找到。鐵木真一見脫里汗，連忙俯身下拜，然後捧出這件黑貂皮襖。鐵木真既要抬高對方，又不能貶低自己。我得讓你覺得我不是來求你的，我要是低三下四地求你，那咱倆就永遠不平等，而且我得讓你知道我也出身高貴。

我們來看看，鐵木真是怎麼跟脫里汗說的：當年我的父親曾經跟您結為安答，所以今天我把您看成是我的父親。我也沒有什麼好東西送給您，只有我岳丈家送的一件黑貂皮襖，我覺得還能拿得出手，因此把它獻給我的父親您，請您笑納。

鐵木真這番話，先把他爹也速該抬出來。我爹也速該幫您奪回過汗位，您還記得嗎？這言下之意，為什麼結為安答您心裡清楚，這筆帳您忘不了，不用我說出來，我說出來就沒勁了，顯得我是來討債的。這話不能說透，我一點您就明白。

鐵木真這幾句話真是滴水不漏，句句都說到了點子上。先說我父親跟您結為安答，脫里一想對啊，今天我能坐上這汗位多虧人家老爹也速該啊，所以這個恩我必須得報。不用鐵木真提醒，脫里就明白了自己應該幹什麼。再說你看這孩子多會說話啊，人家沒說你該報我的恩了，或者說我有事求你，你必須幫忙，人家沒說這個，人家說我來看自己的父親。這一下子，把雙方的距離就拉得很近了。

脫里心想，這孩子給足了我面子，還送我這麼貴重的一件禮物，家裡就這麼件值錢的東西給我送來了。所以脫里是心花怒放，臉上的每一條皺紋都舒展開了，這孩子簡直太可愛了。脫里捧著這件黑貂皮襖高興得不得了，當場就表示說，那些離你而去的人，我一定要給你召集回來；那些分散了的部眾，我一定要替你聚攏起來。我要讓你的人緊緊地聚攏在你的身邊，就像胸依附於喉、臀依附於腰一樣絕對不可分離。你放心，我一定會幫你。

這就是脫里對鐵木真的黑貂誓言。鐵木真一番甜言蜜語，就達到了目的。脫里已經許下了莊重的誓言，從此以後鐵木真就可以大樹底下好乘涼了，真是抱上了一條大粗腿。當時草原六大部落中，克烈部是非常強盛的。鐵木真跟脫里形成了一種莊重的契約關係，這個契約關係不僅僅體現在保護與被保護上，實際上這種關係是雙方的。

脫里也不傻，他為什麼願意給鐵木真提供這種幫助？因為他看出來鐵木真這個人，按我們現在的話講是一支潛力股，將來他前途無量，我對他的投資不可能血本無歸，傻事誰幹啊？脫里要那麼傻的話，也不可能做克烈部的大汗，他知道幫助鐵木真壯大之後，就是給自己樹立了一個外援，將

黑貂誓言

來自己有難的時候，也有個幫手。

學會冶鐵很重要

鐵木真和脫里的這份莊重的契約，一直持續到西元一二〇三年，也就是鐵木真完成草原統一的三年前。在此期間，鐵木真忠誠回報了脫里，幫助脫里粉碎了各種內部叛亂和外敵入侵。

同時，鐵木真也依靠脫里的力量壯大了自己。契約達成之後，鐵木真的地位就更加鞏固了，大家看到小主人鐵木真已非吳下阿蒙了，他已經抱上了草原上最粗的一條大腿，所以很多人都來投奔他。

這個時候投奔鐵木真的人裡邊，有一位鐵匠。這個鐵匠很有名，叫札兒赤兀歹，他背著自己打鐵的工具來見鐵木真。札兒赤兀歹打鐵的手藝非常高，而且可以帶徒弟把自己的這套絕技傳下去。千萬不要小看了這一點，當時草原各部爭雄，打製出優良的兵器實在太重要了，比如刀、矛，還有弓箭。

在漢朝的時候，漢軍與匈奴打仗，有人說漢武帝最強盛的時候，一個漢朝士兵可以打四十多個匈奴兵，我們先不討論這個資料是怎麼統計出來的，先不管這個資料有沒有誇大的成分，總之當時的匈奴不是漢朝的對手，一個重要的原因就在於漢軍裝備的精良。

當時的漢軍士兵身穿用金屬製成的護甲，頭戴鐵盔。而匈奴人不會冶鐵，匈奴人的鐵器主要靠一些畜產品跟中原王朝交換，但是中原王朝把鐵當作國家專賣的重要戰略物資，是限制向匈奴出口的。所以，很多匈奴騎士用的箭，箭頭都是用魚骨、獸骨磨成的，根本無法射穿漢軍身穿的護甲。

因此，匈奴跟漢軍打仗才處在下風。

草原民族一旦學會了冶鐵，它的威力就相當於今天有些國家掌握了核武器，那就不得了了。札兒赤兀歹把冶鐵的技術傳到鐵木真的部落，對鐵木真部落的發展壯大起了非常重要的作用。後來鐵木真能夠統一草原各部，除了他的部下英勇善戰之外，跟兵器的精良也有非常大的關係。

而且札兒赤兀歹老人還給鐵木真帶來了一位幫手，這個人叫者勒篾。札兒赤兀歹老人把者勒篾帶到鐵木真面前，對鐵木真講：你在斡難河畔出生的時候，我也在那裡，當時我就下定決心讓我的兒子做你的僕人。但是我的兒子當時還小，他沒法伺候你，幫不上你什麼忙，所以我就把他帶走了。現在他長大了，我把他帶回來，請你收留他，讓他做你的伴當，為你鞍前馬後出生入死。

鐵木真欣然收下了者勒篾。這個時候，鐵木真已經有兩個鐵杆伴當了，一個是博爾朮，一個是者勒篾。鐵木真家族的日子越來越紅火，日益興旺發達。

鐵木真遭受了那麼多的磨難，看似苦盡甘來，有了好日子過，娶了媳婦又認了義父。但是鐵木真的磨難還遠遠沒有結束，很快他將迎來人生中更為殘酷的打擊。

意外的打擊

鐵木真跟自己的新婚妻子孛兒帖恩恩愛愛過了差不多一年。

這一天早上，伺候鐵木真的母親訶額侖的老保姆豁阿黑臣已經早起幹活了。豁阿黑臣耳朵很靈，聽到了一陣急促的馬蹄聲。豁阿黑臣經驗十分豐富，一聽就知道至少有三百多匹馬奔了過來，這肯定不是來串親戚的，肯定是非搶即盜。豁阿黑臣判斷一定是泰赤烏氏的人又來了，他們看到我們日子過好了又來搗亂。所以，豁阿黑臣就衝進訶額侖的帳篷大喊：主人趕緊起來，不好了，不好了，泰赤烏人來偷襲了。

訶額侖一聽，一骨碌就披上衣服爬起來了。成吉思汗的小妹妹帖木侖年紀還小，所以訶額侖一把把帖木侖抱在自己的懷裡就翻身上了一匹馬。鐵木真這個時候雖然日子過好了，歸附他的人也越來越多，但不是說歸附他的人的財產都是他的。人家歸附他，他不能把人家的財產給沒收了，要是這樣的話，誰還歸附他啊？所以甭管鐵木真這日子過得有多好，馬還是那九匹。

訶額侖抱著鐵木真的妹妹騎了一匹馬，鐵木真一骨碌爬起來，也騎了一匹馬。鐵木真的四個弟弟——合撒兒、合赤溫、帖木格、別勒古台，一人一匹馬。然後鐵木真那兩個忠實的伴當——博爾朮和者勒篾，也一人一匹馬。已經騎走了八匹馬，剩下的一匹馬也跟著跑了，等於九匹馬全沒了，孛兒帖沒馬騎怎麼辦？豁阿黑臣趕緊套上一輛牛車，讓孛兒帖坐在牛車裡，然後趕著牛車就跑。

實際上，這次來的不是泰赤烏氏的人，而是篾兒乞人。那麼，篾兒乞人為什麼要跟鐵木真過不去呢？

大家別忘了，鐵木真的母親訶額侖就是他爸也速該從篾兒乞人也客赤列都手裡搶過來的。篾兒乞分為三個部落，也客赤列都是其中一個部落的領袖脫黑脫阿的弟弟。所以，現在脫黑脫阿要給自己的弟弟也客赤列都報仇，你們家當初把我弟媳婦給搶了，現在我也來搶你們家。

這樣一來，最危險的就是孛兒帖了。鐵木真不知道這個情況，卻把孛兒帖給扔下了。可能會有人覺得這鐵木真太不像話了，大丈夫不能保護妻子，有何面目立於天地之間？

其實不是這麼回事。你看鐵木真讓自己的媽抱著妹妹跑，然後帶著四個弟弟跑，帶了兩個伴當跑，鐵木真也有他的考慮，媽是不能不管的，自打爹被仇人害死，這麼多年自己跟著媽顛沛流離，是媽含辛茹苦把自己拉扯成人，沒有媽哪有自己的今天啊？幾個弟弟都是自己事業上的幫手，博爾朮和者勒篾來追隨自己出生入死，要是你把他們扔下，以後誰還追隨你啊？相反，孛兒帖是一介女流，當時的草原民族幾乎不殺女人。最多就是抓俘虜，沒有生命危險，因此只好把孛兒帖留下。危急時刻，人的反應完全是一種本能。

鐵木真也不是說把媳婦留在這兒就不管了，他想把別人都安頓好，再回來找孛兒帖。鐵木真也可能心存僥倖，孛兒帖一個人目標小，好逃跑，可能僥倖逃脫了，那不就大家都安全了嗎？

那麼，孛兒帖這次能不能僥倖逃脫呢？

9. 初試鋒芒：救回妻子孛兒帖

面對篾兒乞人的偷襲，勢力仍然弱小的鐵木真只有舉家逃亡。這次不期而至的打擊，令鐵木真認識到，在這弱肉強食的草原上，一味逃避並不是長久之計，只有主動出擊，才能求得生存。於是，鐵木真逃脫了敵人的追擊後，便向曾發下誓言要幫助自己的義父脫里，還有自己的結拜兄弟札木合求援。那麼，脫里和札木合真的會幫助鐵木真嗎？

孛兒帖被搶

孛兒帖坐上一輛牛車逃跑，但牛是什麼速度，馬是什麼速度，這牛能跑得過馬嗎？所以一會兒工夫，孛兒帖的牛車就被篾兒乞人追上了。

篾兒乞人追上牛車之後，就問豁阿黑臣，車裡是什麼東西，你們幹什麼去？豁阿黑臣當時很沉著冷靜，就跟篾兒乞人講：我是鐵木真家的傭人，剛剪完羊毛出來，我也不知道營地發生了什麼事，怎麼這麼亂呢？

篾兒乞人將信將疑，騎著馬轉了一圈，因為他們沒逮到鐵木真，也沒逮到孛兒帖夫人，所以他們趕緊打馬向著鐵木真的帳篷衝過去了，準備把鐵木真和孛兒帖夫人甭管誰抓一個是一個。然後，豁阿黑臣趕緊揮鞭趕著牛車前進，反正多走一步就離生存的希望近了一步。沒想到漏船偏遇打頭風，牛車走了沒多遠車軸斷了，這下根本跑不了了。

這個時候，篾兒乞人又回頭追上來了。篾兒乞人本來就對豁阿黑臣的話將信將疑，到了鐵木真家的帳篷，掀開簾子一看一個人都沒有，所以很快又追上牛車，掀開車簾一看，如花似玉的孛兒帖夫人正坐在車中。

這幾個篾兒乞人哈哈大笑，上去就把孛兒帖從車裡抱了出來，哎喲，真是一團好柔軟的羊毛，既然逮不到鐵木真，逮到他的媳婦，也算報了當年他父親搶我們篾兒乞人媳婦的仇了。篾兒乞人抱走了孛兒帖，然後把豁阿黑臣也給抓走了。

孛兒帖夫人沒能逃脫篾兒乞人的毒手，就這樣被抓走了。

在孛兒帖被抓的同時，鐵木真保護著家人，逃進了不兒罕山。當時的不兒罕山樹林茂密，沼澤遍地，是藏身避難的好地方。篾兒乞人見鐵木真他們已經跑到山上去了，抓不到了，也就撤退了。篾兒乞人想，雖然沒有逮到鐵木真，但是搶到他的夫人也算是報了當年的一箭之仇。

鐵木真這才知道，原來這次來的不是泰赤烏人，而是篾兒乞人，是另一撥仇家，也才知道自己的妻子孛兒帖被抓走了。鐵木真不禁悲從中來，放聲大哭，非常後悔當時為什麼不帶著妻子一塊兒跑，妻子落於敵手，難免要受到敵軍的侮辱。

鐵木真在樹林裡躲了一段時間之後，就讓自己的弟弟別勒古台、合撒兒和伴當博爾朮、者勒篾這些人出去看一看，篾兒乞人是不是真的撤走了，你們至少要在外面待三天，如果三天之內篾兒乞人沒有回來，就證明這不是他們的誘兵之計，等咱們出去給咱們打一個埋伏。如果他們真走了，你們回來報信。

鐵木真的弟弟和伴當出去調查了一番，回來報告說，篾兒乞人看來真的是走了，而且嫂夫人真的是被篾兒乞人搶走了，不要心存僥倖了。

向脫里求援

鐵木真這才戰戰兢兢地從樹林裡出來。這個時候的鐵木真，心情是既激動又僥倖又憤怒，五味雜陳。他覺得不兒罕山是一座神山，保住了自己的命，所以把腰帶解下來搭在肩上，把帽子摘下來提在手裡，然後對著不兒罕山行了九跪之禮，用馬奶酒來祭奠不兒罕山。鐵木真對著神山講：幸虧有像幼鼠一樣靈敏的豁阿黑臣老人，像狐狸一樣聰明的豁阿黑臣老人，她最早發現了敵人，所以我們才得以逃脫，才能來到不兒罕山；這山上的林木又如此茂密，能夠給我們提供藏身之地；這山上又能夠給我們提供食物和飲水，所以我一家才得以倖免。

等於是不兒罕山救了鐵木真一命，所以鐵木真隆重地祭奠了這座神山。日後蒙古的帝王祭奠不兒罕山是一項非常特殊的禮儀，差不多相當於中原帝王封禪泰山。

祭奠神山之後，鐵木真從山上下來，收集星散的部眾，然後把被篾兒乞人砍倒的帳篷重新支起來。鐵木真接下來要考慮的是怎麼找篾兒乞人復仇，誰能夠幫我把心愛的妻子從篾兒乞人手裡奪回來呢？鐵木真想來想去，覺得只有他的義父脫里能夠幫自己。

於是，鐵木真就向母親說：我要去向脫里求援。

鐵木真帶著兩個弟弟合撒兒和別勒古台，見到脫里之後，就說了自己剛剛遭遇的不幸，並且說出了來意：我希望父汗您能夠出兵，幫助我打敗篾兒乞人，然後把我心愛的妻子也就是您的兒媳婦孛兒帖給奪回來。

脫里一聽這話，馬上表態說：沒問題，你給我的黑貂皮襖，本身就是孛兒帖帶來的嫁妝。當初我答應過你，要把離你而去的人幫你召集回來，把星散的部眾幫你聚攏回來。我言出必行，說到一定會做到，你放心，我們一定幫你奪回孛兒帖，消滅萬惡的篾兒乞人。

為什麼脫里在這個時候如此大義凜然、如此爽快地答應了鐵木真的請求呢？鐵木真這個時候又滑到了人生的低谷，脫里為什麼願意幫他？我們前面講過，他們之間已經形成了一種莊重的契約關係，鐵木真是脫里的附庸，脫里幫助鐵木真就等於給自己樹了一個外援，除了這個原因之外，脫里本人跟篾兒乞人也有大仇。

脫里在七歲的時候被篾兒乞人擄走為奴，篾兒乞人讓他穿一件破羊皮襖，整天在草原上放羊，吃不飽，穿不暖。後來脫里的父親打敗篾兒乞人，才把脫里從篾兒乞人手裡救了出來。因此，脫里也想藉著這個機會，找篾兒乞人報仇。

脫里告訴鐵木真，咱們這次不打則已，既然要打，就給篾兒乞人一次毀滅性的打擊，要不然咱們把孛兒帖奪回來了，他們元氣未傷，等我們一撤軍沒人幫你了，他們捲土重來，你還得來我這兒求兵，這多沒意思，所以咱們就給篾兒乞人一個永生難忘的教訓，最好是徹底把他們滅了。這樣的話，光靠我克烈部沒有把握。你不是結識了一位安答（兄弟）札木合嗎？他現在在草原上也是一方人傑，麾下兵精糧足，人多勢眾。你能不能去找一下札木合，咱們三家共同出兵，讓札木合出兩萬，我也出兩萬，再加上你的部眾，這樣就是牛刀殺雞，巨石擊卵，一定能把篾兒乞人徹底消滅。

結義兄弟札木合

札木合是草原上札答闌部的領袖。札答闌部早在遼代就非常有名，是一個大部落，而且跟鐵木真是一個祖先，都是孛端察兒的後代。

鐵木真和札木合義結金蘭，是鐵木真流浪的時候的事。當時，兩個部落毗河而居，鐵木真和札木合情投意合，於是兩個人就結拜了，互贈動物的後腿骨作為信物。這是兩人第一次結拜。後來兩個人又互贈箭矢，札木合贈給鐵木真一支他自己做的鳴鏑（響箭），鐵木真也贈給札木合一支箭，兩個人又二次結拜。

鐵木真一聽，還是父汗有遠見，說得對。從脫里的大帳出來，鐵木真就跟自己的兩個弟弟別勒古台和合撒兒說：札木合是我的兄弟，我跟他義結金蘭，他現在勢力非常強大，是一個大部落聯盟的領袖，所以我去求援，他不會坐視不理。

別勒古台和合撒兒就說：大哥你就不用去了，你趕緊回咱們的部落整頓兵馬，回頭人家各出兩萬，咱手下二三百人，這也不合適。

鐵木真一聽言之有理，我這倆兄弟真不錯，就跟別勒古台講：如果這次你們出使成功，札木合被你們說動肯出兵幫我奪回孛兒帖，我們夫妻倆一定給你們行禮。

別勒古台一聽，說大哥你說這話就見外了，哪有哥哥嫂子給弟弟行禮的道理，再說我這做弟弟的幫助你們，把嫂子奪回來也是義不容辭的事兒嘛。

咱們前面講過，別勒古台還有一個兄弟別克帖爾，跟鐵木真不是一個娘生的，小時候跟鐵木真他們哥幾個不和，鐵木真他們哥幾個還把別勒古台的親兄弟別克帖爾給射死了。但是，現在這一家子非常團結，看不出這幾個兄弟不是一個娘生的，有什麼隔閡。其實，更關鍵的一點是篾兒乞人襲擊的時候，不光是擄走了孛兒帖，而且把別勒古台的娘也給搶走了。

所以，鐵木真是想把自己的媳婦給搶回來，別勒古台是想把自己的娘給救回來，雙方都有親人被篾兒乞人擄走，都懷著深仇大恨。

擒賊先擒王

合撒兒和別勒古台到了札木合的駐地之後，把前因後果跟札木合說了一番，轉達了鐵木真的話：篾兒乞人來偷襲我，使我陷入苦難當中，我的妻子也被奪走了，現在被窩裡就剩我一個人了，我的心也碎了，肝也在痛，作為安答你能體會我的仇恨嗎？你能不能出兵幫我奪回我的妻子？

札木合跟篾兒乞人也有仇。草原上當時六大部落彼此之間互相攻伐、你爭我奪，你殺過我的人，我搶過你的東西，這種事都太常見了，所以各部落之間基本上都有仇。

札木合一聽這話，馬上就回答說：請轉告你們的哥哥——我親愛的鐵木真安答，沒有問題，我作為安答一定會幫助他，我聽到我的安答遭到不幸，我也非常心痛，我們要把篾兒乞部的男人殺光，搶奪他們的妻女，掠走他們的財物。你回去告訴鐵木真安答，這忙我幫定了，我也出兩萬人。

值得注意的一點是，札木合在這個時候就以聯軍統帥自居了，說我出兵兩萬，讓脫里汗出兵兩萬，你們再帶上自家的人馬，咱們三路兵馬會合，殺向篾兒乞人。

鐵木真因為勢力弱小，依附脫里汗，所以他必須要跟脫里汗的部隊會合之後再一起出發。等大軍到達會合地的時候，發現札木合已經到了三天了。札木合看到脫里汗和鐵木真率師前來，非常不高興。為什麼？因為你們遲到了。札木合就冷著臉跟脫里汗這些人說，咱們草原上的人既然約會就不能遲到，就是颳風也不能失約，就是下雨也不能誤期，結果你們遲到了三天，這太不像話了。

脫里汗一聽，趕緊賠著笑臉說：對對對，我們遲到是不對。因為脫里汗的部落大又比較分散，所以部隊出發的時候調兵比較費勁，所以來晚了。從這件事就能看出來，雖然札木合年紀輕輕，但他的勢力還是非常強大的，儼然就是三部聯軍之首。像脫里汗那麼強大的勢力，都得對札木合言聽計從，排兵布陣打仗都得聽札木合的。

札木合就把鐵木真和脫里汗，還有手下的將領聚集在一起，然後跟他們說：篾兒乞人一共分成三部分，居住在三個地方，搶孛兒帖夫人的那一部是最主要的，他們的首領叫脫黑脫阿。聽說他搶走了孛兒帖之後，把孛兒帖給了自己的弟弟赤勒格爾做夫人。其他兩個部落雖然出兵了，但差不多是跟著混的。所以冤有頭債有主，擒賊先擒王，咱們三路大軍擰成一股繩，直搗脫黑脫阿的老營，把脫黑脫阿消滅掉，然後救出孛兒帖，才是萬全之策，那兩個部落咱們先放一放。

鐵木真一聽，當下就表示贊同，並且跟自己的父汗脫里，還有安答札木合表示：我願意打先鋒。實際上，他是想趕緊把自己的媳婦救出來。

然後，三路大軍就趁夜出發，準備偷襲脫黑脫阿的營地。

射殺俘虜來發火

札木合善於用兵，有著豐富的作戰經驗。這次制定的襲擊敵方主要目標的計畫，得到了脫里汗和鐵木真的一致認同。三部聯軍同仇敵愾，人數上也佔有絕對的優勢，即將發動進攻。

但大軍一出發，好幾萬人在草原上行動，保密工作不可能做得滴水不漏。這一次克烈部出兵兩萬，札答闌部出兵兩萬，史籍沒有記載鐵木真的部落出兵多少，但起碼這兩部聯軍就有四萬人了。那真是旌旗蔽日、刀槍耀眼，草原上很少有過這麼大的陣勢，小動物驚惶地到處亂竄，以為是大規模圍獵，自己的末日到了。

篾兒乞部落裡面撈魚和捕鷗的人也看到了這支大軍，趕緊報告脫黑脫阿說：不得了，大軍奔我們的營地來了，好幾萬人，數都數不清，遮雲蔽日。

脫黑脫阿一聽，立馬帶上幾個心腹，家也不要了，老婆孩子全扔了，翻身上馬就去找篾兒乞部另一個首領答亦兒兀孫，兩個人逃了。

對方是群龍無首，一盤散沙，所以札木合指揮三部聯軍非常順利地打進了脫黑脫阿的營地，在營地裡面翻了個底朝天，凡是抵抗的男子全部被殺死，婦女兒童一概被掠為奴隸。

鐵木真在找自己的媳婦，別勒古台在找自己的老娘。因為別勒古台的老娘年老色衰了，所以脫黑脫阿就把她給了一個貧苦的牧民。別勒古台挨個兒帳篷找，總算是找到了，但是當別勒古台一掀門簾從前門進來的時候，他老娘卻從後門出去了，倆人沒見到。他老娘說：早有貴人給我兒子看過相算過命，說我兒子有帝王之相。（後來鐵木真統一蒙古高原，做了大汗之後，別勒古台就是親王，也可以說有帝王之相。）但是我現在被篾兒乞人掠走，被迫失身從賊，所以我不能給我兒子丟人，就讓我的兒子當我已經死了，我沒臉見兒子。因此，她就跑了。

別勒古台等於沒找到自己的娘，所以特別氣憤，就射殺篾兒乞人的俘虜來發洩怒火。別勒古台開弓放箭，甭管是青壯年，還是老弱婦孺，見一個射一個，一邊射一邊高聲大喊：還我母親！

在蒙古史書中，從此再也沒有關於別勒古台母親的記載了，而別勒古台也因此變得殘忍起來，殺人如麻。但他是個勇武過人的將才，至死追隨鐵木真，是鐵木真成就霸業的得力助手。

苦苦尋找孛兒帖

別勒古台沒有找到自己的老娘，鐵木真有沒有找到自己的媳婦呢？

鐵木真也非常悲痛，找了半天也沒找到媳婦。這個時候，鐵木真看到隊伍當中有一個老婦人打扮得雍容華貴，跟一般人不一樣，他就把這個老婦人叫過來問：你是什麼人啊？

老太太說：我是篾兒乞人首領脫黑脫阿的正妻，你們夜裡來偷襲的時候，有人來報信，我丈夫上馬就跑了，所以你們沒有逮到他，但是我們沒跑掉，就做了俘虜。

鐵木真就問：我妻子孛兒帖被你們掠來了，你見沒見過她。

脫黑脫阿的妻子一琢磨：孛兒帖是你妻子啊，我還真見過，確實是我丈夫脫黑脫阿把她掠來了，我丈夫把她許配給赤勒格爾當媳婦了。

雖然鐵木真之前也知道這個消息，但是畢竟沒有被人證實，所以還心存一絲僥倖。一聽老婦人這麼說，鐵木真有點兒洩氣，也更加焦急地問：他們倆成親了沒有？

老婦人囁嚅了半天說不太清楚，鐵木真一看她的表情也就明白了八九分。

這個時候，脫里和札木合的部隊已經掃蕩完了篾兒乞人的營地，三路合兵一處去攻打另一個篾兒乞人首領合阿台。脫黑脫阿和答亦兒兀孫逃走的時候，不知道是過於匆忙還是別的原因，沒有通知合阿台。合阿台一部獨擋三部聯軍，你想他能是對手嗎？合阿台這一部很快又被打了個稀里嘩啦，基本上被消滅了，連合阿台本人都被俘了。篾兒乞人經此一戰是大傷元氣，等於從草原六部當中被除名了，雖然民族還沒有滅亡，但是離死已經不遠了。

鐵木真心下還是掛念著自己的妻子，這最重要的一件事兒還沒幹呢。他看著營帳裡亂哄哄的人群來來往往，根本看不清楚哪個是自己的妻子，於是大哭起來：我的妻子，你是不是已經死去了，咱倆今生還能不能再見？

鐵木真絕不放棄，一邊哭一邊找，終於看到了跟他的妻子孛兒帖一起被掠的老僕人豁阿黑臣，這一下子分外激動。豁阿黑臣也很激動：小主人，沒想到你們來救我們了。然後鐵木真趕緊問：你怎麼沒和孛兒帖在一起？孛兒帖在哪兒？豁阿黑臣說：原來我們是在一起的，坐一輛車出逃，結果亂軍一衝我們就被沖散了，不知道孛兒帖被沖到哪兒去了。豁阿黑臣手指了一個方向，說大概是往那個方向跑了。

鐵木真一聽，趕緊讓手下人安頓好豁阿黑臣，翻身上馬奔那個方向追了過去。

那麼，鐵木真究竟能不能找到自己的妻子孛兒帖呢？

10. 兄弟反目：與札木合反目成仇

在脫里和札木合的幫助下，鐵木真幾乎殲滅了宿敵篾兒乞部落。振奮人心的勝利，令鐵木真重拾復興蒙古汗國的信心；同時，作為黃金家族的直系後裔，蒙古部落名正言順的繼承人，鐵木真也受到越來越多草原牧民的擁護。然而，一直支持鐵木真並為他出生入死的結拜兄弟札木合，卻突然與他決裂，甚至反目成仇。鐵木真和札木合之間究竟發生了什麼？鐵木真又將如何應對這個突變呢？

重情重義大丈夫

鐵木真一路大叫孛兒帖，追過去之後，終於發現在前面一輛馬車上坐著的一個人非常像孛兒帖。

於是，鐵木真揮鞭驅散路上的行人衝到這輛車上大喊孛兒帖。果然，車上坐的正是自己的妻子。孛兒帖也是喜出望外，從馬車上跳下來，跟自己的夫君緊緊擁抱在了一起。

鐵木真這個時候是喜極而泣，撫著孛兒帖的頭髮說：賢妻你受苦了，對不起，我來晚了，這個時候我才把你找到，真的很抱歉，對不起。

兩口子總算是久別重逢。於是，鐵木真就派人給脫里和札木合傳話，說我要找的人已經找到了，今夜就可以休戰，就地紮營，問自己的父汗和安答，你們看行不行？

脫里也好，札木合也好，本身就是來給鐵木真幫忙的，既然鐵木真說要紮營了，那自然他們也不會反對。於是就地紮下營盤，等天亮再去收拾殘局。

前面不是說孛兒帖被脫黑脫阿賞給自己的弟弟赤勒格爾了嗎？大軍打進篾兒乞人營地的時候，這赤勒格爾哪兒去了呢？原來赤勒格爾倉皇出逃，一邊逃跑，一邊埋怨自己：赤勒格爾你這個可惡的黑烏鴉，竟然想吃白天鵝，竟然侵犯了孛兒帖，給我們篾兒乞人帶來了災禍。現在鐵木真帶人殺了過來，偌大的草原上，我連躲的地方都沒有，只能跑得遠遠的。

於是，赤勒格爾就遠遠地跑了，從此消失在了歷史的垃圾堆裡，不見於史書記載。

雖然鐵木真從篾兒乞人手中救回了愛妻孛兒帖，但是此時距離孛兒帖被搶，已經過去了九個月，而且讓所有人沒想到的是，孛兒帖居然懷著臨產的孩子。由於孛兒帖在篾兒乞部落時，曾失身於赤勒格爾，所以誰也無法認定這孩子的父親到底是誰。

孛兒帖夫人回到鐵木真的營地後不久，就生了個兒子，這個兒子就是鐵木真的長子朮赤。朮赤這個名字在蒙古語中是客人的意思，所以看得出來，鐵木真對這個孩子是不是自己的也沒有把握。但孛兒帖夫人並沒有因為這段經歷而遭到丈夫的冷落，相反，鐵木真每到關鍵時刻都會對自己的妻子言聽計從，朮赤也一直受父親的信任。

也就是說，鐵木真這個人確實是有情有義。回到一個老問題上，媽跟媳婦掉河裡了，先救誰。鐵木真在那種情況下選擇了先救自己的母親，但是他絕對不是拋棄了自己的妻子，而是借來四萬人馬興兵復仇，並且在明知妻子受辱的情況下，仍然對妻子一往情深。

跟札木合一塊過日子

鐵木真救回了孛兒帖，夫妻倆破鏡重圓，仇敵篾兒乞遭到了毀滅性的打擊。這個大功，要歸於鐵木真的父汗脫里和安答札木合。

於是，三家開始分戰利品。札木合堅持要把戰利品分成三等份，一人一份。鐵木真堅辭不就，對札木合和脫里說，我這次能夠救回孛兒帖，就是靠父汗和安答相助，你們已經幫了我的大忙了，我怎麼能再要這份戰利品呢？但是札木合一再堅持，咱們不是說好了嘛，有難同當，有福同享，你不要這算怎麼回事兒？好像我們是為了戰利品才來幫你的，我們是為了情義。

鐵木真推辭不過，只好說，既然這樣，你們非要分我一份，我也不能傷了父兄的面子，我可以收一部分，但是絕不能平分，我要最少的那一部分就可以了。我拿點兒意思意思就得了，我不拿你們心裡不痛快。所以鐵木真就拿了這麼一點兒戰利品。

特別有意思的是，篾兒乞人逃走的時候，老弱婦孺好多都扔在營地裡了，其中有一個小孩，當時才幾歲的樣子，長得非常可愛，粉妝玉琢似的，戴著貂皮帽，穿著貂皮襖，蹬著鹿皮靴，白白淨淨的。鐵木真特別喜歡這個孩子，雖然是仇敵之子，但他特別喜歡，就把這孩子抱起來送給了自己的母親訶額侖。訶額侖身上偉大的母愛迸發出來了，歡喜得不得了，就把這個孩子認作養子，視同己出。

這個孩子叫曲出，在後來成吉思汗統一蒙古高原、建立蒙古帝國的過程當中，為成吉思汗出生入死，成為他麾下著名的大將。這樣的事在以後還會一再上演，訶額侖夫人一共收了四個養子，都

夫妻重逢

是敵對部落的孩子，可見訶額侖夫人也是一位偉大的母親。

鐵木真的妻子奪回來了，還給母親弄了個乾兒子，戰利品也分完了，這個時候三家人馬就要各回各家了。脫里先走了，剩下札木合和鐵木真。札木合就對鐵木真講：你父汗也走了，你現在部落的勢力又不是很強大，不如這樣，咱們兩個人結營而居，咱們住在一塊兒，你把你的母親和弟弟們都接來，以後咱們就像一家人一樣一塊過日子，你看怎麼樣？

札木合邀請鐵木真跟他聯營，鐵木真當然很樂意了。因為鐵木真怕自己勢力弱小，仇家再來追殺就麻煩了，如果有札答闌部這麼強大的一個後盾，這不是挺好的事兒嘛。所以，鐵木真就帶著自己的母親、弟弟，還有自己的部眾一塊來到了札木合的札答闌部營地，開始併營而居。

第三次結成安答

併營的時候，札木合提出要跟鐵木真再來一次結拜。一般咱們說義結金蘭，結拜一回就完了，他們要第三次結成安答，不清楚這是一種什麼風俗。

札木合和鐵木真雖然都是孛端察兒的後代，但是鐵木真的門第比札木合要高貴很多，是黃金家族的直系血統。據說札木合的祖先是孛端察兒搶來的一個女人生的，所以也有可能札木合這一支不是孛端察兒的後裔，是別人的種。但是札木合的勢力要比鐵木真大得多，在三部聯軍討伐篾兒乞人的過程當中，可以看出來，札木合相當於三部聯軍的統帥，由他排兵布陣，他說怎麼打就怎麼打，誰左翼誰右翼，在哪兒會合，何時進攻，都是他安排的。

這個時候札木合跟鐵木真結拜，不像小時候倆小孩互贈禮物那麼單純了。兩人都有點兒各取所需的意思，你圖我門第高貴，我圖你勢力強大，但是不管什麼原因，兩人第三次結拜為安答了。

兩人第三次結拜的過程中，最有意思的是互贈禮物。札木合把從篾兒乞首領答亦兒兀孫那兒搶來的金腰帶給鐵木真繫上，把從答亦兒兀孫那兒搶來的白馬駒送給了鐵木真；鐵木真把從篾兒乞另一部首領脫黑脫阿那兒搶來的金腰帶給札木合繫上，把從脫黑脫阿那兒搶來的一匹寶馬送給了札木合。等於兩人誰都沒破費，禮物都是搶來的，但比起小時候你給我一塊動物骨頭，我也給你一塊，你給我一支箭，我也給你一支箭，這個禮物珍貴多了。但是動物骨頭也好，箭也好，都是自己親手做的，那個時候兩人結拜絕對是出於天真無邪的童真，出於兩個小朋友互相之間的友愛。

第三次結拜雖然禮物貴重多了，金腰帶、寶馬，但不再是自己動手做的了，都是在戰爭當中搶來的。所以這哥倆第三次義結金蘭的目的，可能是這個意思：如果再有這種打仗發財的機會，咱哥倆還一塊幹。

兩個人第三次結拜之後，相親相愛地過了一年多。據說鐵木真跟札木合兩個人晚上是在一個帳篷裡睡，蓋一床被子，表示兩個人親密無間，非常友愛。

時間就這麼過了一年多，鐵木真的勢力在逐漸壯大，札木合也想壯大自己的勢力，尤其是想讓鐵木真跟著自己幹。鐵木真和札木合，兩個人都才略出眾，都有著雄心壯志，都希望自己能夠統一草原各部，從而登上可汗的寶座。這樣一來，兩個人之間難免會產生矛盾。

俗話說得好：天無二日，國無二主，一山不容二虎。所以這兩人之間出現矛盾是再正常不過的了。

兄弟散夥，獨立發展

有一天，札木合跟鐵木真兩個人一同出去巡視，來到了一處水草豐美的地方。札木合走在前面，鐵木真走在後邊。

札木合突然轉過身來，拿著馬鞭指著靠山傍水的那塊水草豐美的地方說：鐵木真安答，你看見沒有？如果是靠山紮營，牧馬的人有帳篷住；如果是靠水紮營，放羊的人有飲食吃。

說完之後，札木合打馬揚鞭，揚長而去。鐵木真呆立在當場，不明白札木合安答說這話是啥意思，他有什麼話不說透了，讓人不太明白，回去問問我娘吧，我娘有學問，見多識廣，沒準能知道這話是啥意思。

鐵木真回來之後，見到自己的母親訶額侖夫人，就把札木合的話轉述了一遍，請老娘給解一解，他說這話什麼意思？訶額侖夫人還在琢磨的時候，鐵木真的妻子孛兒帖就發表了她的見解。

孛兒帖說：我聽說札木合安答這個人，素來是喜新厭舊，聽他這話的意思，是厭煩咱們了，就是說他是放馬的，咱是放羊的，豬狗不同槽，吃不到一塊兒，想讓咱們走人。既然他是這個意思，咱們也沒有必要老跟著他，咱們這勢力也越來越大了，部眾也越來越多了，乾脆咱們離開他吧，咱們另謀發展。我覺得這是一個好辦法。

鐵木真聽完之後，一拍大腿，說我媳婦有見地，說得對，札木合肯定是這個意思。那好吧，咱們下次移營的時候，就不跟他走了。也有史籍記載說，鐵木真連夜就拔營離開了札木合。

札木合和鐵木真倆人一起住的這一年多，暗地裡誰都沒少做工作，沒少從對方那兒挖人。甭管哪個世紀，最寶貴的都是人才，要想成大事，離開人才是不可能的。鐵木真深知這一點，而且他的身上早就有了一種領袖魅力，有不少札木合的人都被鐵木真吸引了，想跟著鐵木真幹。對於這種情況，札木合看在眼裡記在心頭，只是不便發作。再這麼住下去，我札答蘭部就成了你鐵木真的了，所以我必須得把你轟走。

這個道理非常簡單，打個比方說，札木合就像是一個大企業的老闆，做得有聲有色，風生水起，很成功，鐵木真就是鄉下的一個小窮親戚。這鄉下小窮親戚來投奔大老闆，大老闆很高興地收留了他，念及咱倆小時候是一塊光屁股長大的，一個村子裡玩大的，現在我發達了，不能忘了朋友，安排你當個副總。結果老闆發現你想單幹，你不但想單幹，你還挖我的人，擱誰身上，誰也得把這副總給開除了。道理就這麼簡單。

於是，鐵木真就跟札木合散夥了。鐵木真這一散夥，確實帶走了很多札木合的人。從這兒可以看出，孛兒帖夫人確實很有遠見。當時的草原部落，分裂成了那麼多部，長年廝殺，這些牧民也厭倦了。寧做太平犬，不做亂世人，在哪兒都是這麼一個道理。那誰能領導我們統一起來呢？能夠擔此重任的，大概就是札木合和鐵木真這兩位青年才俊。只有這兩位青年才俊，能夠領導我們統一。所以牧民們面臨著一個站哪邊的問題，到底是站在札木合的陣營裡，還是站在鐵木真的陣營裡。這個選擇，在當時可以說是非常容易，拿腳指頭都能想明白，誰的勢力大、誰腰粗，我站誰陣營裡唄。如果鐵木真不跟札木合散夥，老是依附於札木合，那可就沒人往他這個陣營裡站了。

所以孛兒帖夫人讓鐵木真趕緊跟札木合散夥，鐵木真聽了孛兒帖的話，從此走上了獨立發展的道路。

可見，孛兒帖作為智者德薛禪的女兒，對成吉思汗的一生產生了重要的影響。她是成吉思汗敬重的妻子，因為每到關鍵時刻，孛兒帖都會充當起謀士的角色，在丈夫猶豫不決之時，為他出謀劃策。

收留了背叛自己的人

分營之後，鐵木真的勢力，比分營之前強大多了。

鐵木真向別的地方發展，經過了一個泰赤烏人的營地，泰赤烏人一看鐵木真來了，而且勢力壯大了，嚇得拔營就跑。泰赤烏人走得比較匆忙，就把一個漂亮小男孩扔在了營地當中。鐵木真又撿了一個粉妝玉琢的小男孩，又交給自己的母親訶額侖來撫養，成了訶額侖的第二個養子，叫闊闊出。

鐵木真這次拔營而走，有很多人來歸附他。史籍上說有二十多個氏族部落來歸附鐵木真。歸附鐵木真的這些人，分成幾種：

一種是以個人的身分來投奔鐵木真的。像後來成為成吉思汗開國「四狗」之一的忽必來，還有者勒篾的弟弟速不台。這些人都是身懷絕技的高人，為鐵木真以後的征戰和統一立下了赫赫戰功。

另一種是原來離開鐵木真的乞顏氏的貴族。包括合不勒汗的後代，比如說鐵木真的叔叔、堂叔、堂兄弟們，都來投奔鐵木真。當年鐵木真母子落難的時候，這些人背信棄義離鐵木真而去，現在一看鐵木真勢力壯大了，就回來投奔鐵木真。鐵木真也非常大度，當初我落難時候的事，那就不說了，既然你們現在又回來投奔我，我也一概收留。這些人後來在鐵木真統一蒙古草原的過程當中，有的成了他的幫手，出生入死，南征北戰；有的改不了三姓家奴本色，又背叛了他，成了他的仇敵，被他誅殺。

鐵木真毫不猶豫地收留了曾經背叛過自己的親戚，從這一點可以看出，鐵木真此時已經具有了成大事者的心胸和氣魄。鐵木真日漸顯露的王者魅力，也吸引了越來越多的人前來投奔。

豁兒赤帶來的吉兆

其中，有一個來投奔鐵木真的人很有意思。這個人叫豁兒赤，他是什麼人啊？他跟札木合同族。札木合同族的人都來投奔鐵木真，說明札木合家族內部已經開始分裂了，說明札木合部落的人更看好鐵木真。而且豁兒赤這個人，身分非常特殊，他是個薩滿，就是我們講的巫師。薩滿是能與神溝通的人，一般是代長生天傳達旨意的人，所以薩滿的地位非常重要。

豁兒赤來了之後，大大咧咧地跟鐵木真講：按理說，我跟札木合同族，我不應該背叛他來投奔你。我之所以做出這麼重大的抉擇，背叛了我的同族來投奔你，是因為長生天天神給我托夢，這個夢十分真切，我現在想起來還歷歷在目，夢中有一頭白色的神牛，拱倒了札木合的營帳，這頭神牛拱札木合營帳的時候太使勁了，一隻角拱折了。這頭神牛一邊拱札木合的營帳，一邊大喊還我角來，然後札木合就跑了。這是我夢中的一個場景。然後我又夢見另一頭神牛背上馱著你鐵木真的營帳，跟我們大家講，這鐵木真是你們的國王，我要把人間的王國獻給他，讓他在人間稱王。我做了這個夢之後，明白了札木合不是真命天子，你鐵木真才是我們長生天選定的大汗，所以我來投奔你。

然後，豁兒赤還大言不慚地跟鐵木真說：我這個夢給你帶來了吉兆吧？將來你要是真的做了蒙古的大汗，你怎麼讓我快活啊？這明顯就是要回報嘛。

其實稍微動點兒腦子一琢磨，就能看出豁兒赤的這段話是胡說八道。豁兒赤說這話有兩個目的：一是為自己背叛札木合的行為塗脂抹粉，二是在鐵木真這裡騙取榮華富貴。

但是鐵木真在這個時候特別需要這麼一個人，來鼓吹自己是長生天指定的大汗。所以鐵木真當時就表示：如果我將來真能做國王，我就封你為萬戶。

我們知道草原上人丁稀少，沒有多少人口，現在全世界的蒙古族人加到一起才一千多萬。在那個時代的草原上，封一個人做萬戶，真的是不得了，那相當於中原王朝的親王了。

沒想到豁兒赤這小子貪心不足，他對鐵木真說：我給你送來這麼大的一個吉兆，你做了國王就給我封個萬戶啊？那不行，你還得從全國挑三十個美女給我做妻子，你還得讓我當你的智囊，國家的大小事都得聽我的，因為我能和長生天溝通啊，你們誰能知道長生天想什麼，長生天的旨意是什麼？你們不知道，只有我知道，所以你得讓我做你的智囊，什麼事都得聽我的。

鐵木真這個時候可能沒有想到，自己日後會是草原上叱吒風雲的一代聖君，所以就滿口答應下來。問題是以後不斷有豁兒赤這號人物，投到鐵木真帳下，給鐵木真帶來吉兆，然後要求鐵木真封賞。

後來鐵木真當了大汗之後，確實履行了諾言，封豁兒赤為萬戶，然後從全國挑了三十個美女給他做老婆。可見，鐵木真是非常守信義、重諾言的一個人。

那麼，鐵木真是什麼時候才登上汗位的呢？

第三講

草原雄鷹始飛翔

11.初登汗位：成為蒙古部落的可汗

鐵木真很快被部眾推上汗位，但是他的勢力還非常弱小。此時的鐵木真清醒地意識到，必須積極尋找外部盟友的幫助，才能生存和壯大。令鐵木真想不到的是，曾經為他出生入死的安答札木合，不僅沒有給予支持，反而挑起了戰爭。那麼，札木合與鐵木真兄弟之間的這場戰爭，究竟是怎麼回事呢？

找個老大去打架

咱們前邊講過，蒙古部落以前是有可汗的，比如合不勒汗、俺巴孩汗、忽圖剌汗。但是自從忽圖剌汗以後，蒙古就再也沒有可汗了，所以當時的蒙古部落是一盤散沙，經常遭到塔塔兒、篾兒乞這些部落的欺侮。

西元一一八三年，隨著鐵木真年齡的增長和勢力的壯大，這些來投奔鐵木真的蒙古部落的貴族，醞釀著擁戴鐵木真做蒙古的大汗。需要注意的是，這個蒙古指的是蒙古部落，不是現在意義上的蒙古民族。

這些人擁戴鐵木真做大汗的時候，他們的誓詞特別有意思：我們決定立你為可汗，你做了可汗之後，我們打仗的時候願意做你的先鋒，為你擊敗所有的敵人，然後把搶來的美女和營帳都奉獻給你。在草原圍獵的時候，我們願意把野獸趕得無處躲藏，然後把這些獵物都奉獻給你。如果我們不遵從你的命令，你可以把我們殺掉，把我們的頭顱拋在野外，沒收我們的財產，把我們的妻子、兒女都作為奴隸。我們共同擁戴你為我們蒙古部落的大汗，希望你能接受這個汗位。

從這個誓詞當中能看出什麼呢？能看出鐵木真的這些叔叔、堂叔和堂兄弟擁戴年僅二十二歲的鐵木真做可汗的目的何在。他們希望鐵木真帶著他們去打仗，去圍獵，等於就是鐵木真領著大家發財，不論打仗還是圍獵，自然大家都有收穫。雖然大多數戰利品給了可汗，但是你吃肉我們也能喝到湯。實際上，這幫人擁戴鐵木真當可汗，就是找一個老大，好帶著他們去打架。

可是這個可汗，跟鐵木真心中的可汗相差十萬八千里。鐵木真覺得，我要做了可汗就應該大力治理這個部落，把它變成一個國家，然後我要統治這個國家。

但是行遠必自邇，登高必自卑。理想再高遠，路還是得一步一步走。不管怎麼講，這些人擁戴鐵木真做蒙古部落的可汗，鐵木真欣然接受了。

鐵木真手下的這些擁護者看他做了可汗，自然也非常高興。比如說我們前面講過的速不台，這個時候就跟鐵木真表示，你做了大汗之後，我會像警覺的老鼠一樣保護你的財產，像勤奮的烏鴉一樣為你聚集財物，像大汗的氈帳一樣保護你的安全。我就是勤奮的老鼠，我就是警覺的烏鴉，我就是能抵禦寒風的氈帳，我會保護你，讓你凍不著，免受風霜之苦。

也就是說，這些人紛紛向鐵木真表忠心。

鐵木真非常高興，今天終於實現了父祖的遺願，做了蒙古部落的可汗。鐵木真跟自己的部屬說，如果我能得到天地神明的保佑，真正完成草原的統一，做了草原之主，你們就跟我一起永享榮華富貴，你們都是我世世代代的好朋友。

這意思是，只要你們跟著我，咱們吃香的喝辣的，世世代代享受榮華富貴。

一手抓內政

鐵木真一做可汗，就有了跟以前的可汗明顯不同的做法。他要建立一整套規章制度，而且這些規章制度要成為後世遵照的典範。

首先，鐵木真要建立一支絕對忠於自己的武裝力量。這支武裝力量的蒙古話翻譯過來就是箭筒士，就是一幫弓箭手。鐵木真知道，自己的這些叔叔和堂兄弟擁戴自己為可汗，並不是真心服從自己的統治，所以依靠他們是不行的，必須有絕對忠於自己的武裝力量。因此，他召集了一幫箭筒士，作為自己的貼身侍衛。

然後，鐵木真安排手下的人各司其職。放羊的要把羊餵得肥肥的，放馬的要把馬餵得壯壯的。專門製作武器的人，一定要把刀做得十分鋒利，能夠砍斷鐵甲；生產箭的人，箭頭要能射穿多少張生牛皮，這些都有嚴格的規定。特別是負責飲食的人，這個非常重要，如果被敵人收買，在飲食當中投毒的話，那咱這一票人可就全玩完了。所以在蒙古部落，還有日後的蒙古帝國、大元王朝當中，負責飲食的人絕對都是組織上最信任的人，不是說隨隨便便來一個人就能當廚子，就能給大汗做飯。

在當時的草原上，只抓內政建設是不行的。這個時候，鐵木真的勢力還非常弱小，仍舊處在其他部落的威脅之下。鐵木真很清楚單打獨鬥成不了氣候，所以要積極尋求外部盟友的支持。

一手抓外交

鐵木真首先要爭取的盟友，就是父汗脫里和安答札木合。於是，鐵木真派人去把自己稱汗的消息告訴父汗脫里和安答札木合。

脫里聽說鐵木真稱汗，非常高興，說你們立我的孩子為汗，這非常好，早該如此了，你們蒙古部落怎麼能沒有自己的可汗呢？你們這麼做是對的，我非常高興，我會永遠支持鐵木真，也希望你們忠於自己的誓言，要永遠忠於他。我克烈部作為鐵木真的盟友，會永遠支持蒙古部的可汗。

使者歡天喜地地回去向鐵木真報信。鐵木真聽了，自然也非常高興。

派到札木合那兒去的使者，境遇完全不一樣。使者到了札木合的營帳，報告說你的兄弟鐵木真已經被我們擁立為可汗了。札木合非常不快，但是鐵木真身分高貴，現在也有了不少部眾，沒有理由跟人家翻臉。札木合只好強壓怒火，他不好意思直接指責鐵木真，就指桑罵槐，罵擁立鐵木真做可汗的兩個人，一個是阿勒坦，一個是忽察兒。

札木合說，阿勒坦和忽察兒這倆人太不地道，我跟鐵木真安答在一起的時候，你們為什麼不擁立他做可汗？非要等我倆分開了之後，你們才擁立他做可汗，這是什麼意思？這不是破壞我跟鐵木真安答的關係嗎？回去告訴鐵木真安答，小心這倆人。你們既然已經立了鐵木真做可汗，那就立吧，但你們要忠於自己的誓言，別朝三暮四、朝秦暮楚。同時告訴鐵木真安答，讓他開開心心地做他的可汗，我永遠是他的好安答。

札木合的真實心思其實是這樣的，既然你稱汗這件事我反對不了，我也拿你沒轍，那我就告訴你小心身邊的這倆人。而且札木合表明了一個意思，如果我跟鐵木真安答鬧掰了，那肯定是這倆人離間的結果。

札木合上面的話是言不由衷，就如我們前邊舉的那個例子：我身為一個老闆，你來投奔我，我把你帶起來了，你生意也做大了，然後你自立門戶，還成了我的競爭對手。現在你一稱汗，肯定就會存在草原上的牧民往哪邊站的問題，他們到底是站到我札木合一邊呢，還是站到你鐵木真一邊呢？所以，札木合心裡非常不痛快。

使者回來之後，就把札木合說的話告訴了鐵木真。鐵木真聽完之後，沉吟片刻，想了一想說，看來我這個札木合安答，心胸過於狹隘了，甭管他了，他愛怎麼想就怎麼想吧，但我絕對不會違背跟他結拜時候的諾言。我知道他心裡不痛快，我也知道他對我是必欲除之而後快，但是允許他不仁，我不會不義。既然他說出這樣的話，那由他去好了，咱們千萬不要挑釁札木合，但是大家要做好防備。萬一札木合有什麼挑釁的舉動，或者說他要進攻咱們，咱們也別讓他打個措手不及。

鐵木真已經料定，自己跟札木合安答之間早晚要有一場戰爭。

札木合的藉口

札木合曾經三次與鐵木真結為安答，並多次為鐵木真出生入死，可以說，鐵木真的成功少不了札木合的鼎力支持。雖然對於鐵木真稱汗一事，札木合非常不悅，但是鐵木真號召部眾防禦札木合的進攻，是不是太過謹慎了呢？

事實證明，鐵木真的判斷非常精準。而且札木合興兵來攻打的時間，比鐵木真想像的還要快。

札木合很快就找到了一個攻打鐵木真的藉口。他找了一個什麼藉口呢？

札木合有一個兄弟，領著一幫人跑到鐵木真的部落裡偷馬。他們偷的牧民不是一般人，而是鐵木真的叔叔，叫拙赤。他們把拙赤家的馬給偷了，但偷馬時響動太大，馬一叫喚，拙赤就醒了。馬是牧民家最寶貴的財產，咱們講過鐵木真家的八匹馬丟了，鐵木真追了幾天幾夜也要把馬給追回來。拙赤一看自己家的馬被偷了，那是怒從心頭起、惡向膽邊生，趕緊拿上弓箭追了出來。拙赤遠遠地望見前面黑呼呼的人影在跑，那肯定是盜馬賊。拙赤大喊一聲：「你把馬給我留下！」隨後不管三七二十一，搭弓放箭，一箭就奔著這些盜馬賊射出去了。

札木合的弟弟活該倒楣，也不知道這拙赤真是神箭手還是蒙的，這一箭太準了。只射了一箭，札木合的弟弟「哎喲」一聲就翻身落馬了，當場被射了個透心涼，死了。

這些盜馬賊一看帶頭大哥死了，也顧不上偷馬了，先把首領的弟弟抬回去吧。

札木合一瞅就急了，好你個鐵木真，我正想收拾你沒個藉口呢。你可真行，我弟弟也就偷你們家幾匹馬，你竟然把我弟弟給射死了。札木合也不管拙赤是蒙的，還是特意要射死他弟弟，反正就是找個開戰的藉口，要為弟弟報仇。你媳婦被搶了，你還跟人家篾兒乞人拼命，非要把人家篾兒乞部落消滅了不可；我弟弟被你射死了，咱們能有完嗎？

於是，札木合立即發動部眾，派人聯絡塔塔兒部、篾兒乞部、泰赤烏氏等部落。凡是跟鐵木真有仇的部落，他都給聯合起來，組成了一個反鐵木真聯盟，組織了十三部人馬，共三萬大軍，要跟鐵木真決一死戰。

很快，札木合的聯軍就浩浩蕩蕩地向鐵木真殺過來了。

煮了七十鍋人肉

鐵木真聽到札木合起兵的消息時，正在山裡打獵呢。一聽札木合組織了三萬大軍來進攻自己，鐵木真趕緊回去組織人馬。

鐵木真也組織了十三部人。你來十三部，我也來十三部，十三部對十三部，問題在哪兒呢？札木合召集的這些人，都對鐵木真懷有深仇大恨，一定要弄死鐵木真，這幫人才稱心如意。而鐵木真組織的這十三部人，第一部是訶額侖的部屬。訶額侖這個時候已經是老年人了，老太太穿上牛皮的盔甲，騎上戰馬，舉起祖先留下的長矛，然後領著自己的部屬上了戰場。第二部是鐵木真的兄弟們和他的箭筒士。從第三部到第十一部就是鐵木真的叔叔、堂叔、堂兄弟們，這些人雖然擁戴鐵木真為可汗，但是他們在戰場上不會真的為他去玩命，他們是見便宜就上，見吃虧就躲。剩下的第十二部和第十三部是旁支尼魯溫蒙古人。所以，鐵木真這十三部的力量並不強大，基本上是一群烏合之眾。

雙方在草原上拉開陣勢，剛一照面，鐵木真的部隊就被打了個落花流水，被衝得稀里嘩啦。札木合這十三部聯軍，個個懷著對鐵木真的深仇大恨，舉著明晃晃的戰刀，騎著快馬，一陣風就衝到

十三翼之戰

了鐵木真的佇列面前。箭如飛蝗，遮天蔽日，然後大隊人馬就像一股狂風似的席捲而來。鐵木真的部下哪兒見過這陣仗，所以剛一交戰，就被殺得稀里嘩啦，退到了斡難河岸。

鐵木真第一次獨自領導的大戰就這樣慘敗了。這一仗就是蒙古歷史上有名的十三翼之戰。

鐵木真這一仗雖然敗了，實際上元氣未傷，傷亡的人並不多。因為鐵木真的軍隊跟札木合的聯軍一照面，就兵敗如山倒，大部分人都是打馬就跑。很多人都沒跟札木合的聯軍交上手，一看前面的人都在跑，自己也就撒腿往後跑。

所以鐵木真雖然打了敗仗，但是並沒有像以前的篾兒乞人那樣，被打得到了亡族滅種的地步。對鐵木真來講，更加可喜的是什麼呢？札木合聯軍打勝了之後，對待俘虜極其殘忍。

中國歷史上，對待俘虜的方式有很多種。有的優待俘虜，將其化為己用；有的乾脆全部殺光，以絕後患。札木合對待俘虜的方式是非常殘忍的。札木合弄了七十口大鍋，裡面燒著滾燙的開水，然後把凡是支持鐵木真部落而被他俘虜的人，全部扔到大鍋裡給活活煮死了，等於是煮了七十鍋人肉。

成大事者的必備素質

札木合這麼一幹，大失人心，與鐵木真對人的友善、仁愛就形成了鮮明對比。

前面講過，鐵木真對先棄他而去然後再回來的部眾是寬宏大量的，絕對不會說你當初背叛我，我跟你沒完，只要回來，就還是親如一家。鐵木真對待他的部下也是體恤有加，打仗都是自己衝鋒在前，撤退都是自己斷後。鐵木真是這樣的一個人，跟札木合形成了鮮明對比。

作為一個合格的領導者，光有威嚴是不夠的。一個成功的領導者，必須得有一顆包容的仁愛的心，你得包容別人的缺點，你得愛惜你的百姓，愛惜你的部眾，甚至愛敵人。因為你有了一顆仁愛的心，所以你才能散發出崇高的人格魅力，你才能有那種奪人雙目的領袖氣場。

凡是在亂世中能夠脫穎而出取得成功的人，都有一種能力——會控制自己的情緒，喜怒不形於色，特別是不能因為個人的私仇而濫殺無辜。

《孫子兵法》講：「主不可以怒而興師，將不可以慍而致戰。」主不可以怒而興師，是說作為君主，不能因為哪個國家得罪了我，一拍桌子就要滅了他。將不可以慍而致戰，是說將軍不能因為別人氣你，說你不敢打，是縮頭烏龜，你就去跟人拼命。作為君主要對一國負責，作為將軍要對三軍負責，所以必須好好控制自己的情緒。今天甭管你是一個企業還是一個單位的領導者，你要對你的團隊負責，不能因為你控制不住自己的情緒，使大家陷入危險的境地。

札木合的軍事實力雖然遠遠強於鐵木真，但是一場勝利之後，他這種小人乍富的本性就暴露出來了，誰跟著鐵木真，我就把誰活活煮死。札木合這個人就這樣，心胸太狹隘了，幹不成大事，沒有人願意來投奔他。他心情好的時候收留你，遇上他哪天心情不好，他就拿你做湯了，誰受得了這個。

所以，鐵木真能成功，札木合成功不了。鐵木真在少年時就歷盡坎坷，歷練出了宰相肚裡能撐船的氣度，泰山崩於前而不變色。一時的失敗，沒有什麼了不起的，沒有過不去的坎兒。暫時的失敗，暫時的退卻，是為了明天的進取，是為了更大的成功。

從這個意義上來講，鐵木真明顯比札木合棋高一籌。其實在中國歷史上，甚至世界歷史上都是這樣，一個成功的領導者，仁愛心、包容心是必不可少的。

因此，十三翼之戰，鐵木真雖然敗了，札木合雖然勝了，但是由於札木合煮了七十鍋人肉，把俘虜全都給做成肉湯了，所以札木合反而大失人心，有越來越多的人，包括札木合自己部落的人，都投到了鐵木真的麾下，鐵木真的勢力反而更加壯大了。

12. 勢力擴張：打敗可怕的對手札木合

十三翼之戰，是鐵木真一生中唯一的敗仗。鐵木真兵敗撤退之後，沒想到，部落內部又爆發了激烈的衝突。而可怕的對手札木合也不想給鐵木真一絲喘息的機會，很快又發動猛攻。那麼，內外交困的鐵木真，能否經受住札木合的第二輪猛攻呢？

得人心者得天下

十三翼之戰結束之後不久，札木合手下的兩個部落首領，就率領本部人馬來投奔鐵木真。從戰勝者集團加入戰敗者集團，需要非常大的勇氣。讓鐵木真更加高興的是，當年接受他父親也速該臨終托孤的蒙力克也歸來了。

也速該臨終的時候，托孤給蒙力克，讓蒙力克好好照顧他留下的孤兒寡婦。但是蒙力克辜負了先主的重託，投奔了其他部落，甚至鐵木真跟札木合分營的時候，蒙力克都沒有來追隨鐵木真。可見，蒙力克是投機意識極強的一個人。那麼，蒙力克在這個時候來投奔鐵木真，說明了什麼呢？說明蒙力克已經看準了鐵木真行，所以才會來投奔。

鐵木真經過十三翼之戰，事業不但沒有走下坡路，反而蒸蒸日上。敵營將領的倒戈，老部下的歸來，都使鐵木真的勢力得到了壯大。但是，以鐵木真目前的實力，要想成功抵禦札木合十三部聯軍的進攻是遠遠不夠的。鐵木真必須盡快壯大自己的力量。

札木合率領十三部聯軍打了勝仗之後，志得意滿，不但對待俘虜十分殘酷，對於其他部落也是任意欺凌。有一個札木合統治下的小部落，遭到札木合的欺凌，沒有辦法，只好到草原上打獵謀生。這個部落在打獵的過程中，遇到了鐵木真。當時鐵木真在一座山上打獵，看到這個部落的人也在這兒打獵，就特別關照他們，故意把獵物往這個部落那邊趕。

所以這個部落這一天收穫頗豐。當時，他們有四百多人在那兒打獵，打獵結束之後，發現收穫很多，就留下二百人在獵場守衛，剩下的二百人把獵物送回營地。

鐵木真就過去問在獵場守衛的這些人，你們吃的、穿的、住的缺不缺。這個部落的人說，我們沒想到今天能打到這麼多獵物，所以沒做好準備。鐵木真一聽，馬上派人把自己部落裡的食物和禦寒的衣物給他們送過來。這二百多人一看鐵木真不但把食物送過來了，連鍋都給送過來了，都特別感動。

要知道，草原上鐵器十分缺乏，得到一件鐵器真的是很不得了的事情，鐵木真卻把自己部落的鍋都給送了過來。要沒有鍋的話，你怎麼煮肉啊？你不能天天在火上烤肉串吃，這玩意兒費工夫，還沒有湯喝。

這個部落的人感動地說，你看札木合這麼壓迫咱們，鐵木真對咱們這麼好，咱們乾脆跟他一塊兒過吧。這二百人當晚就到鐵木真的營中過夜了。鐵木真非常高興，就收留了這二百人。

第二天天亮了，把獵物送回營地的那二百人回來了。跟鐵木真一起過夜的這二百人，就把自己的遭遇都告訴了自己的同胞。你看，札木合壓迫我們，把我們扔在一邊，甚至還掠奪我們，不管我們的死活。反過來，你看，鐵木真給我們食物，給我們衣物，甚至還把鍋給我們送過來，這才是真正仁慈的君主。這樣的好君主太難得了，我們應該歸順他，跟著他共創一番事業。

這個部落的人一合計，就決定投奔鐵木真。

這個部落的人歸降鐵木真，很快有了示範效應，越來越多的人從草原的四面八方來投奔鐵木真。這些人都講，札木合殘暴無道，平白無故地壓迫我們。而鐵木真能把自己的衣服脫下來給我們穿，把自己嘴裡的食物摳出來給我們吃，把自己的帳篷讓給我們住。鐵木真這樣善待大家，為大家著想，真是一個好君主。

寬容的力量

有一天鐵木真去打獵的時候，遇到了泰赤烏氏貴族下屬的一個部落。大家一看，這是泰赤烏人的部落。仇人相見分外眼紅，拔刀的拔刀，拉弓的拉弓，就跟鐵木真講，這幫人都是泰赤烏人，是咱們不共戴天的死敵，大汗，咱們把他們一勺燴了算了，正好咱們人多，他們人少。

鐵木真趕緊制止了手下，別別別，人家又沒有什麼惡意！人家不是來跟咱們尋仇的，咱們打獵，人家也打獵，這個地方也不是咱們的獵場，不能不讓人家打獵。打獵歸打獵，咱們別打人。

然後，鐵木真策馬向前，問這些人，你們來這兒幹什麼呀？

這幫人一看鐵木真過來了，非常害怕，這可是跟我們部落有仇的鐵木真啊，當初我們部落的首領塔兒忽台沒少折騰人家。於是，這幫人的首領趕緊回答說，我們確實是泰赤烏氏部落的人，但是泰赤烏氏的貴族一直虐待我們。我們在苦苦地掙扎，我們生活不下去，所以才出來打獵，沒想到，冒犯了大汗您，請您恕罪。

鐵木真趕緊問，你們有糧食沒有？說很少。有帳篷沒有？沒有，沒有地方住。鐵木真一聽這話，趕緊說，既然你們沒有帳篷住，就不妨跟我們一起住，跟我們同營。然後明天咱們一塊打獵，有什麼獵物，我一定會分給你們。

到了第二天，鐵木真果然要兌現自己的諾言了。怎麼兌現諾言呢？鐵木真的做法，跟與對待之前受札木合欺負的小部落的人一樣。那個時候打獵講究的是圍獵，大家從獵場四面八方行進，然後把獵物趕到一塊空地上，大家一起彎弓射箭也好，拔刀砍殺也好，把獵物消滅掉。鐵木真又是故意把獵物往這些人的地盤趕，故意讓他們多打到獵物。這下又把這些人給感動了。沒想到，鐵木真對我們這麼好。於是他們回到自己的部落裡，開始宣揚鐵木真的恩德。

這些人一宣揚鐵木真的恩德，部落裡前來歸順鐵木真的人就越來越多。這些人投奔鐵木真是出於一種什麼心理呢？其實在這些人看來，鐵木真的部落，或者說鐵木真建立的這個政權，特點是井然有序，頗有章法，穩重溫和，賞罰有度，合乎道德。在當時的草原上，甚至可以說是慈悲人道的。

在這一點上，鐵木真把所有的對手都遠遠地甩在了身後。鐵木真的對手的部落，可以講基本上還處在原始狀態，沒個規矩、沒個章法，賞罰全憑部落首領的個人好惡，首領一高興怎麼都行，首領不高興怎麼著都不行，不像鐵木真有一套完善的制度。

可以說，鐵木真的部落，在這個時候已經初步具備了國家的雛形。所以歸附鐵木真的人越來越多，鐵木真的勢力越來越大。

慶功宴成了潑婦吵架

來的人多了，內部的矛盾難免也就多了。

前面講過，來歸附鐵木真的人是各懷心思。特別是鐵木真的叔叔、堂叔、堂兄弟們，這些人歸順鐵木真，就是希望建立一個鬆散的部落聯盟。鐵木真是我們的共主，然後領著我們外出搶劫、打仗，回來之後別干涉我們的內政，我們想怎麼幹就怎麼幹。有點兒有福我們享、有難你來當的感覺。他們推舉鐵木真為可汗的誓詞裡，講得也很明白，就是希望作為可汗的你，領著我們去打仗、打獵、搶東西，就希望你幹點兒這個，別的事你甭管。

這跟鐵木真的設想可以說是天差地別。鐵木真實際上是想建立一個以他和他的家族為核心的強有力的中央政權。用中原王朝的話說，就是一個中央集權的政權。所以，鐵木真跟各懷心思的部屬肯定會發生衝突。

有一次，鐵木真打了一個小仗，取得了勝利。勝利之後，自然要擺下宴席慶賀一番。沒想到，在酒宴上出事了。

出什麼事了呢？鐵木真叔叔家有倆媳婦兒：大老婆豁里真，二老婆額別該。鐵木真就邀請這倆人也一塊入席，然後由負責安排酒宴的失乞兀兒給這些貴族斟酒，還要一座一座敬酒。失乞兀兒斟酒的時候，先給訶額侖斟酒。當時鐵木真部落的女性肯定以訶額侖為首，她是可汗的母親。

給訶額侖斟完酒之後，失乞兀兒就按照座位順序，給額別該倒酒去了。給額別該倒完酒之後，下一個輪到豁里真。沒想到，失乞兀兒剛剛要給豁里真倒酒，豁里真站了起來，一個大嘴巴就扇到了失乞兀兒的臉上。失乞兀兒被打傻了，我沒招誰、沒惹誰，我好心好意地給你倒酒，你給我一嘴巴是什麼意思？豁里真就開始撒潑，指著失乞兀兒的鼻子大罵，說給訶額侖倒完了要給我倒，你知道嗎？我是大老婆，你知道嗎？你奉承那個小妖婦，為什麼先給她倒？

額別該一聽這話，也不幹了，兩個人就站起來開始對罵。好好的一場慶功宴，變成這兩個潑婦撒潑的場所了。訶額侖氣得說不出話來，畢竟是人家自家的事。鐵木真看著自己的兩個嬸嬸為老不尊，在這兒瞎折騰，也不知道如何勸解。

這個時候，挨打的失乞兀兒不幹了，我好心好意地倒酒，你憑什麼給我一嘴巴？失乞兀兒越想越生氣，就哭上了，一邊哭一邊說。他說什麼呢？他說當年也速該在世的時候，我可沒有受過這種羞辱。言下之意是什麼呢？就是說你鐵木真太窩囊了，我怎麼著也算是先主的老臣了，在你爸爸也速該的時候，我就在這部落裡混，那個時候都沒人敢動我一手指頭，現在你做了大汗，結果我平白無故讓人打了一嘴巴，還沒人管這事兒。我太冤了，我嚥不下這口氣。

失乞兀兒一邊哭一邊走出了帳篷。鐵木真聽到這番話，能不生氣嗎？氣得胸口一起一伏，但畢竟這倆人都是自己的嬸嬸，他拿這倆人也沒轍。所以鐵木真就在那兒好言相勸，勸到這兩個人都止住了罵聲，也不扭打了，兩個人又回到了座位。

結果，鐵木真這口氣沒消，又發生了一件更讓他生氣的事。

鐵木真的怒火

蒙古人都是騎馬來喝酒的，大家在這兒飲宴喝酒，總得有人照料馬匹。誰來照料馬匹呢？鐵木真讓自己的弟弟別勒古台作為總管。沒想到，鐵木真一個族兄的馬夫不開眼，竟然去偷鐵木真的馬韁繩。你說你偷誰的不行，偏偏要去偷鐵木真的馬韁繩？從這一點也能看出來，當時蒙古部落經濟確實不發達，比較貧困，連可汗的馬韁繩都有人惦記。要不是窮到一定的份上了，他也不至於幹這個事。

這個馬夫偷鐵木真的馬韁繩的時候，被別勒古台看見了。別勒古台當然很生氣，你知道這是誰的馬韁繩？這是可汗的馬韁繩，你都敢偷。別勒古臺上來就打了這個馬夫一個耳光。

這個馬夫捂著臉就跑了，去找自己的主人，也就是鐵木真的堂兄撒察別乞。馬夫說了前因後果，撒察別乞不明是非，一聽就火了，打狗還得看主人呢！別勒古台，你算什麼東西啊？你竟然打我的馬夫。

於是，撒察別乞來找別勒古台，一見面二話不說，拔出刀來就砍。幸虧別勒古台身手矯健，躲得快，沒砍到要害處，但是也砍到了別勒古台的肩頭，血流不止。

鐵木真把這一幕看得真真切切。剛才慶功宴成了潑婦吵架，鐵木真那口氣就沒嚥下去，你們這些所謂的長支王公，仗著是我的叔叔輩，你們太欺負人了。當年我們母子落難的時候，你們誰都不管，沒有一個人仗義援手。現在我們發達了，你們又一個個來投奔我。投奔我就投奔我吧，你們整天還想吆五喝六，還想騎到我的脖子上拉屎，哪有這好事？

鐵木真把帽子一扔，就躥了起來，衝到了別勒古台和撒察別乞跟前。鐵木真跟別勒古台講，你怎麼能忍受這樣的侮辱呢？鐵木真表面上是在埋怨別勒古台，實際上，他的仇恨都記在撒察別乞身上了。

別勒古台還真是仁厚，為了平息自己兄長的怒火，他就對鐵木真講，不要緊，這點兒小傷不算什麼。你看咱們今天打了個大勝仗，又有這麼多人來投奔我們，大傢伙都挺高興的，別為這個事傷了和氣。大哥，你回去吧，甭管了，我包紮一下傷口就完了。

鐵木真說，算了？這都已經騎到咱們頭上作威作福了，怎麼能算了？你算了我算不了。鐵木真抄起一根攪奶的杆子，一頓亂揍，打得這幫人全躺在地上了，然後又踹了幾腳，這才恨恨作罷。

然後鐵木真下令，把那倆老妖婆給我抓起來，就是她們倆搗亂，攪了今天宴會的興致，然後害得我兄弟挨刀。別勒古台還在邊上勸鐵木真，別別別，那是咱們的嬸嬸啊！你打了哥哥就行了，再把嬸嬸抓起來算什麼。但是鐵木真正在氣頭上，不由分說，讓人抓起來，讓她倆接受點兒教訓，以後別整天挑三撥四、吆五喝六的。

把這兩人抓起來之後的第二天，撒察別乞主動來找鐵木真求饒。鐵木真當然也是求之不得，真把這倆嬸嬸關在這兒也不是個事，你還得管飯。一看既然撒察別乞來求饒了，那就就坡下驢吧。鐵木真讓撒察別乞把這兩人領回去，以後別讓她們再惹是生非。

從這件事可以看出來，鐵木真的部落擴大的一個結果是內部矛盾凸顯出來了。內部不和，必然給外人以可乘之機。

大破札木合聯軍

札木合上一次把鐵木真打得大敗，沒想到，鐵木真不但很快就緩過來了，而且勢力越來越大。所以札木合又策動各部聯軍，向鐵木真殺來。札木合這次是一定要把鐵木真消滅掉，絕不能再讓他虎口脫險，死灰復燃。

鐵木真得到消息後，請教自己的頭號大謀士，也是帳下第一大將博爾朮，札木合又要領兵進攻我們，你看我們應該怎麼跟札木合作戰？

博爾朮不愧是一代名將，給鐵木真分析說，敵人這次遠道而來，氣焰囂張，他們渴望速戰速決。如果我們跟他們正面交戰，對我們非常不利。我們是在主場作戰，在咱們的一畝三分地上，咱們拖死他們，耗死他們。中原有個成語「一鼓作氣」，等敵人師老兵疲、喪失鬥志的時候，我們再反攻，必獲全勝。

鐵木真一聽，太有道理了，拍著博爾朮的肩膀說，你真不愧是頭號大謀士，就聽你的。於是，鐵木真下令，敵人來了，任他百般叫罵，誰也不許出營交戰，嚴防死守。

札木合領著這些人呼嘯而來，漫山遍野，高舉戰刀，騎著快馬衝過來，到了鐵木真的營地一看，人家營門緊閉，根本就不跟你打仗。札木合哈哈大笑，你看，鐵木真都不敢跟我作戰，兄弟們上，一鼓作氣踏平他的營地。札木合的軍隊剛一衝，博爾朮率領箭筒士們萬箭齊發，把札木合的軍隊射了個人仰馬翻。札木合只好撤退，重整旗鼓再來進攻，又被射了個人仰馬翻，只好再退去。

這樣打了幾次，札木合這邊就洩氣了。這你咋整啊？人家不跟你打，你強攻吧，人家都給你射回去了。怎麼辦呢?札木合只好下令紮營。但是札木合這次進攻的時候,準備工作做得很不充分。他認為還跟上次一樣,只要他的大軍一到,鐵木真的部隊就會作鳥獸散。所以,他根本就沒有做打持久戰的準備,特別是食物帶得不夠。

我們知道游牧民族打仗,本身就不怎麼準備食物,主要靠外出打獵獲取食物。札木合食物沒帶夠怎麼辦呢?只能出去打獵。

博爾朮登上山坡,眺望札木合的部隊,發現札木合的部隊亂作一團,都在那兒忙著打獵,忙著填飽肚子呢!博爾朮就跟鐵木真講,時機到了,敵人已經亂套了,肚子都填不飽,絕對沒有戰心。咱們這個時候發動進攻,定能大獲全勝。

鐵木真一聽這話,立即下令,給我衝出去,殺!鐵木真的部下待在營裡,以逸待勞,肉吃得飽飽的,奶喝得足足的,一身力氣正無處發洩呢。之前札木合的人來挑戰,又百般辱罵了鐵木真的人一番。所以,鐵木真的人憋了一肚子火。可汗一聲令下,三軍將士躍馬橫刀,直衝向札木合的部隊。

札木合的好多人還在忙著打獵,找吃的,沒打著獵物的繼續打獵,打著獵物的正架著鍋煮肉。沒想到,鐵木真的部隊在這個時候發動了進攻,片刻間,札木合的部隊就跟雪崩一樣潰散,被殺得人仰馬翻。札木合的部隊是聯軍,不全是札木合的子弟兵,好多都是請來的客軍。這些軍隊才不給你玩命打,首先就崩潰了。

札木合一看,完了,這仗輸定了。三十六計,走為上計。札木合扔下部隊翻身上馬,很快就逃得無影無蹤。札木合的部隊一看,主帥都跑了,我們還在這兒玩什麼命啊?所以紛紛逃跑,只恨爹娘少生了兩條腿。

這樣一來，鐵木真大獲全勝，大破札木合聯軍，斬首無數。札木合聯軍沒死的基本都做了俘虜，經此一戰元氣大傷。

鐵木真終於打敗了可怕的對手札木合。不久，又有一個更大的機會擺在鐵木真的面前，讓他有機會擊敗另一個老對手。

13. 面對背叛：忍常人所不能忍

鐵木真大破札木合聯軍之後，實力進一步壯大，不僅幫助自己的義父脫里重新奪回了汗位，更是借金國討伐塔塔兒部之機，大敗了世仇塔塔兒部。然而，正當鐵木真逐漸走向成功的時候，發生了兩件讓鐵木真意想不到的事情。不但讓鐵木真再次飽嘗世間的冷暖，更讓鐵木真進一步感受到政治的殘酷。那麼，這兩件事究竟是什麼，它對成年後的鐵木真又有著怎樣的影響呢？

脫里又丟了汗位

細心的人可能已經發現了一個問題，之前鐵木真打仗的時候，總會向自己的強大靠山也就是他的義父脫里求援。為什麼這兩次跟札木合大戰，鐵木真卻沒有向脫里求援呢？

原因很簡單，這個時候，脫里正在草原上流浪呢！脫里走背字了，汗位又被人搶了。這次被誰搶了呢？被脫里的親弟弟給搶了。咱們講過，脫里做克烈部的可汗，也是命途多舛，一波三折。他父親把汗位傳給他，結果被他叔叔給搶了，還是靠鐵木真的父親也速該幫他把汗位奪了回來。奪回汗位之後，他更知道這個汗位來之不易，不能輕易丟失，所以他就把能夠威脅到自己汗位的人基本都殺了。

脫里有四個弟弟，他殺了倆，剩下了倆。剩下的這倆，有一個跟他關係很好，叫札合敢不。還有一個跟他關係一般，知道脫里這個人刻薄寡恩，不定什麼時候翻臉，所以就隱忍不發，保命為上，等待時機。功夫不負有心人，這個弟弟趁著脫里一不留神，發動了政變，把脫里給趕跑了。

脫里無家可歸，只好流浪，投奔了西遼。但是西遼這個時候也是內亂不斷，根本就顧不上幫助脫里。而且脫里跟當時的西遼皇帝不和，被西遼皇帝一怒之下給趕出去了。脫里只好在草原上到處流浪，甚至走到了西夏境內。脫里賴以為生的就是五隻母羊和一峰駱駝。當年的草原六雄之一克烈部的可汗，如今落到了這步田地，也很令人心酸。

鐵木真大破札木合之後，勢力進一步壯大了。鐵木真這人有情有義，甭管是他的親人、他的戰友，還是他的恩人，他都是有恩必報。既然我跟我的父汗有神聖莊嚴的契約關係，現在父汗落難，我絕不能坐視不理。

於是，鐵木真派人到草原上，到處尋找他落難的父汗。

可汗擠羊奶

鐵木真派出的使臣找到脫里的時候，一看，這老頭兒正在擠羊奶呢！這個使臣上前說明來意，我家可汗鐵木真派我來請您，幫您奪回汗位，恢復部眾。

一聽這話，脫里感動得是老淚縱橫啊！親兒子都顧不上我了，弟弟都跑了，結果鐵木真這個義子沒白認，當年他爹幫我復過一回汗位，現在他又要幫我復一回汗位。

鐵木真把脫里迎來，在離自己營地不遠的地方，給他分發了牲畜，安排了營帳，然後幫他收攏部眾。鐵木真每次攻打其他部落，戰利品都要分給脫里一份。這樣一來，脫里的勢力就漸漸地恢復了。

脫里畢竟執掌克烈部多年，他的兄弟一看脫里又回來了，只好投奔乃蠻部去了。於是，脫里重掌了克烈部的汗位。這個時候，跟脫里關係特別好的那個弟弟札合敢不已經流亡到了蒙古跟金朝的邊境一帶。鐵木真又派人把札合敢不也迎請過來，交還給脫里。

脫里這次能夠奪回汗位，恢復部眾，完全是因為鐵木真仗義援手。所以從此之後，雖然鐵木真還是對脫里恭恭敬敬，父汗、父汗地叫著，但在實際上，鐵木真已經從脫里的附庸變成了脫里的盟友，至少是平起平坐了。可以說，鐵木真已經完全走上了獨立發展的道路。

脫里對鐵木真首先是非常感謝，你看人家父子倆都搭救過我。此外，脫里的心裡也難免有點兒酸溜溜的，這鐵木真本來是我的兒子，是我的附庸，現在翅膀硬了，自然不會對我言聽計從了。因為心理有點兒不平衡，脫里就經常幹點兒特別讓人看不起的事。比如說，脫里奪回克烈部的汗位之後，有一次跟篾兒乞人打仗，取得了勝利之後，他就把戰利品全獨吞了，沒有分給鐵木真一份。大家覺得脫里這個人真不夠意思，你剛緩過來就幹這種忘恩負義的事。

脫里越瞅鐵木真，越覺得氣不順，這小子翅膀越來越硬，他會不會將來威脅到我呀？他原來一文不名，來找我幫忙的時候，只有一件黑貂皮襖，是我把他扶植起來的。脫里再看自己的兒子，絕對沒有鐵木真的氣度，肯定不是鐵木真的對手。所以現在我在的時候，鐵木真還給我個面子，我要不在了，他還不把我的部落給吞併了啊？

脫里越想越不對，怎麼辦？乾脆先下手為強，把鐵木真幹掉得了。

草原上的鴻門宴

你看這個脫里，真是利令智昏了！怎麼能想出這樣的損招呢？居然想把救命恩人鐵木真給幹掉。打定主意之後，脫里召開宴會，請鐵木真前來，想在酒宴上對鐵木真下手。但是，脫里部落當中有明白人，知道不能這麼幹。如果咱們這麼幹，傳出去豈不被天下英雄恥笑啊？這叫什麼事啊？所以這個明白人在宴會上就坐到了脫里跟鐵木真中間，把脫里和鐵木真分開了。然後，這個人在酒宴上不斷地向鐵木真使眼色。蒙古人以肉食為主，所以蒙古人隨身都佩帶著切肉的小刀。這個人一邊衝鐵木真使眼色，一邊不住地撫摸自己的那把小刀。

鐵木真是何等聰明的人，從小到大經歷過多少腥風血雨。於是，鐵木真不動聲色，草草地吃了幾塊肉，喝了兩碗酒，就站起來對脫里說，對不起，父汗，家裡突然有點兒急事，我不能陪您老盡興了，改天咱們再敘。說完之後，揚長而去。

脫里來不及動手，只好作罷。然後，脫里部落的人就議論說，你看咱們的大汗，真是老糊塗了，利令智昏，他怎麼能幹這樣的事呢？你說他這一輩子，七歲的時候被篾兒乞人給掠走了，十三歲的時候被塔塔兒人給掠走了，汗位又被他叔父佔了，是靠人家也速該給搶回來的。這一次又被他弟弟趕走了，是靠鐵木真把他的汗位搶回來的。這老小子沒什麼本事，好不容易有了今天，結果他還要對救命恩人下手，真是不知好歹。

可見，脫里這麼幹真的是豬油蒙了心，等於是好日子過膩了。

鐵木真對脫里的所作所為，也是看在眼裡記在心頭。但是畢竟還沒到發作的時候，現在還需要聯合脫里一致對敵。所以鐵木真隱忍不發，沒有跟脫里撕破臉。

鐵木真能夠成就千古霸業，與他自身的性格是密不可分的。鐵木真雖然發覺了脫里的陰謀，但他沒有選擇與脫里公開翻臉，而是選擇了隱忍，小心地維繫著與脫里的微妙關係。因為在草原群雄並立的形勢下，鐵木真現在還不能失去脫里這個重要的盟友。

很快，一個與克烈部聯合對敵的機會就降臨了。

敵人的敵人可以做朋友

什麼機會呢？毒死鐵木真父親也速該的塔塔兒部把金國的皇帝給惹惱了，金國要派大軍討伐塔塔兒部。

金國由丞相完顏襄親自領兵。完顏襄知道草原民族不好對付，他們不跟你兩軍對陣，兵對兵、將對將地打，而是來無影去無蹤，在草原上開展游擊戰。所以金國也要以夷制夷，聯合草原上的其他部落對付塔塔兒部。金國自然知道誰跟塔塔兒部的仇最大，那肯定是鐵木真的部落。

於是，完顏襄派人來聯絡。鐵木真覺得這是一個大好的時機，為父祖報仇的時機終於來到了。俺巴孩汗是被塔塔兒人出賣，綁去送給了金國皇帝，被金國人釘死在了木驢上，這是一樁大仇。然後，鐵木真的父親也速該又是被塔塔兒人給毒死的，父祖之仇不共戴天。

雖然金國殘忍地處死了俺巴孩汗，跟蒙古人也有仇，但是對於鐵木真來講，跟塔塔兒人的仇更大。暫時先甭管金國跟我有沒有仇，最起碼我跟塔塔兒人是直接的仇敵。敵人的敵人可以做朋友，國與國之間沒有永恆的朋友，也沒有永恆的敵人，只有永恆的利益。既然現在金國來聯絡一塊兒出兵，鐵木真就答應出兵去攻打塔塔兒人。鐵木真還派人去聯絡自己的父汗脫里，說既然金國人找咱們一塊兒出兵攻打塔塔兒人，我請父汗跟我一起出兵。

脫里十三歲的時候被塔塔兒人掠走為奴，所以他跟塔塔兒人也有仇，因此他也願意出兵。這次有大國相助，這場仗一定是只有便宜佔，沒有虧吃，意味著又能搶到很多戰利品，能夠壯大自己部落的實力。於是，脫里就跟鐵木真約定一起出兵。

鐵木真出兵之前，召集自己的部眾，向自己的依附者——包括他的叔叔和堂兄弟們——傳下將令，什麼時候咱們集合，一塊兒去攻打塔塔兒人，千萬不要誤了日期。鐵木真特別叮囑自己的堂兄撒察別乞。

結果鐵木真等了好幾天，也沒有等到撒察別乞的部隊。鐵木真一怒之下，就率領本部人馬出發了，跟脫里合兵一處，然後配合金軍去攻打塔塔兒人。塔塔兒人怎麼能經得起大金、蒙古、克烈聯軍的進攻？很快就被打得落花流水。

聯軍取勝之後，金國丞相完顏襄非常高興，認為脫里和鐵木真部有功。完顏襄跟這兩個人講，塔塔兒人無故背叛了我們，你們不是大金的官軍，幫助朝廷殲此逆賊，有功於社稷。所以我要奏明皇上授予你們官職，你們等著吧。

完顏襄說到做到，回京覆命的時候，向皇帝奏明了情況。皇帝也很高興，就下旨封脫里為王爵。脫里本身是克烈部的可汗，金國又封他為王，從此以後，脫里就被稱為王汗了。

按說鐵木真也立下了大功，他的部隊比王汗的部隊更加奮勇爭先。那麼，鐵木真封了個什麼官呢？鐵木真的封號比王汗低得多，鐵木真的封號叫札兀惕忽里，這是個什麼東西呢？相當於招討使，三品官。

這說明在當時金國朝廷的心目當中，王汗的地位還是高於鐵木真的。

又收了一個乾弟弟

不管怎麼講，鐵木真拿到札兀惕忽里這個稱號，就證明他也是朝廷命官了。從此以後，鐵木真再征討其他部落，可以打出一個旗號，我奉大金朝廷的命令來征討你。

鐵木真知道，大金朝廷也是自己的仇敵，但是這個仇敵要放到後邊，先藉著大金這杆大旗，消滅其他部落。

前面我們講，草原六雄之一的篾兒乞人已經被打得元氣大傷了，這次塔塔兒人又被打得元氣大傷，六雄已經去了兩雄。

塔塔兒人被擊敗之後，鐵木真和王汗從塔塔兒人的手裡掠奪了不少戰利品。塔塔兒人的駐地在蒙古高原的最東邊，隔著大興安嶺跟金接壤。相對而言，塔塔兒人接觸中原文明比較多，文明程度比較高。所以，鐵木真得到了塔塔兒部落的很多精美的器具，比如鑲寶石的綢緞和衣服、鑲玉的金腰帶。

在清理塔塔兒部落營地的時候，鐵木真發現塔塔兒人扔下了一個小男孩。這個小男孩長得很漂亮，衣著華貴。鐵木真又把這個小男孩交給自己的母親訶額侖來撫養。這個小男孩就成了訶額侖夫人的第三位養子，叫失吉忽禿忽。訶額侖夫人看到這個小男孩之後，比看到前面的曲出和闊闊出還高興。她說，這個孩子一定是有根基的人的後代，他會給我們這個家族帶來吉祥，他會興旺我們這個家族。自從這個小男孩被訶額侖夫人收為養子之後，鐵木真就對自己的這個乾弟弟特別看重，專門安排僕人照顧他的飲食起居，時刻掛在心上。

有一次，失吉忽禿忽出去玩的時候，下起了大雪。鐵木真在家裡很擔心，這個孩子怎麼還不回來，照顧他的人也真不靠譜，這大雪天把他帶到哪兒去了？過了不久，照顧他的僕人自個兒回來了，鐵木真一看大怒，我弟弟哪兒去了？僕人說他打獵去了，走著走著沒影了。鐵木真氣得揮起鞭子就抽打這個僕人，我把我弟弟交給你，你竟然把他給弄丟了。他才十幾歲，萬一被狼吃了怎麼辦？萬一在外邊凍餓而死怎麼辦？鐵木真抽得這個僕人滿地打滾求饒。

正在這個時候，失吉忽禿忽滿身雪花，一掀帳簾回來了。鐵木真立刻轉怒為喜，把鞭子一扔，一把把自己的乾弟弟抱了過來說，我擔心死了，你幹什麼去了？

失吉忽禿忽說，我呀，追鹿去了，一個鹿群三十頭鹿，我打死了二十七頭。鐵木真一聽非常高興，我的弟弟真厲害，十幾歲的年齡，一個人能打死二十多頭鹿。鐵木真趕緊派人沿著失吉忽禿忽的來路尋找，果然發現了二十七頭死鹿。所以，鐵木真對自己的這個乾弟弟更加疼愛，看來我這個乾弟弟文武雙全，不但能文，而且能武。

果然，失吉忽禿忽長大之後，成為鐵木真家族最聰明的人，最後做到了蒙古帝國的大斷事官，頒布法律，釐清訴訟，相當於最高法院院長，對黃金家族的貢獻極大。

我們看到，這些都是敵對部落的小孩，被鐵木真養大，然後這些人就忠心耿耿地為鐵木真賣命，不像《趙氏孤兒》之類的故事，長大以後要替父祖報仇。他們是心甘情願地為鐵木真出生入死，出謀劃策，治理國家。

從這裡可以看出，鐵木真和他的家族真的是讓這些孩子感動。

砍了長支貴族

鐵木真與乾弟弟感情很好，可是鐵木真的堂哥把他給惹急了。

這位堂哥就是撒察別乞。當年撒察別乞傷過鐵木真的親弟弟別勒古台，這個仇還沒報。鐵木真攻打塔塔兒部的時候，讓撒察別乞出兵，撒察別乞不但不從，竟然趁著鐵木真攻打塔塔兒部的機會，偷襲鐵木真的老營。

當時鐵木真的主力去攻打塔塔兒部，所以老營留下的人並不多，因此受到了一些損失。鐵木真凱旋以後，聽說這件事，大怒。好你個撒察別乞，你違背了自己的誓言，當初你是怎麼跟我發誓，要忠於我的。我打仗的時候，你要鞍前馬後地追隨我。你自己說了，一旦不聽我的命令，我就可以砍下你的人頭，然後把你的妻子、兒女充作奴隸，沒收你的財產和牲畜。這次，你不但不聽我的命令，反而還偷襲我的老營，我絕對不會善罷甘休。

鐵木真回師之後，立刻率領大軍討伐撒察別乞。這次討伐當然非常順利，就如巨石擊卵一般，把撒察別乞和他的弟弟泰出全部俘虜了。這倆人被押到了鐵木真面前。鐵木真厲聲指責他們，你們這麼做不對，違背了自己的誓言。倆人無話可說，鐵木真一揮手，你們當初許下了諾言，所以你們要兌現承諾。一揮手，推出去砍掉。刀斧手上來就把這倆人綁出帳外，不一會兒人頭落地。

這倆人被殺掉之後，部落中的其他人受到了很大震動。為什麼這麼講呢？因為這倆人在合不勒汗的後裔當中，屬於長支貴族，而鐵木真屬於幼支貴族。撒察別乞和泰出的祖父是合不勒汗的長子，所以當初他們分遺產的時候，就把部落裡最精銳的勇士帶走了。也可以說，當年合不勒汗手下的精華全都集中在他們手裡。所以，他們就有一種不可一世的優越感，蔑視其他部落成員。

這一次，鐵木真毫不留情地把撒察別乞給處決了。鐵木真傳遞出一個強烈的信息，不要僅僅把我看作你們的弟弟、你們的侄子，我更是你們的可汗。咱們親戚歸親戚、君臣歸君臣，朝廷之上不論親戚，只論君臣。你們每個人都要嚴守本分，別把我惹怒了。

部落中其他的貴族一看，哎喲，鐵木真連長支貴族都敢殺，誰也不敢再有二心了。但有一位貴族不里孛闊還是不服。不里孛闊覺得鐵木真這麼做不對，沒大沒小，沒長沒幼，就想挑戰鐵木真的權威。

誰敢挑戰鐵木真的權威

有一次，在斡難河畔開大會的時候，不里孛闊出言侮辱別勒古台。

不里孛闊覺得別勒古台好欺負。上一次撒察別乞砍傷了別勒古台，別勒古台都說沒事沒事。因此他想揀軟柿子捏，就出言挑釁別勒古台。

別勒古台一下子火了。別勒古台知道這個時候自己用不著再忍了，我的汗兄鐵木真已經基本上完成了蒙古部落的統一，你挑釁我，出言侮辱我，不就是侮辱大汗的權威嗎？於是，別勒古台就跳出來，要跟不里孛闊決鬥，以摔跤的方式決鬥。

不里孛闊仗著自己身高體壯，比別勒古台有優勢，就答應跟別勒古台摔跤決鬥，沒問題，正要好好教訓教訓你小子。本來按照兩個人的身板，不里孛闊絕對可以摔倒別勒古台。但是不里孛闊也知道，自己這麼做是以下犯上，又看見鐵木真滿臉怒氣在那兒坐著，所以他心裡就有點兒打顫。這一打顫，在意念上一輸，就打不過別勒古台了，很快被別勒古台摔倒在地。別勒古台抓住不里孛闊的肩，這正是鐵木真求之不得的局勢，鐵木真就想讓別勒古台殺死不里孛闊。

於是，鐵木真看著別勒古台，用自己的牙咬著下嘴唇，這麼一示意。別勒古台會意，就把不里孛闊掄起來，「啪」地一下，把不里孛闊的後腰給扭斷了。

然後，別勒古台把死屍往地上一扔，揚長而去。其他人噤若寒蟬，嚇得面面相覷。這別勒古台把親王級別的長支貴族給摔死了，而且啥事沒有，揚長而去。

此後，再也沒有人敢挑戰鐵木真家族的權威了。過去追隨其他家族的人也紛紛來投奔鐵木真，鐵木真的勢力越來越大。

在鐵木真的勢力壯大的同時，他的安答和老對手札木合也沒有閒著。札木合決定再組織一個反鐵木真的聯盟，然後跟鐵木真決一死戰。

清除異己

14. 王者氣度：成大事者必有大胸懷

在征討乃蠻部的戰爭中，王汗經不住札木合的挑唆，在戰爭的關鍵時刻突然退兵，使鐵木真陷入異常艱難的境地。之後，札木合又組織草原上的敵對部落，要與鐵木真決一死戰。那麼，作為蒙古草原上冉冉升起的一顆巨星，鐵木真會怎樣面對義父王汗的背信棄義？怎樣擊敗老對手札木合？

王汗臨陣脫逃

眼看著鐵木真的勢力越來越強大，反對他的人也越來越不甘心，暗中串聯，準備聯合起來反對鐵木真。

當然，這些人積蓄力量也需要時間。鐵木真利用這個時間也在不斷地發展壯大自己，同時小心翼翼地維持跟他的義父王汗之間的關係。鐵木真雖然很禮貌地稱王汗為父，但是他知道，這種聯盟可能不會長久。但畢竟到目前為止，王汗還是鐵木真的盟友，小毛病是有的，但是沒有在大的方面做過什麼對不起他的事，所以鐵木真還要繼續維持兩部之間的關係。

其實鐵木真與王汗之間，是因為有共同的利益，要一起開疆拓土，要去征服其他部落，要搶奪戰利品。因為有這個共同的目的，所以兩個部落才能聯合起來。鐵木真與王汗醞釀的下一個大的行動，就是去征討乃蠻部。

乃蠻部在蒙古高原上的六部裡邊，是最偏西的一個，已經具備了國家的雛形。乃蠻部有固定的官職，還有文字，文明程度相當高。

乃蠻部又分成兩大部落，由兩個可汗統治。這兩個可汗，一個叫塔陽，一個叫不亦魯黑，兩個人是親哥倆，各統一部。

鐵木真和王汗合兵征討乃蠻，主要的對手是不亦魯黑。不亦魯黑派遣大將前來應戰。鐵木真和王汗的聯軍遠道而來，不亦魯黑的部隊可是以逸待勞，因此聯軍跟乃蠻軍激戰一天，不分勝負。聯軍不熟悉地形，而乃蠻軍是輕車熟路，佔有地利，聯軍打得非常吃力。

這個時候，札木合在王汗軍中。札木合挑唆王汗說，你看這仗打得這麼吃力，為什麼呢？因為鐵木真想保存實力，他是出工不出力，你看他的部隊總是姍姍來遲，他還誠心讓大部分手下人去投奔乃蠻，這明顯是要削弱你的勢力啊！等於他跟乃蠻人設了個局，下了個套。你傻呼呼地鑽了進來。

王汗本來對鐵木真就有醋意，再聽札木合一挑唆，就覺得是這麼個道理，鐵木真這小子是拿我當槍使。王汗越琢磨越覺得札木合說得有理，就要單獨撤軍。王汗部下有明白人，就厲聲斥責札木合，你說這個話，有什麼根據嗎？你為什麼要陷害你的安答鐵木真呢？札木合就不說話了，眼瞅著王汗，您看著辦。

王汗終於一拍大腿，走，不上他的當了，傳令下去，不要熄滅篝火，全軍立即撤退，晚了也許就來不及了。

王汗在這次攻打乃蠻的過程當中，就這樣背信棄義，突然退兵了，剩下鐵木真苦苦支撐。但是王汗一退兵，很快就嘗到了惡果。怎麼回事呢？他被不亦魯黑手下的大將追上來了。王汗匆忙退兵，不亦魯黑正好出動大軍痛打落水狗。所以王汗大敗，被乃蠻軍隊團團圍住。王汗這回是偷雞不成反蝕把米，眼瞅著老命不保，只好硬著頭皮去向鐵木真求援。

以德報怨

鐵木真曾經幫助王汗重新奪回了汗位，卻差點兒被王汗在酒宴上謀害。為了共同的利益，鐵木真一直隱忍不發。然而，在攻打乃蠻的戰爭中，王汗竟然再次背信棄義，結果自己反倒身陷危難之中。現在王汗厚著臉皮向鐵木真求援，鐵木真會救他嗎？

鐵木真的確胸懷博大。雖然王汗陰險地撤軍，擺了我一道，但是你現在有難了，我絕對不會袖手旁觀。鐵木真派出了麾下第一名將博爾朮去救援王汗。

這次不只是王汗被包圍了，他的兒子桑昆也被人家包圍了。而且桑昆已經在戰鬥中摔落馬下，眼看就要被活捉了。這個時候，博爾朮飛馬趕到，趕緊把桑昆救起。博爾朮率軍殺開一條血路，打退了乃蠻軍隊，救出了王汗父子。札木合一看，鐵木真派軍隊把王汗給救了，於是就逃走了。

王汗父子非常感動，對鐵木真講，當年你的父親也速該幫我奪回了汗位，現在你又救了我一命，我真不知道該怎麼報答你。

鐵木真只好說，我救你老人家是應該的，你千萬別往心裡去，誰讓咱們是父子呢！但是我希望父汗以後千萬不要再聽信小人的讒言，不要再幹讓親者痛、仇者快的事。鐵木真知道有人在挑撥離間，而且這個人很可能就是札木合。

王汗滿面慚愧，滿口答應，你放心吧，以後我再也不幹這種事了。

王汗非常感謝博爾朮，就贈給博爾朮一件禮服，外加十隻金杯。博爾朮領完禮品回來，直奔鐵木真的大帳，一進大帳就跪下了，口稱有罪。

鐵木真非常驚訝，趕緊把博爾朮扶起來，你為我立了這麼大功，你有什麼罪啊？

博爾朮說，我作為您的箭筒士之長，應該一步不離您的左右，連眼睛都不眨地保護您的安危。王汗贈給我一件禮服、十隻金杯，我不得不去領，我領禮服和金杯的這段時間，沒有盡到保護您的責任，所以我來請罪。

鐵木真趕緊把博爾朮扶起來，兄弟，你言重了，咱們別那麼見外。

由此可見，鐵木真的部下對鐵木真忠心到了什麼程度。

這一次因為札木合挑唆成功，王汗臨陣脫逃，鐵木真跟乃蠻部打了個平手。

再次大敗札木合

札木合逃走之後，繼續召集所有痛恨鐵木真的部落，比如泰赤烏氏、塔塔兒部、篾兒乞部，再次聯合在一起，召開了反鐵木真聯盟大會。大家在會上一致推舉札木合為可汗，號稱古兒汗。

古兒汗的意思是眾汗之汗。札木合用這個稱號，足以證明這是一個以札木合的札答闌部為首的鬆散的聯盟。聯盟成員是出於對鐵木真的仇恨和恐懼才走到一起的，實際上並不完全服從札木合。為了彰顯聯盟的神聖，這幫人還祭告天地。他們殺了一頭牛、一隻羊、一匹馬，舉行了隆重的祭祀儀式。以札木合為首的反鐵木真聯盟再次形成，他們厲兵秣馬，準備跟鐵木真決一死戰。

鐵木真知道札木合已經刀出鞘、箭上弦了，趕緊派人去見王汗。王汗也知道，考驗自己跟鐵木真的關係到底有多鐵的時候到了，自己必須得出兵。所以，王汗點起人馬，跟鐵木真合兵一處，準備攻打札木合。

大戰之前，雙方都要派人進行偵察。王汗這邊派自己的兒子桑昆和自己的弟弟札合敢不，做先鋒去偵察。鐵木真這邊派自己的堂叔阿勒坦和堂兄忽察兒去做先鋒，偵察聯軍的行動。

札木合聯軍走到哪兒了，士氣如何，裝備如何，都被偵察得清清楚楚。所以，鐵木真和王汗的聯軍對於札木合部隊的情況一清二楚。

雙方人馬越來越近，在草原上列好了陣勢。

王汗的先鋒桑昆只帶了幾百人，所以沒被札木合放在眼裡，覺得就這點兒人，還不夠我塞牙縫的。札木合下令全軍出動，進攻桑昆。桑昆遭到札木合的進攻之後，知道後邊有人接應，所以且戰且退。

交戰的地形對鐵木真和王汗的聯軍十分有利。鐵木真和王汗的聯軍佔據了地利，居高臨下，嚴陣以待。

札木合的部隊也不是飯桶，也明白人家佔了地利。那怎麼辦呢？我軍佔不了地利，就要佔天時。怎樣才能佔天時呢？札木合的手下有兩個大薩滿，是那種最高級別的薩滿，據說能夠呼風喚雨。這兩個薩滿說好辦，我們讓老天爺降下一場暴雨，降到鐵木真和王汗聯軍的頭上，把他們澆成落湯雞，然後我們趁機出兵，必然大獲全勝。

札木合一聽好主意啊，就讓這兩個薩滿開始作法。兩個薩滿先弄一盆清水，然後往清水裡投上幾枚石子，開始念念有詞。還真神了，頃刻間，天空中烏雲密布，很快就暴雨傾盆。

這件事在蒙古人的史籍上是有記載的，沒法解釋這是什麼原理。不知道是湊巧了，還是這倆人真有法術。可最有意思的是，沒等札木合這邊樂出聲來，風向就變了，這場暴雨沒澆在鐵木真聯軍的頭上，反而都澆到札木合聯軍的頭上了。

這場暴風雨非常猛烈，札木合的士兵都睜不開眼，風颳著雨點子打到臉上，生疼生疼。將士們身穿的皮袍和鐵甲澆了水之後，又重又冷。所以，札木合的部隊一下子士氣全沒了。

鐵木真一看，長生天顯靈了！札木合的薩滿都在幫忙我，他們呼風喚雨，卻把這風雨喚到自己的陣地上了。於是，鐵木真有了必勝的信心，下令發動猛攻，很快就把札木合的聯軍打了個稀里嘩啦。

札木合的聯軍大多是烏合之眾，等著在戰場上揀便宜。他們是不會給札木合賣命的，真到玩命的時候，一溜煙就跑了。所以，札木合的聯軍迅速土崩瓦解，鐵木真大獲全勝。但是鐵木真沒來得及給札木合毀滅性的打擊。

為什麼呢？鐵木真中箭負傷了。不知道從哪兒飛來一箭，射中了鐵木真的脖頸。鐵木真當時就昏過去了，部隊一下子沒有了統帥，只好停止了追擊。

赤膽忠心者勒篾

看到鐵木真完全昏迷不醒，他的兩個箭筒士之長——博爾朮和者勒篾非常著急。者勒篾冒險拔出了插在鐵木真脖子上的這支箭。這是很危險的，弄不好箭一拔，流血不止，大汗就沒命了。箭拔出之後，者勒篾就用嘴為鐵木真吸傷口裡邊的瘀血，然後吐到一邊。

等者勒篾把瘀血吸出來，鐵木真就甦醒過來了。鐵木真甦醒過來之後，跟者勒篾說了一句話：「渴，要喝水。」鐵木真說完這句話，又昏過去了。者勒篾一看，這戰場上哪兒有水喝呀，不如到敵營裡邊，去給大汗找點兒馬奶喝。

於是，者勒篾就把自己的衣服脫掉，光著身子潛入敵營，去給鐵木真找馬奶。者勒篾在敵營轉了一圈，發現敵營裡邊也沒有馬奶，只找到了一桶酸乳酪。者勒篾趕緊拎著這桶酸乳酪逃了回來。

鐵木真喝了酸乳酪之後，終於醒過來了。鐵木真醒後，發現自己的周圍有好多瘀血，就問者勒篾，這是怎麼回事？

者勒篾就說，您中箭負傷，我把您傷口的瘀血吸了出來，吐到了地上。可能鐵木真覺得有點兒髒，就皺了皺眉，你為什麼不吐遠點兒啊？者勒篾說，不行，我必須不眨眼地盯著您，保障您的安全，一步都不敢遠離。

鐵木真一聽，是這麼回事。再一看，者勒篾光著身子，而且自己喝到了優酪乳。他就問者勒篾，這優酪乳是哪兒來的？者勒篾說，是我潛入敵營給您弄來的。

鐵木真一聽這話就不高興了，你潛入敵營，萬一被人家逮住，這多危險啊？者勒篾說，您放心，我把衣服都脫了，就是在做準備，萬一敵人逮住我，我就說我是想來投奔他們的。結果被您發現，把我的衣服給扒光了，還把我綁了起來，準備天一亮就處死我。我瞅準機會逃了出來，繼續來投奔。敵人肯定不會起疑心，還會給我衣服穿，我再瞅準機會跑回來不就完了嗎？

鐵木真聽完之後，感動得不得了，立馬坐起來說，你者勒篾真是忠心耿耿。當年篾兒乞人偷襲我的時候，我藏在不兒罕山上，就是你三番五次下山打聽消息，救過我一命。這次，你又幫我把脖子裡的瘀血給吸出來，你又救了我一命。然後你又到敵營盜來優酪乳給我喝，又救了我一命。你前後救了我三次，我將銘記在心，不但我銘記在心，我的子子孫孫也會銘記在心。

正是因為鐵木真有了這些忠心耿耿的將領，所以日後才能取得非凡的成就。成吉思汗能夠統一草原，成為一代聖主，不但會識人，也會用人，更會寬宏大量地體諒人。

收服名將哲別

因為鐵木真對部下寬容仁厚，所以吸引了越來越多的忠義之士，心甘情願地為他鞍前馬後地出生入死。

札木合聯軍被打散之後，聯軍的部眾紛紛前來投奔鐵木真。其中有一個人，叫只兒豁阿歹。只兒豁阿歹來投奔鐵木真的時候，跟鐵木真說，記不記得有一次，你騎著一匹寶馬，然後一箭飛來，就把你這匹寶馬給射死了。

鐵木真一想，是有這麼一回事。那回特別危險，不知道從哪兒飛來一箭把我的寶馬給射死了，

收服哲別

然後我從馬上掉了下來，幸虧部下又給我牽來一匹馬，要不然我就要做俘虜了。

只兒豁阿歹微微一笑，對鐵木真說，射死你那匹寶馬的人就是我，這次差點兒把你給射死的人還是我。現在我看出札木合大勢已去，所以我誠心誠意來投奔你。如果你能任用我，我願意用一身武藝為你出生入死。

鐵木真聞言大喜，你真是太難得了，你的高貴品德簡直像金子一樣閃閃發光。一般人絕不會承認差點兒射死我，沒想到你居然毛遂自薦，主動承認說當初差點射死我的就是你，不怕我的懲罰。你這個人不但武藝高強，而且品德優良，你就跟著我幹吧。為了紀念咱倆的緣分，我給你改個名，你別叫只兒豁阿歹了，改叫哲別。

在蒙古語裡，哲別就是箭的意思。只兒豁阿歹從此改名哲別，後來成為成吉思汗開國「四狗」之一，跟隨成吉思汗南征北討、東征西戰，一直打到高加索山脈，成為一員不世出的名將。

鐵木真的胸懷

值得一提的是，聯軍當中有成吉思汗的死敵——泰赤烏氏的首領塔兒忽台。

聯軍被打敗之後，泰赤烏氏的首領塔兒忽台惶惶如喪家之犬，不知道往哪兒逃命才好。眼看著部眾離心離德，塔兒忽台自知大勢已去。在這種情況下，塔兒忽台的隨從起了歹意。他一想，塔兒忽台是鐵木真可汗的死敵，如果我們擒獲了塔兒忽台，把他獻給鐵木真，這可是大功一件啊。

於是，塔兒忽台的隨從叫上了自己的兩個兒子，找準機會一塊動手，趁塔兒忽台不備，上去就把塔兒忽台給捆了。捆了之後，往馬上一擔。爺兒仨上馬，快馬加鞭，奔著鐵木真的營地就去了。

這塔兒忽台一丟，塔兒忽台的家人很快就發現了，立即上馬來追。塔兒忽台的隨從爺兒仨一看，追兵人數多呀，眼看就要追上了，只好拔出刀來架在塔兒忽台的脖子上，對追兵喊，你們再敢往前追一步，我就宰了塔兒忽台。

塔兒忽台是泰赤烏氏的貴族，是俺巴孩汗的後裔，跟鐵木真有親緣關係。塔兒忽台覺得就算到了鐵木真那兒，鐵木真也未必會殺死自己。如果我的家人非要在這個時候救我，萬一這隨從一狠心，一刀子下去，我立馬就完了。於是，塔兒忽台高聲喊叫：「你們別過來，不用救我，讓我去見鐵木真，我死不了。」

塔兒忽台的家人一聽這話，只好退去了。因此，塔兒忽台的隨從爺兒仨就帶著塔兒忽台，去見鐵木真。

眼瞅著離鐵木真的大帳越來越近，塔兒忽台的隨從轉念一想，鐵木真這個人非常重情義，而且他最恨賣主求榮的人。塔兒忽台跟鐵木真是親戚，鐵木真未必忍心殺塔兒忽台。而咱們把塔兒忽台抓來，說不定鐵木真不殺塔兒忽台，咱爺兒仨的腦袋反而搬家了。乾脆這麼辦，咱們把塔兒忽台給放了，去見鐵木真。

於是，這爺兒仨一合計，就給了塔兒忽台一匹馬，您還是回去吧。這爺兒仨見到鐵木真之後，就跟鐵木真講，我們本來已經把塔兒忽台逮著了，準備獻給您。但是我們知道大汗您宅心仁厚，最恨賣主求榮的人，所以我們又把他給放了。

鐵木真一聽這話，撚鬚大笑，非常高興，你們非常了解我，這麼做就對了。如果你們真的綁了你們的頭領來，我肯定把你們爺兒仨都殺掉。咱們不能做這種賣主求榮的人。你們來，我接納，我該重用你們還重用你們。我跟塔兒忽台的私仇是我們之間的事，以後我們在戰場上見個高低，我要憑本事消滅塔兒忽台。你們這麼做，我非常高興，你們就留在我的帳下吧。

鐵木真憑藉這種高人一籌的領袖魅力和政治智慧，陸續擊敗了自己的對手。這個時候，鐵木真的勢力已經如日中天了，但是距離他統一整個蒙古草原，距離他真正成為草原上的眾王之王，還有相當長的一段路要走，還有更強大的對手在等著他。

15.大仇得報：鐵木真消滅塔塔兒部

自從找到了王汗這個強大的靠山，在王汗的庇護下，鐵木真召回了大量部眾，迅速壯大了自己的勢力。鐵木真不但登上了蒙古部落大汗的寶座，而且兩次打敗了札木合大軍的進犯。如今，鐵木真終於有實力去消滅世仇塔塔兒部，為自己的家族報仇雪恨了。那麼，鐵木真的復仇行動會一帆風順嗎？他在復仇的過程中，會有什麼意外收穫呢？

目標：塔塔兒部

鐵木真收兵之後，派人去找王汗的部隊。

這個時候，有快馬來報，札木合投奔了王汗，兩個人拔營走了。鐵木真聽後非常不高興，這個王汗作為自己的義父，怎麼能收留自己的仇人呢？父子之間的嫌隙越來越大了。

鐵木真的弟弟別勒古台就跟鐵木真講，既然他們跟咱們不是一條心，咱們也就別去找他們了，不如趁此機會消滅我們的世仇塔塔兒部，為祖先報仇。

鐵木真一想也是，強扭的瓜不甜，既然王汗已經跑了，找他也沒有意義了，乾脆一鼓作氣去消滅塔塔兒部。

這個時候，鐵木真已經強大到可以單獨作戰了。之前，鐵木真不論是跟篾兒乞部打仗，還是跟札木合聯軍作戰，都要拉上王汗一起。現在，他已經有實力單獨去跟世仇塔塔兒部作戰，為父祖報不共戴天的血海深仇了。

塔塔兒部已經兩次敗在鐵木真手下了。第一次是西元一一九六年，咱們前面講過，塔塔兒人反叛金朝，金朝派丞相完顏襄來討伐。當時鐵木真和脫里幫助金朝大敗塔塔兒部，因此脫里受封王爵，成了王汗，鐵木真也成了大金朝廷的命官。第二次是札木合聯軍來犯，鐵木真跟王汗合兵一處，又大敗了塔塔兒部。塔塔兒部經過這兩次失敗之後，雖然沒有滅亡，但是已經元氣大傷。

因此，鐵木真聽了別勒古台的建議之後，決定這次要給塔塔兒人毀滅性的打擊，不能再像以前那樣打擊潰戰。這回要打殲滅戰，徹底滅了塔塔兒部。

於是，西元一二〇二年，鐵木真召集部眾，準備對塔塔兒人發動最後一擊。

要想徹底消滅塔塔兒部，只使用部落間你爭我奪的方式是做不到的。這也是蒙古部落幾代人一直沒能消滅塔塔兒部的主要原因。而鐵木真，作為日後統一草原、稱霸世界的傑出領袖，清醒地認識到，統領一群烏合之眾不是長遠之計。

鐵木真決定改良軍隊。那麼，鐵木真到底使用了什麼方法，將他的部眾訓練成紀律嚴明、所向披靡的蒙古鐵騎呢？

違反紀律的代價

鐵木真在出兵之前，宣布了兩條戰場紀律：

第一條是打仗的時候，要聽主帥的號令，令行禁止，要專心打仗，不能搶劫財物，打完仗之後，搶得的財物大家平分。

第二條是大家要擺好陣勢作戰，需要後撤的時候，要聽命令才能後撤，一定要退回原地，你從哪兒出發的，還要回到哪兒。退回原地之後，要返身再戰，凡是退回來不肯返身再戰的人，一律斬首。

鐵木真宣布這樣嚴厲的戰場紀律之後，他的部屬就由一幫烏合之眾向正規軍的方向發展了，不再是原來兩個草原部落打群架似的感覺。這樣一來，塔塔兒部自然不是蒙古部落的對手了。

在鐵木真的正規軍面前，塔塔兒人兵敗如山倒，人員損失無數。大多數塔塔兒人一看抵抗沒有希望，就放下武器投降了。基本上可以說，經過這一戰，草原六雄之一的塔塔兒部從此退出了歷史舞臺。

但是在一片大好形勢下，也有讓鐵木真非常不愉快的事。開戰之前，鐵木真宣布了兩條紀律但還是有人公然違抗鐵木真宣布的紀律。誰呢？一個是他的堂叔阿勒坦，一個是他的親叔答里台，還有一個是他的堂兄忽察兒。

這三個人仗著自己輩分比鐵木真高，年齡比鐵木真大，不聽鐵木真的號令，私自搶奪財物。鐵木真勃然大怒，派了自己手下「四狗」當中的兩位——哲別和忽必來，去把他們搶來的財物奪回來，並且要用軍法處置這三個人。

所謂軍法處置，弄不好就要殺頭。眾將一看，剛打了個大勝仗，他們三人雖然犯了錯，但瑕不掩瑜，他們在戰場上也不是沒出力，而且還是鐵木真的叔叔和哥哥，大家都是一個祖先繁衍下來的。眾將覺得這樣不合適，紛紛跪地求情。

鐵木真一看眾將求情，只好就坡下驢，畢竟叔叔和哥哥也不能說殺就殺。所以鐵木真就說，本來我是應該懲處你們的，看在眾將求情的份上，這次就饒了你們，下不為例。

然後，鐵木真命令哲別和忽必來把這三人搶奪的財物收走，分給其他人。等於這次的戰利品就沒他們三人的份了。眾將一看，我們的可汗鐵木真真是執法如山、不徇私情，可汗的叔叔、哥哥搶了東西都給收走，好樣的，跟著這樣的主君有前途，好好幹吧。

超過車軸高的男子一律殺死

處理了違抗紀律的人之後，鐵木真召集心腹眾將開會，對於這些歸降的塔塔兒人怎麼處理啊？對於鐵木真來說，消滅塔塔兒部，絕不僅僅意味著給祖先報仇。那些遙遠的仇恨遠遠比不上殺父之仇來得深切。鐵木真的父親也速該正是被塔塔兒人在酒裡下毒，才含恨離世的。鐵木真童年的坎坷與磨難，九死一生的痛苦經歷，完全是拜塔塔兒人所賜。那麼，面對不共戴天的仇人，鐵木真會怎麼做？他會把塔塔兒人趕盡殺絕嗎？

鐵木真最後拍板，說出了自己的意見。這塔塔兒人是我們不共戴天的世仇，咱們家有多少人被塔塔兒人害死，我父親被塔塔兒人毒死了，俺巴孩汗是被塔塔兒人送到金國後殘忍處死的，血海深仇不共戴天，咱們絕不能留下仇人之子。原先為什麼塔塔兒人能野火燒不盡，春風吹又生？就是因為咱們沒有把他們徹底消滅，所以這次斬草要除根。怎麼除根呢？超過車軸高的男子一律殺死。

這個車軸是什麼東西呢？有人說是兩個軲轆之間的軸條，還有人說是軲轆的直徑。甭管究竟是什麼，按今天的標準來看，應該是在一米二上下，也就是兒童的身高。超過這個身高，一概要殺死。

鐵木真下令夜裡就要執行，再三要求保密，不能讓塔塔兒人知道，知道了他們就有準備了。他們現在都是俘虜，已經放下武器了。然後大家都去做準備。

鐵木真的弟弟別勒古台一出帳，就遇到了一個歸降的塔塔兒人首領也客扯連。也客扯連一看別勒古台出來，就問別勒古台，你們剛才開會，商量什麼來著？別勒古台也不知道是怎麼了，當時也沒喝酒，不是喝醉了，但他跟也客扯連實話實說了，我們商量好了，要把你們塔塔兒人超過車軸高的全殺掉，然後他甩手走了。

也客扯連一聽，簡直是五雷轟頂，趕緊跑回自己的部落，說鐵木真的弟弟親口說的，要把咱們超過車軸高的男子全都殺掉，咱們塔塔兒人就要完了。事到如今，咱們得拼了，才能為塔塔兒人留下幾粒種子。

塔塔兒人聽到這個消息，就騷動起來了，全部出動找傢伙，沒有長刀，隨身帶著的吃肉用的短刀也行啊。然後大家退到山上，砍樹建寨子。等鐵木真的軍隊撲到塔塔兒人大營的時候一看，人去營空，都跑山上去了。山上黑燈瞎火怎麼找啊？只有等到天亮再進攻。

這一夜的工夫，塔塔兒人做好了簡易的防守準備，滾木礌石都準備好了，還砍倒一些樹做了路障。

等第二天蒙古人來攻的時候，這些塔塔兒人已經豁出去了，怎麼著都是死，捅死一個蒙古人夠本，捅死兩個就賺一個。蒙古人遠的，就用滾木礌石往下砸，近的就衝上去廝殺，不行就抱著蒙古人一塊兒滾下山崖，同歸於盡，臨死也要拉個墊背的。

找了個美女也速干

這些塔塔兒人雖然最後全部被消滅了，但是蒙古人的損失也很大。鐵木真氣急敗壞，怒火中燒，再三吩咐保密，塔塔兒人是怎麼知道的？誰把這消息洩露出去的？下令進行調查。不用查，別勒古台就承認了，是我說的，我在門口碰到也客扯連，就跟他說了。

鐵木真更生氣了，也客扯連跟你有什麼關係呀？哥哥我再三囑咐你的話，你竟然不聽！這麼多蒙古勇士白白犧牲了，這都是你別勒古台犯下的大罪。以後凡是咱們商量大事的這種會議，你別勒古台都別參加了，等會開完了，吃飯的時候你再進來。

別勒古台從此被排除在蒙古部落的核心領導層之外。別勒古台這個時候還能說什麼呢？只能點頭稱是。然後鐵木真說，給你個將功贖罪的機會，把也客扯連抓來見我，活要見人，死要見屍。

別勒古台領命，翻身上馬出去了。沒多少工夫，別勒古台回來了，而且帶回來一個女子。別勒古台對鐵木真講，也客扯連實在是找不著，也許已經死在亂軍之中，活不見人，死不見屍。然後，別勒古台指著地上跪著的女子說，這個女子是也客扯連的閨女，大汗您就拿她消消氣吧。

鐵木真就向低頭跪著的女子發火，都是因為你的父親也客扯連，我們死了這麼多蒙古勇士，現在既然你父親毫無蹤跡，就要把你斬首，把你碎屍萬段才解氣。

鐵木真剛說完這話，跪著的這個女子就嚇癱了，勉勉強強喊了一句話：饒命。

鐵木真一聽這句話，宛如鶯啼，實在是太好聽了！鐵木真立刻心就軟了，再一看這個女子瑟瑟發抖，癱軟在地。鐵木真是個大英雄，但他也有溫柔心，這個時候就起了憐香惜玉之心。鐵木真說，要饒命也行，抬起頭來，讓我看看你。

這女子一聽，可汗讓抬起頭來，就聽話地抬起頭來了，四目相對，兩人就來電了。

於是，鐵木真就不想殺她了，對她說，你要想讓我饒了你的命，沒問題，但是你得給我當小老婆。因為鐵木真已經有妻子孛兒帖了，所以只能當小老婆。

這個女子趕緊點頭答應，沒問題，我願意服侍可汗。

鐵木真一聽，挺滿意，然後就吩咐軍中的老媽子，把她帶出去，洗澡換衣服，今天晚上就要成親了。到了晚上，舉行了婚禮。鐵木真特別高興，問這女子，你叫什麼名字啊？這個女子說，我叫也速干。鐵木真點點頭，真漂亮，好一個也速干，真是個美女。

鐵木真又問，你爸爸也客扯連犯了那麼大罪，可能已經死在亂軍之中，你恨不恨我啊？你想，這也速干能怎麼回答，她就算真的恨鐵木真，她敢說嗎？也速干趕緊跪在地上說，那都是我父親不好，我們塔塔兒人本來就對不起您，您父親、您曾叔祖父都是被我們塔塔兒人害死的，所以您來興兵報仇是對的。您饒我一命，還讓我服侍您，我感恩戴德。

你看這姑娘多會說話，多乖巧。鐵木真非常高興，接著說，你這樣的美人，給我當小老婆也很委屈，我留個夫人的位置給你吧，你看好不好啊？

也速干一聽，這當然好，連自己都沒想到。本來是要送法場砍頭的，結果一不留神還撈了個夫人做，也特別高興。

這個時候，大家酒也喝得差不多了，鐵木真就跟自己的新婚夫人攜手入了洞房。

姐姐比妹妹更漂亮

第二天，也速干起床早，去服侍鐵木真。鐵木真睜開眼一看，也速干昨天被嚇得夠嗆，臉色蒼白，現在睡了一宿，精神恢復過來了，這小臉紅撲撲的透著粉，特別漂亮。鐵木真就看著也速干，在那「嘿嘿」傻笑。

也速干就說，你看了一晚上，還沒看夠啊？鐵木真說，你好看，我就是看不夠。結果也速干多了一句，嗨，你沒看見我姐姐也遂呢，比我漂亮多了，你要是看見我姐姐，你更看不夠。

鐵木真一聽還有這事，你姐姐真的比你還漂亮嗎？也速干說，是啊，真的比我還漂亮。鐵木真說，那行，我把你姐姐也找來，我讓你和你姐姐一塊伺候我。也速干面露難色地說，我姐姐結婚了，她跟我不一樣。結婚了？鐵木真一揮手，那算什麼呀？只要能找到你姐姐，我就讓她來伺候我。也速干說，我們姐妹倆都能伺候大汗，那也挺好。我願意把您許給我的夫人的位置，讓給我姐姐。

鐵木真一看，這也速干真懂事，就吩咐衛兵去找也遂。衛兵面露難色，我不認識也遂啊，怎麼找？鐵木真瞪了衛兵一眼，蠢東西，到俘虜中間給我去找，見到最漂亮的女人給我領來，那肯定就是也遂。

衛兵一聽，恍然大悟，趕緊跑出去了，沒多少工夫，就領來了一個傾國傾城的美人。

鐵木真一看，也速干果然沒說謊，這當姐姐的比妹妹還漂亮。鐵木真特別高興，就跟也速干說，行，你們姐倆先敘敘舊吧。於是，鐵木真就出去了。

也速干拉著也遂的手，姐倆先抱頭痛哭一場，然後各自說了一下離別後的遭遇。隨後也速干就對也遂說，你看，我現在已經做了鐵木真大汗的夫人了，我推薦姐姐也做夫人。

也遂一聽，哪兒有這事啊，我有老公了，你還讓我……也速干打斷也遂說，你可千萬別這麼說，現在咱們塔塔兒人已經是亡國奴了，你嫁給亡國奴有什麼好？你還不如嫁給蒙古人的大汗。你給亡國奴當媳婦，一輩子就得給人做奴隸，吃糠嚥菜不說，還要挨打挨罵。你給大汗做夫人，這是什麼生活？再者說了，咱們塔塔兒人跟他們蒙古人是世仇，這冤冤相報何時了啊？鐵木真大汗現在是把咱爹給殺了，但咱們部落的人不是先把他爹給殺了嗎？還把他曾叔祖父給殺了呢，你說，這仇有報完的時候嗎？

也速干這小嘴還非常能言善辯，說得也遂心思活泛起來。也遂說，我本來是有丈夫的，我怎麼著也不能做小老婆。也速干一聽，這話中有話，她怎麼著也不能做小老婆，那就是說能做大老婆，她就答應了。也速干馬上跟也遂說，鐵木真大汗已經有妻子了，別人的心思咱也不好猜，但是最起碼妹妹我願意把他許給我的夫人的位置讓給你。

這個時候，伴隨著一陣爽朗的大笑，鐵木真一挑門簾就進來了。鐵木真說，你上哪兒去找這麼懂事的妹妹？你妹妹願意把這個夫人的位置讓給你，這多好啊？

也遂一看鐵木真闖進來，就趕緊往妹妹身後躲。也速干多懂事，一看這種場面，一挑門簾就出去了。也遂也想跟著出去，一下子就被鐵木真給攔住了，跟鐵木真撞了個滿懷。在這種情況下，只有兩種選擇，要麼一頭撞死，要麼從了鐵木真。也遂要是那種能一頭撞死的人，鐵木真也找不著她了。所以只有第二種選擇，從了大汗。

這樣一來，鐵木真不但滅掉了世仇塔塔兒部，還得了兩個美人。

是誰滅了篾兒乞部

塔塔兒部的滅亡，徹底改變了草原上的勢力格局。斡難河以東從此成了蒙古部落的勢力範圍，原本東邊的塔塔兒部和北部的篾兒乞部對蒙古部落形成的夾擊之勢就此瓦解。一切已經越來越向著對鐵木真有利的方向發展了。

所以鐵木真開心極了，大宴百官。也遂姐妹倆也就把亡國喪家之痛拋在腦後，大家就在那喝酒。喝得高高興興的時候，也遂突然把酒杯放下了，大哭起來。

鐵木真是多聰明的人啊，一看就明白了，馬上命令自己的左膀右臂——博爾朮和木華黎，你們去把今天所有在營地裡的人，不分男女老幼，一家一家集中起來，不是自己家的人，不許往自己家領，誰領了外人進自己家，就殺了他全家。

博爾朮和木華黎兩個人領命之後，出去傳令。大家趕緊各回各家，各找各媽。大家都集中完了之後，一位神情黯淡的男青年孤零零地站著。

鐵木真一看，這就對了，就問這個男青年，你是誰啊？來這兒幹什麼？

這個男青年一看，事到如今，躲也躲不掉了。我行不更名，坐不改姓，我就是也遂的丈夫，我找也遂來了。鐵木真一聽，怒從心頭起，你找也遂來了，你還想讓我把也遂還給你，你這是找死。你們塔塔兒人殺了我們多少蒙古人？就應該把你們斬盡殺絕。

於是鐵木真吩咐左右，推出去斬了。這個男青年就被拉到外面，咔嚓一刀砍了。

也遂一看自己的前夫就這樣死於非命，那眼淚跟斷線的珍珠似的往下掉，但是敢怒不敢言啊。鐵木真就給也速干使了個眼色，也速干趕緊把也遂攙到後帳，一番好言相勸。

從此之後，也遂就死心塌地地侍奉鐵木真。

這個時候，鐵木真一看還有一個強敵未滅，就想一鼓作氣把篾兒乞部也滅掉多好啊！篾兒乞跟我仇也不小啊，我媳婦孛兒帖就是被篾兒乞人搶走的，回來之後生了個孩子叫朮赤，也不知道這孩子到底是誰的，我就當是我的了，但是這個仇不共戴天。殺父之仇，奪妻之恨，我要不報，我不是人。跟塔塔兒人是殺父之仇，跟篾兒乞人是奪妻之恨，所以我要把篾兒乞部也滅掉。

正當鐵木真躊躇滿志，打算一舉蕩平篾兒乞部的時候，探馬來報，不用咱們費事了，除了他們的首領脫黑脫阿不知去向，篾兒乞部已經徹底滅亡了。

鐵木真特別吃驚，我還沒出兵呢，篾兒乞部怎麼就沒了？這是誰幹的？

探子報告說，是您的義父王汗的克烈部幹的。克烈部趁著咱們打塔塔兒部的機會，出兵消滅了篾兒乞部，而且大獲全勝。

鐵木真一聽，臉色就沉下來了。我滅了塔塔兒部之後，繳獲的物資、牲畜，包括抓的奴隸，我都給王汗送了一份，這王汗怎麼這麼不地道呢？他消滅了篾兒乞部，他繳獲的東西，為什麼就不給我一份呢？再說，他打篾兒乞部，為什麼不跟我商量一下？他知道篾兒乞部跟我的深仇大恨，他跟我商量一下，兩路夾擊，也不至於讓脫黑脫阿跑了啊。

鐵木真越想，心裡的無名火就越往上躥。是，我起兵的時候，王汗是幫助過我，幫助我打篾兒乞部，把我老婆給奪回來了，這是一次。後來，王汗還幫助我打敗札木合聯軍，這也是一次。這兩次恩，我都記得。問題是我們家從我爹那個時候起，就幫他王汗，他怎麼都忘了呢？

鐵木真覺得王汗這個人太不地道，跟這樣的人合作長久不了，早晚跟王汗必有一戰。

第四講

沙場百戰終稱雄

16. 父子反目：鐵木真與王汗徹底決裂

在塔塔兒部和篾兒乞部相繼滅亡後，草原六雄只剩四雄。新的草原勢力格局，似乎對鐵木真越來越有利了。雖然此前鐵木真一直用忠誠回報著自己的義父王汗，然而隨著蒙古部落的日益強大，王汗對鐵木真越來越不信任了。一場不可避免的決裂終於要發生了。那麼，鐵木真是如何與王汗決裂的，導火索又是什麼呢？

與桑昆結成安答

鐵木真與王汗早已心生嫌隙。這個道理很簡單，雖然兩個人是義父跟義子的關係，但是古今中外的政治舞臺上，政治人物之間哪有什麼親情啊？親生父子反目成仇的故事多的是。

唐太宗李世民，一代英主，殺兄屠弟，把他的哥哥太子李建成、弟弟齊王李元吉全殺掉，而且滿門抄斬，逼得老爹退了位。像李世民這樣了不起的人物，也不講親情，對自己的父親、兄弟、兒子下手都挺狠。更何況鐵木真跟王汗只是義父義子的關係，所以這種聯盟維持不了多久。除非鐵木真永遠給王汗當兒子，永遠低三下四地聽王汗的。鐵木真是一代人傑，雄才大略，又怎麼可能永遠臣服於王汗呢？

再者，當時草原上的形勢也決定了鐵木真與王汗之間必然要有一拼。咱們講過，蒙古高原本來是六雄並立，現在鐵木真的蒙古部滅了東邊的塔塔兒部，王汗的克烈部滅了北邊的篾兒乞部，西邊還有乃蠻部，南邊還有汪古部。鐵木真也好，王汗也罷，任何一個人，要想統一蒙古高原，肯定早晚要把對方吃掉。

鐵木真曾經跟王汗聯手去打乃蠻部，結果王汗聽了札木合的挑唆，背信棄義撤兵了。王汗撤兵之後，又被乃蠻部打了個措手不及，還是鐵木真派人把他們救了出來。那個時候，王汗確實也很感動：其實我這一輩子挺慘的，當初我叔叔奪了我的汗位，幸虧也速該把我救了；後來我那弟弟又把我趕到西夏，我只能流浪，喝羊奶、駱駝血，是鐵木真救了我；現在鐵木真又救了我一回。我希望鐵木真能跟我兒子桑昆結拜，結拜之後，鐵木真就正式成了我們家的人。

鐵木真當然表示同意。鐵木真覺得王汗說的也對，既然他讓我跟桑昆結拜，這好歹對他也是一個約束。因為我是真心把他當作父親，但他未必真把我當兒子。既然現在他提出來，讓我跟桑昆結拜，這怎麼著也是件好事。

於是，鐵木真來到王汗的部落當中，在美麗的圖拉河畔，歃血為盟，跟桑昆結為安答。這樣一來，從表面上看，兩邊的關係似乎更鐵了。而且鐵木真和桑昆發的誓言也是擲地有聲：以後打仗的時候咱們一塊打，打完了之後平分戰利品；如果有人挑撥咱們的關係，咱們誰都不要相信他的話；萬一被人挑撥了，咱們一定要當面鑼、對面鼓，把話講清楚，消除誤會；咱們兩部要世代友好，永結安答。

桑昆的頭腦很簡單

從古今中外的歷史中，我們不難看出，這樣的政治契約從來都不是牢不可破的。在利益的驅使下，今天的朋友可能是明天的敵人，而今天的敵人為了共同的利益，隨時可以結成新的聯盟，所以不能把誓言太當回事。

圖拉河會盟剛一結束，雙方馬上就分裂了，而且打起來了。起因是什麼呢？鐵木真想把兩部的關係弄得更牢靠一點兒，所以就到王汗部落去提親。鐵木真的提親很有意思，他讓王汗的女兒嫁給自己的長子朮赤，然後把自己的女兒嫁給王汗的孫子，也就是桑昆的兒子。

聽起來不對啊，這輩分亂了。鐵木真是王汗的養子，那王汗的女兒就應該是鐵木真的乾妹妹，也就是朮赤的乾姑姑。所以，他讓王汗把女兒嫁給朮赤，實際上是給王汗降了一輩。當然，當時的草原民族還實行收繼婚制度，對輩分不是很在乎。鐵木真要把自己的女兒嫁給桑昆的兒子，這個輩分倒是對的。

鐵木真派使者去提親，桑昆很憤怒地拒絕了。桑昆為什麼要拒絕呢？桑昆說，咱們家的孩子嫁到他家，只能在門口衝北邊坐著。她本來是鐵木真的妹妹，現在變成鐵木真的兒媳婦了，她降輩了，只能服侍人家。反過來，他們家的閨女要是嫁過來，卻要坐在上首衝著南邊的門框坐著，這個我絕不答應。

因此，桑昆就把這門親事給回絕了。提親的使者回來跟鐵木真稟報，您一片好心，讓桑昆這小子當成驢肝肺了，他給回絕了。

鐵木真心中十分不快。這個時候，札木合、阿勒坦、答里台、忽察兒這幫人走進了桑昆的大帳，開始挑撥離間。札木合跟桑昆講，鐵木真這個人，別看他在口頭上認你父親為父，實際上他瞧不起你們，他想把你們的部落給吞併了。據我所知，鐵木真跟乃蠻部暗通消息，想勾結乃蠻部把你們滅掉。咱們絕不能上他的當，咱們得先下手為強。你要是懷疑我說的話，你可以問鐵木真的這倆叔叔、一哥哥，是不是這麼回事？

桑昆就問阿勒坦、答里台、忽察兒三人，札木合說的對嗎？這三人頻頻點頭，沒錯。甚至還有別的投奔過來的蒙古部落貴族，聲淚俱下地跟桑昆講，只要老大您發話，您令旗指到哪兒，我們就跟您打到哪兒，哪怕是萬丈深淵，我們都跟著您往下跳。

桑昆是個蠢貨，被這些人七嘴八舌一忽悠，他本來就很簡單的大腦，這個時候就變得更簡單。桑昆真的認為打敗鐵木真不在話下，自己應該是草原的雄主，飄飄然忘乎所以。

於是，桑昆派人來找自己的父親，把札木合這些人說的話跟王汗講了，鐵木真要來攻打咱們，因此咱們要先下手為強，絕對不能讓鐵木真佔了先。

王汗是隻老狐狸

桑昆為什麼這麼恨鐵木真呢？鐵木真是他父親的義子，他擔心鐵木真覬覦克烈部的汗位，擔心他爹一死，鐵木真過來說我也是你爹的兒子，我也有權繼承克烈部，所以他一定要弄死鐵木真。

王汗還真沒桑昆這麼糊塗，很不以為然地說，你別聽札木合的，我跟鐵木真情同父子，他是我乾兒子，是你安答，他不會幹出這種事來的。

桑昆一看，派使者去見他父親不管用，過了幾天，自己騎馬親自來了，跟王汗講，您說札木合是小人也罷了，現在鐵木真的親叔叔、堂叔、堂哥都跑來歸順咱們，給咱們傳遞消息，他們都說鐵木真要對咱們不利。札木合的話，您可以不信，這些人基於正義，基於良心，主動揭發鐵木真的惡行，這您總不能不信了吧？

這麼一來，王汗也有點兒犯糊塗了，就跟桑昆講，你看鐵木真多次幫我解脫危難，咱們應該念著人家的好，不應該背叛人家。而且我也老了，我不希望我活著的時候別被人砍，落得個身首異處。

王汗這番話的意思，就是告訴桑昆，我不想跟鐵木真打仗，但是話鋒又一轉，你愛怎麼幹就怎麼幹，你怎麼幹我不管，不過我覺得謹慎點兒好。

王汗真是一隻老狐狸，或者說是根老油條。表面上看，他好像在維護鐵木真，實際上還是輕信了桑昆，但又不明確支持。桑昆一看父親是這種態度，非常生氣，摔門就走。

桑昆回去之後，就跟札木合這幫人合計，要是直接攻擊鐵木真，勝算不是很大，就算是打贏了鐵木真，自己的損失也會很大。那怎麼辦呢？我們把鐵木真騙出來，給他擺個鴻門宴。他原來不是向我們提親，被我們給拒絕了嗎？現在我們答應婚事，騙他來，酒宴上把他幹掉，這樣最省事。

草原上的民族結親，要吃一種食物。是什麼呢？羊脖子。為什麼要吃羊脖子呢？羊脖子是羊的頭部跟軀幹結合的地方，這個地方的骨頭最緊密，所以吃羊脖子就表示結親的兩個家族，還有新人之間的關係十分緊密，牢不可破。

桑昆派人給鐵木真帶信說，我親愛的安答，以前你提親我沒同意，是當時我想不明白。現在我想明白了，你來我們家吃羊脖子吧。

鐵木真一聽，挺高興，我義父和安答到底還是懂事的，前些日子沒想明白，人總有犯糊塗的時候，現在想明白了就好。鐵木真高高興興地翻身上馬，帶了十個隨從，就奔桑昆的營地吃羊脖子來了。

改變命運的巧合

鐵木真走到半道上，經過了蒙力克的住處。

咱們講過，蒙力克是當年也速該托孤的老臣，雖然蒙力克一度拋棄了鐵木真母子，但是鐵木真這個人對下屬都是有情有義，沒有因為當年蒙力克出走就嫌棄他。現在經過蒙力克的家，鐵木真就想進去坐坐，喝杯酒再走。

於是，鐵木真翻身下馬，帶著隨從走進了蒙力克的家。蒙力克一看大汗來了，喜出望外，一看鐵木真就帶這麼幾個人，問，您這是要上哪兒？

鐵木真就跟蒙力克把這前因後果一說。蒙力克一聽，說大事不好，您可千萬不能去。為什麼不能去呢？原來桑昆為什麼不答應親事？因為他是個蠢人，他不是明白道理的人，他怎麼可能睡一覺就想明白了。他現在請您去吃羊脖子，我看此去凶多吉少，他是要害您，您千萬不能去。您如果還抱著一絲僥倖，也不能自己去，可以派您手下的人先去，您隨後慢慢趕到。

鐵木真一聽，有道理，就派了自己的兩個手下，你們先吃羊脖子去吧，我已經喝高了，就在蒙力克家住下了。你們有什麼情況及時向我彙報。

這兩人到了桑昆的營地，對桑昆說，我們家主公路上喝醉了，讓我們先來吃羊脖子了。羊脖子在哪兒呢？快擺上吃吧。

桑昆這個氣呀，我是想把你們主公騙來殺死，誰給你們準備羊脖子吃了？桑昆趕緊叫來札木合、阿勒坦這些人商量。鐵木真太狡猾了，他居然沒來，這怎麼辦？札木合這幫人就出主意，不怕，就算他沒來，他也已經走到半道上了，而且他現在就算懷疑咱們，他也絕對沒有確鑿的證據，沒有做認真的準備。所以我們應當立即出兵，偷襲鐵木真。

桑昆一聽，好主意，大家回去準備，明天咱就出兵。

阿勒坦有個弟弟叫也客扯連。這個也客扯連，不是前邊講過的也遂、也速干的爹，只是同名。他是阿勒坦的弟弟，也是鐵木真的堂叔。也客扯連跟著阿勒坦已經背叛了鐵木真。也客扯連回到屋裡，跟媳婦開玩笑說，明天我們就要對鐵木真動手了，要宰了鐵木真，這個時候要是誰把這消息告訴了鐵木真，這鐵木真得給他多少賞賜啊？也客扯連這是開玩笑，跟他媳婦說著玩的。他媳婦一聽，趕緊「噓」了一聲，隔牆有耳，你別胡說了。也客扯連說行，那就不說了。

無巧不成書，夫妻倆的玩笑被他們家的一個牧馬人聽見了，這個牧馬人叫巴歹。

機警的牧馬人

巴歹一聽，他們居然要害鐵木真。巴歹也是蒙古部落的人，跟著主人阿勒坦那些人背叛了鐵木真投到了克烈部，但是巴歹對鐵木真沒有仇恨。現在聽說他們要害鐵木真，巴歹就想去報個信。但是這兩口子說的是不是真的呀？萬一報個謊信怎麼辦？

巴歹趕緊跑出來，找到了自己的一個夥伴乞失里黑，把聽到的這些話告訴了他。乞失里黑一聽，對啊，如果消息是真的，咱們一定要去給鐵木真可汗報信，但是咱們先得了解清楚是不是真的。

乞失里黑來到了也客扯連的帳篷，想探聽消息。到了帳篷門口一看，也客扯連的兒子在那兒磨箭頭呢，一邊磨一邊嘟囔，明天就宰了鐵木真，明天就宰了鐵木真。也客扯連的兒子一抬頭，看見了乞失里黑。也客扯連的兒子就跟乞失里黑講，今天甭管你聽見了什麼，還是看見了什麼，你要當作什麼也沒聽見，什麼也沒看見，要是洩露了一星半點兒，我殺你全家。

乞失里黑趕緊點頭說，沒問題，你放心，我今天就是瞎子，就是聾子，我什麼也沒聽見，我什麼也沒看見。

也客扯連的兒子說，這就對了，你去把咱們家的馬餵好，準備兩匹最好的馬，明天我要騎。

乞失里黑回來跟巴歹一說，哥倆一合計，這事兒百分百可信了吧，又是磨箭，又是讓我們準備好馬，他明天肯定是要打仗啊。咱們一定要把這個消息報告給鐵木真可汗，不能讓他遭了毒手。

於是，這哥倆立馬宰了一隻羊，煮熟了，胡亂吃了幾口，剩下的肉往行囊裡一塞，當作路上的乾糧。然後兩人上了馬，一溜煙就去找鐵木真。見到鐵木真之後，兩人翻身跪倒，先是一番自我介紹，然後報告了桑昆那幫人明天要對鐵木真下手的消息。我倆也是蒙古人，不忍心看到自己的可汗遭此毒手，所以我倆冒著生命危險跑出來向您報信，如果我倆有半句謊言，天打五雷轟。

鐵木真一看這兩人發這樣的毒誓，當然相信這兩人說的是真的了。看來桑昆這小子實在不是個東西，幸虧蒙力克老爹把我留住了，沒讓我去，否則的話，這就是羊入虎口，有去無回呀。

所以，鐵木真特別激動地扶起了巴歹和乞失里黑。你倆的大恩大德，我永遠也不會忘，不但我不會忘，我的後世子孫也會永遠記住你倆。

逢凶化吉的法寶

每到關鍵時刻，總有人給鐵木真通風報信，說明鐵木真確實很會收買人心。

鐵木真能夠統一草原，稱霸世界，並不僅僅依靠個人的才能，更重要的是，他的人格魅力讓眾多英雄豪傑為之傾倒。這樣一來，他每到危急時刻，總有人能夠出手相助。從少年時代大難不死，到如今多次逢凶化吉，可以說是在眾多英雄豪傑的幫助下，鐵木真才一步步走到了今天。那麼，鐵木真會如何報答這兩位前來報信的牧馬人呢？

鐵木真建國之後，大封功臣，一共封了八十八個千戶長。巴歹是第五十五個，乞失里黑是第五十六個，還加了答剌罕的封號，成為答剌罕千戶長。

答剌罕不是官名，而是一種封號。鐵木真一共封過三位答剌罕，除了巴歹和乞失里黑之外，就是前面講過的鎖兒罕失剌，也就是赤老溫和沉白的父親。答剌罕在蒙古語中是自由人的意思。

答剌罕有很多特權，比如說宴會的時候，他們的待遇跟蒙古親王的待遇是一樣的。見大汗的時候，他們可以隨身配刀，他的侍衛可以帶著箭筒。你說你帶刀搞刺殺的時候，四周衛士一擁而上就把你收拾了，但遠程射箭就很難防了。這說明對他們非常信任。他們上戰場打仗搶劫來的財物都歸自己，不用上繳。他們還可以自由選擇牧地，覺得哪兒水草豐美，就可以在哪兒放牧，甭管這是誰的牧場。他們還可以不經通報就出入大汗的宮帳。而且這些特權是可以世襲的，後世子孫永遠可以世襲。

這是鐵木真建國之後，給巴歹和乞失里黑的封賞。

眼前的事，是桑昆要進攻了，鐵木真還沒回到自己的營地呢。鐵木真快馬加鞭，回到了自己的營地。蒙古牧民平時要放牧，人都散出去了，真正在鐵木真營地裡邊的沒有多少人。鐵木真把外邊的人召集回來是需要時間的。人家桑昆已經領著人馬殺過來了，一場大戰在所難免。

鐵木真在這樣十分不利的情況下跟桑昆開戰，結果會如何呢？

17. 沙漠血戰：與克烈部艱苦作戰

一心想要置鐵木真於死地的札木合，終於成功地挑起了王汗與鐵木真之間的戰爭。令人不解的是，札木合在離間成功後，又悄悄地給鐵木真通風報信。那麼，札木合的真實意圖到底是什麼呢？他通風報信，對於鐵木真來說，究竟是福還是禍呢？

不能讓狗熊打敗英雄

決戰之前，王汗也要知己知彼。之前王汗雖然跟鐵木真經常聯軍作戰，但基本上是各打各的。所以鐵木真部隊的戰鬥力到底如何，王汗也不怎麼清楚。

於是，王汗就問札木合，鐵木真部隊裡面，什麼人最能打？

札木合跟王汗講，鐵木真的部隊有兩個小部落最能打，一個部落叫兀魯兀惕部，還有一個部落叫忙忽惕部。這些人從小就是刀槍堆裡混大的，過的就是刀頭舔血的生活。看到這兩部，你要小心點兒。

王汗一聽，哦，明白了。在本隊之外，分出四個梯隊，專挑兀魯兀惕部和忙忽惕部作戰。

一切都布置好之後，王汗看了一眼札木合說，札木合老弟，要不由你來整治軍馬如何？意思是說，要不你來指揮打仗得了，你當統帥。

這個時候，王汗的勢力非常強大，他為什麼偏偏要讓札木合去帶兵打仗呢？

王汗讓札木合當統帥，在一般人看來，這是好事啊！我跟鐵木真不共戴天，我沒有兵馬打他，現在王汗願意把兵馬交給我指揮，這多好啊。但是札木合這個人很有個性，他一聽王汗這麼說，立刻就對王汗起了鄙視之心。

你為什麼請我當統帥？說明你心裡沒有底，你不會打仗，你才讓我打，你這個人懦弱無能。所以札木合當時就拒絕了王汗的提議，我初來貴部，對貴部也不熟悉，你的將士們也不一定聽我的。我一個外人在這兒指手畫腳、吆五喝六，也不合適，還是你自己指揮吧。

然後，札木合就悄悄地離開了王汗。他跟自己周圍的人講，我過去一直打不過鐵木真，說明我不是鐵木真的對手。現在王汗居然讓我來指揮他的部隊打鐵木真，說明王汗還不如我，他連我都不如，怎麼可能打贏鐵木真？所以我不能在他這兒混，我還得給鐵木真安答報個信。

於是，札木合派人把王汗的底細全盤告訴了鐵木真。很多人琢磨，這札木合不有病嗎？你跟鐵木真是不共戴天的敵人，王汗是被你挑唆的來打鐵木真的，結果倒好，你把王汗這邊的情況一五一十全部報告給了鐵木真，你到底是向著哪頭啊？

札木合為什麼這麼做？這要從他的個性來分析。札木合這個人極為自負，他認為自己是大英雄，他也承認鐵木真是大英雄，我們倆之間的戰爭那是英雄跟英雄的戰爭。我們是惺惺相惜。我打不過鐵木真，我承認我不如他，我想找比我強的人來打敗鐵木真，替我出這口氣。誰要能打敗鐵木真，那就證明他也是大英雄，比我們倆還厲害。如果有這樣的人打敗鐵木真，我願意為他出生入死，甭管是衝鋒陷陣，還是運籌帷幄，我都認了。

但這王汗算什麼東西，老邁無用，兒子桑昆蠢笨無能。如果讓他倆打敗了鐵木真，狗熊打敗了英雄，那說明我連狗熊都不如。只有比我強的人，才能打敗鐵木真；比我弱的人，我絕不能讓他們打敗鐵木真。所以札木合就投奔乃蠻部去了，而且把消息通報給了鐵木真。

鐵木真得到札木合派人送來的消息，立刻放心了，原來是這樣，別看王汗人多勢眾，其實王汗心裡沒底，不用怕。

鐵木真的激將法

鐵木真開始排兵布將，召集來了兀魯兀惕部的首領朮赤台、忙忽惕部的首領畏答兒。鐵木真之所以能夠所向披靡，成就千古霸業，離不開他身邊大批勇猛無敵、能征善戰的將領的鼎力相助。

兩個人一進帳，鐵木真就跟朮赤台說了，馬上要跟王汗打仗，想請叔父做先鋒，不知道叔父能不能答應。朮赤台還沒答話呢，畏答兒就搶先一步說，我願意給你打先鋒，我一定要把敵人衝得落花流水，讓咱們的軍旗在敵人的營帳中高高飄揚，把敵人首領的腦袋砍下來給你。

畏答兒一說這話，朮赤台更來勁了，他都不怕死，我能怕死嗎？那明天就看我們倆的了，沒問題，一定把敵人打得落花流水。

鐵木真一看兩員將領如此英勇，覺得這一仗有必勝的把握。雖然我們人數少，但是兵貴精而不貴多。

第二天雙方開戰，王汗的第一梯隊衝過來了。朮赤台和畏答兒就率領自己手下的兀魯兀惕人和忙忽惕人衝了過去，很快就把王汗的第一梯隊打敗了。

王汗的第一梯隊退下來後，第二梯隊又上，接著第三梯隊進入戰場，然後第四梯隊接著上，但是很快都被打敗了。王汗前鋒的四個梯隊跟鐵木真的兩部作戰全都失敗了。這個時候，王汗的兒子桑昆急了。不待王汗號令，拍馬舞刀率領他的部下衝了出來。桑昆這小子也是太魯莽，點兒背，剛一出來，一支箭射來，就被射中，翻身落馬。幸好桑昆的士兵衝上來把他救走了。於是雙方各自收兵回營。

大家打了一天，十分疲憊，鐵木真下令山後紮營休息。休息的時候，大家商議明天怎麼打。畏答兒一拍胸脯，王汗雖然人多，但沒什麼可怕的，這樣得了，可汗您派一支軍隊，繞過去偷襲王汗軍隊的背後，咱給他搞一個包抄不就結了。

這說明，這個時候蒙古部落的戰術水準已經飛速發展了，不再像原來那樣打仗跟打群架似的，現在知道用迂迴戰術了。

畏答兒的計策一獻出來，鐵木真就拍案叫好，不錯，咱就這麼打。問題是誰帶隊去包抄呢？要論戰功，論勇武，論氣節，首推自己的叔父朮赤台。於是鐵木真就問朮赤台，要不還是麻煩叔父您領兵去迂迴包抄，您看行不行？

沒想到，朮赤台玩著手裡的馬鞭，不答話。畏答兒一看就明白了，朮赤台八成是膽怯了，所以不敢出兵。畏答兒趕緊搶過話頭，跟鐵木真說，我願意帶領部隊，攻擊敵人的後方，我願意以死報答可汗。

鐵木真一聽大喜，好，沒問題，就讓畏答兒你去吧，環視滿營，最勇敢的就是你，你就是我們蒙古部落的擎天白玉柱、架海紫金樑，就得你去，真讓別人去，我還不放心呢。

鐵木真說這話什麼意思？激將法，請將不如激將。在座的都是蒙古七尺男兒，全都是有血性的漢子，讓鐵木真說得熱血沸騰。畏答兒是我們蒙古勇士中的第一？我們都是飯桶？眾將的士氣立即高漲起來，就連剛才無動於衷的朮赤台也熱血沸騰了，我在這幫人裡輩分最高，昨天在戰場上出力最多，我今天怎麼能輸給這幫小年輕呢？今天我害怕了嗎？沒有！

於是，大家紛紛回營，整頓軍馬，整理軍械，準備第二天跟敵人決一死戰。

異常艱苦的戰鬥

第二天天一亮，雙方就開始大戰。

畏答兒首先率領部隊準備向王汗大軍的背後包抄。王汗的士兵看到了畏答兒的部隊，上前迎敵，跟畏答兒的人廝殺到了一起。雙方是棋逢對手，將遇良才，打了幾十個回合，殺得天昏地暗，不分勝負。

這個時候，王汗的大將阿赤黑失侖率領援軍殺到。阿赤黑失侖大叫一聲，一槍刺去，正好刺中了畏答兒的馬腹，畏答兒從馬上摔了下來。阿赤黑失侖手持長槍連連突刺，非要把畏答兒刺死不可。

眼瞅著畏答兒就要完了，斜刺裡衝出一將，一下就把阿赤黑失侖的長槍給挑飛了。阿赤黑失侖一看自己赤手空拳了，嚇得轉身就跑。衝出來救畏答兒的這個將領是誰呢？正是朮赤台。

朮赤台一趕到戰場，王汗的另一員大將豁里失列門也趕到了。豁里失列門手持一對鐵錘，力大無比，一錘向著朮赤台就砸了下來。朮赤台拿刀一擋，虎口被震得發麻，刀差點兒沒攥住。倆人鬥了幾十個回合，朮赤台越來越感到吃力，畢竟年歲不饒人了，對方生龍活虎，一對大錘舞得虎虎生威。朮赤台眼看就要敵不住了，這個時候，鐵木真率領部隊趕到了戰場。

鐵木真一趕到，可汗的旌旗誰都認得。豁里失列門一看鐵木真到了，擒賊先擒王，放過朮赤台，拍馬就奔鐵木真殺過去了。

鐵木真麾下四傑之中的博爾朮、博爾忽，還有鐵木真的三兒子窩闊台，仨人拍馬出來，齊戰豁里失列門。豁里失列門跟這爺仨殺了一陣子，畢竟寡不敵眾，感覺有點兒吃力。

豁里失列門心想，我沒有必要跟你們仨玩命，我軍的人數比你們多得多，因此我只要困住你們仨就可以了。所以豁里失列門向博爾朮虛晃一錘，趁博爾朮一擋的時機衝了出去。

豁里失列門衝出去以後，博爾朮、博爾忽和窩闊台就追了上去。剛才這個人想殺害我們大汗，絕對不能讓他跑了。仨人一追，豁里失列門就把他們引到了自己的本陣當中。克烈部的兵馬就圍了上來，裡三層外三層，把這仨人給包圍了。仨人只好使出渾身解數，拼死奮戰。

這個時候，博爾朮、博爾忽、窩闊台三人被敵人團團圍住，畏答兒、朮赤台也被敵將困住，昔日能征善戰的眾將士打得異常艱苦。此時王汗的大隊人馬，猶如黑雲壓城般滾滾而來。

鐵木真今日一戰，難道將會以失敗告終嗎？

倒楣的桑昆

鐵木真眼看戰局對己方不利，正在思考對策的時候，突然不知道從哪兒飛來一箭，正中桑昆的腮幫子。

桑昆大叫一聲從馬上掉了下來，這是桑昆跟鐵木真打仗時第二次中箭了。克烈部的人只好拼死上去搶救桑昆。王汗就這麼一個寶貝兒子，一看寶貝兒子又受傷了，趕緊下令收兵。

鐵木真這才命令自己的部隊也趕緊收攏起來，開始後撤。

撤退的時候，鐵木真看見畏答兒趴在馬鞍上狼狽地撤了回來。最要命的是博爾朮、博爾忽和窩闊台沒有撤回來。鐵木真非常焦急，博爾朮、博爾忽和我兒子窩闊台是不是已經陣亡了呢？

鐵木真立刻派人去找，終於找到了博爾朮。鐵木真就問，你看沒看見博爾忽和窩闊台呀？博爾朮說，當時兩軍激戰，誰也沒顧上誰，我和博爾忽、窩闊台走散了。

正在鐵木真著急的時候，遠方出現一匹馬，馬上騎著一個人，那個人前面還橫擔著一個人。等走到近前一看，騎在馬上的是博爾忽，橫擔著的就是鐵木真的兒子窩闊台，也就是後來繼承鐵木真汗位的元太宗。

鐵木真看到博爾忽嘴邊上有血跡，就問博爾忽是怎麼回事。博爾忽回答說，激戰當中，窩闊台少爺脖子上中了一箭，我把箭拔了出來。因為怕瘀血堵塞血管，所以我給他把瘀血吸了出來，這才揀回了一條命。

鐵木真一看，感謝長生天，我兒子的命保住了。鐵木真趕緊讓人去把窩闊台的傷口給烙上，當時沒有藥，為了防止傷口化膿，就拿烙鐵烙上。然後給窩闊台喝牛奶，讓他慢慢恢復體力。

鐵木真的愛將和兒子總算都回來了，但是現在窩闊台傷重，一時半會兒撤不了。所以鐵木真下令，刀出鞘，箭上弦，如果王汗的部隊打上來，就跟他們拼命。

鐵木真話音剛落，博爾忽就趕緊說，王汗的部隊不會來了，我看見遠方塵土飛揚，是奔克烈部老營方向去的，說明他們已經退軍了，肯定不會來，您放心好了。

照常理而言，此時王汗的部隊打了勝仗，應該乘勝追擊，一舉消滅鐵木真才對。王汗放了鐵木真一馬，一方面確實是因為他懦弱無能，想見好就收，他沒想過要消滅鐵木真，那是他兒子桑昆受札木合這幫人挑唆才這麼做的；另一方面是因為桑昆中箭之後，他特別心疼，六神無主。這個時候，旁邊的人就勸王汗說，大汗您就別生氣了，鐵木真有什麼可怕的呀，他們現在一個人就一匹馬了，只能躲到森林裡，撿野果，喝泉水，打點兒什麼野雞、野兔子，讓他們自生自滅得了，等他們沒吃沒穿、活不下去的時候，咱們根本連打都不用打。

王汗一聽，這話說得在理，所以沒怎麼把鐵木真放在心上，因此沒有追擊鐵木真。

收服弘吉剌部

王汗見好就收、撤兵回營，雖然給了鐵木真喘息的機會，但是鐵木真部落內部損失慘重，根本無力抵擋王汗的再次來襲。

鐵木真請教木華黎，下一步咱們怎麼辦？

木華黎說，王汗在西邊，我們在東邊。我們要想打敗王汗，首先要穩住東邊。東邊還有一個弘吉剌部落位於我們的東南方向，這個弘吉剌部落跟咱們蒙古部是姻親啊，所以咱要先降服弘吉剌部，讓咱們的東邊穩定下來，然後再跟王汗在西邊決戰。

鐵木真說言之有理，立即派人給弘吉剌部傳信。跟弘吉剌部落講，要麼歸順我，聽從我的指揮，雙方永遠和好；要麼領兵出來，咱們一決雌雄。弘吉剌部落的首領一看，鐵木真派人來傳話，誰都知道鐵木真是草原上的雄鷹，何況他又是我們弘吉剌部的女婿，我何必得罪他呢？就趕緊派人把鐵木真請到自己的營地，殺牛宰羊，酒宴歌舞大慶三天。

宴會上，弘吉剌部落的首領跟鐵木真重申，咱們兩部世世代代永結盟好，我絕不背叛您，以後我們部落就歸您指揮了，您說往哪兒打，我們就往哪兒打，您的大旗到哪兒，我們的兵馬就到哪兒。

鐵木真非常滿意。這樣的話，就沒有後顧之憂了，東南已經穩定了，我就可以跟王汗一決雌雄了。

世代傳唱的口信

在跟王汗決戰之前，鐵木真給王汗帶去了口信。那個時候蒙古人沒有文字，只能帶口信。鐵木真讓使者帶去的口信，在蒙古民族當中作為民歌被世世代代傳唱，翻譯成漢語長達幾千字。口信的大意是這麼說：

我尊敬的義父王汗首領，我的父親也速該幫助你逐走你的叔父，奪回了你可汗的寶座，讓你重新坐上了首領的位置，是我們家有恩於你的第一條。

你曾經前來投靠我，我在不到半天的時間內，就讓你的部眾吃上了飽飯。然後不到一個月的時間，我就讓你的那些衣不遮體的部眾穿上了衣服，這是我們家有恩於你的第二條。

你弟弟背叛你，我給你恢復部眾，奪回汗位，這是我們家有恩於你的第三條。

咱倆約好了一塊兒去打乃蠻，但是你背信棄義，偷偷撤兵了。我不念舊惡，這是我們家有恩於你的第四條。

乃蠻部的大將偷襲你的營地，我派人救出了你的兒子，把你被乃蠻人搶走的財物和牲畜都還給了你，這是我們家有恩於你的第五條。

我們家對你有五重大恩，但你又是怎麼樣對待我的呢？你一直這麼對待我，你覺得公平嗎？難道你真的一點兒都不懼怕我嗎？你這麼做，你良心上過得去嗎？

鐵木真的使者到王汗的大帳中，義正詞嚴，一番話說下來，說得王汗啞口無言，滿面羞愧。最後王汗實在沒辦法，就當著使者的面發誓，我絕對沒有陷害我的義子鐵木真的半點兒念頭，我要有這個念頭，就讓我鮮血流盡而死。王汗一邊發著毒誓，一邊拿出小刀，把自己的手指頭劃破了。

王汗羞愧得割手指頭起誓，把桑昆給惹火了。桑昆說，鐵木真說我們兩家是親戚，他拿我當弟弟，那為什麼他經常罵我啊？別當我不知道，來了使者還把我羞辱一番。他既然把我爹稱為義父，他怎麼能說我爹忘恩負義呢？他說他們家有恩於我家五條，有這麼跟自己的爹說話的嗎？我不跟鐵木真廢話，我要整頓軍馬，徹底滅了鐵木真。

桑昆告訴自己的部下，去敲響我的戰鼓，樹起我的大旗，我要揮軍再戰鐵木真。

18. 連環妙計：王汗父子的末日

與克烈部的激戰，使得蒙古軍隊元氣大傷。險些被逼入絕境的鐵木真在班朱尼河休養生息後，決定對王汗父子發起反擊。然而在敵眾我寡的情況下，要想取得勝利並非易事。此時，大將木華黎向鐵木真獻計，使得鐵木真最終打敗了克烈部，從而為鐵木真日後稱霸草原奠定了堅實的基礎。那麼，木華黎的妙計究竟是什麼？與鐵木真恩怨糾葛的王汗父子，命運又將如何呢？

班朱尼河盟誓

眼看桑昆大軍殺了過來，鐵木真為了避敵鋒芒，命令部下分散各地。

鐵木真這次慘到了什麼程度？史籍上記載只有十九人跟著鐵木真，也有人說這十九人都是將領，底下還有兵。這些人跟著鐵木真，逃到了一個叫班朱尼河的地方。

實際上，這班朱尼河就是一片沼澤，全都是污濁的髒水。大家逃到這兒之後，驚魂初定，首先面臨的一個問題是怎麼解決吃喝。這個時候，天無絕人之路，遠處有一匹野馬跑了過來，鐵木真的部下趕緊拉弓放箭，把野馬放倒。然後大家衝上去，把這匹野馬宰掉，升火烤了吃。

這個地方沒有清水，大家只能喝混濁的班朱尼河水。鐵木真看著這十九位跟著自己同甘共苦的

班朱尼河盟誓

部眾，到了這種地步都不忍離他而去，大發感慨。鐵木真說，凡是今天跟我一塊兒喝班朱尼河水的這些部眾，我的子子孫孫永遠銘記你們的恩德。

後來鐵木真建國之後，跟他共飲班朱尼河水的這些人，全都封了千戶長以上的高官。值得一提的是，這十九人裡面，不僅有蒙古人，還有西域回鶻人和契丹人。這說明，鐵木真的影響已經遍及了大草原，連別的地方的人都聞風前來歸順了。

鐵木真在這個地方休養生息了一段時間，慢慢收攏他的部眾，漸漸恢復了元氣。在休養生息的時候，鐵木真琢磨著怎麼報仇，怎樣才能打敗王汗，完成蒙古高原的統一大業。但是，畢竟鐵木真現在的隊伍還很弱小，所以他有點兒發愁。這個時候，鐵木真的大謀士木華黎走上前來說，大汗您不必擔憂，我有一條妙計。木華黎就趴在鐵木真耳朵邊上，嘀嘀咕咕了一番。

鐵木真聽完哈哈大笑，好極了，就照你說的辦。

收容叛逃部眾

木華黎剛一走，鐵木真發現，自己的二弟合撒兒狼狽不堪地來了。

合撒兒在前面跟王汗的沙漠血戰時，兵敗被俘，他的老婆孩子還都留在王汗那兒。合撒兒靠著打獵為生，有的時候甚至偷東西吃，這樣歷盡千辛萬苦，才找到了自己的哥哥鐵木真。

所以合撒兒一看到鐵木真，熱淚盈眶，跪倒就哭。鐵木真看自己的兄弟，鬍子拉碴的，臉上還帶著血痕，破衣爛衫，也是特別心疼，說兄弟你別哭了，哥哥我替你報這個仇，出這口氣。馬上點齊人馬，咱找王汗算帳，把你的老婆孩子給奪回來。

鐵木真這話剛說完，正好木華黎在外面安排完事進帳。木華黎一聽鐵木真這麼講，趕緊衝上去攔住鐵木真說，大汗，難道忘了我剛才跟你說的話了嗎？你要這麼來的話，咱們的計策就全用不上了。然後，木華黎一邊勸鐵木真，一邊拉起合撒兒說，您別哭，我有一條妙計，剛才我已經跟大汗說了，我再跟您說一遍。我看見您回來了，我又想出了一條妙計，你們按照我的計策而行，咱們肯定能夠打敗王汗。

於是，木華黎就把合撒兒拖出帳去了，跟合撒兒嘀嘀咕咕。過了一會兒，兩人進了帳，合撒兒也破涕為笑了，跟鐵木真講，大哥您放心，剛才木華黎跟我前前後後都說了，就照木華黎說的辦。

現在只有鐵木真、合撒兒、木華黎三人知道要怎麼幹，別人都不知道這葫蘆裡賣的什麼藥。

過了幾天，有人來報，大汗，背叛您的叔叔答里台回來了。鐵木真特別高興，立即出帳迎接。答里台看見自己的侄子出來迎接自己這個叛逃之人，趕緊跪地上了，口稱死罪，我這是老糊塗了，受了札木合這個奸人的挑唆，背叛了自己的可汗，投到王汗那兒，我時常受良心的譴責。您派使臣去譴責我們三個的時候，我們就都良心發現了，想回來報效可汗。正好木華黎託人給我們帶信，讓我們做內應，所以我們就準備做內應，結果被王汗發現了，之後王汗追殺我們，我們沒有辦法，只好逃出來了，來投奔可汗。

這個時候，大家才明白，原來木華黎給鐵木真獻的計，是讓鐵木真帶信給這三位叛將，曉之以理，動之以情，給王汗他們來個內部爆破、中心開花。但是因為被王汗發現了，所以沒有成功。

鐵木真趕緊把答里台扶起來，叔叔何罪之有，人非聖賢，孰能無過？改了就好。然後鐵木真問，阿勒坦和忽察兒回來沒有？答里台說，他們實在沒臉見您，而且也怕回來後您不能收留他們，所以他們就跑到別的部落了。但他們手下的人跟著我回來了，不知道您能不能收容他們？

鐵木真說，我現在不怕人多，人越多越好，有什麼不能收容的？跟你來的人在哪兒？答里台說，都在帳外地上跪著。於是，鐵木真趕緊出去迎接，把這些人的頭領一個個扶起來，問王汗部落的情況怎麼樣。這些人一一向他彙報情況，講得非常清楚。

鐵木真一聽，知己知彼，沒問題了，那咱就起兵，去跟王汗決戰吧。

木華黎的妙計

走到半道上，鐵木真非常高興地發現前面來了幾個人。其中一個是合撒兒的那可兒（伴當），叫合里兀答兒。

合里兀答兒看到鐵木真之後，翻身下馬，向鐵木真報喜，我給您逮了一個俘虜。鐵木真下馬走到這個俘虜跟前，一看原來認識，是王汗的親隨，叫亦禿兒堅。

鐵木真覺得非常奇怪，就問合里兀答兒，亦禿兒堅常伴王汗左右，你們怎麼把他給逮住了？

合里兀答兒回答說，合撒兒首領命令我們到王汗那兒詐降，讓我們跟王汗這麼講：我親愛的義父王汗首領，我合撒兒之所以離開您，是因為思念我的兄長鐵木真，所以我就去找我的兄長鐵木真。但是我找了幾天幾夜，走遍了千山萬水，也找不到我的兄長，我披星而宿，枕土而眠，沒有吃的，沒有穿的。這個時候，我想既然找不到我的兄長，那麼我還是回來找我的父汗吧。我的妻子兒女都在您這兒，您要是能收留我，您可以派一個親隨，跟著我的人回來傳個話。

合里兀答兒這麼一說，王汗深信不疑，就派自己的親隨亦禿兒堅跟著合里兀答兒來見合撒兒。

實際上，合里兀答兒替合撒兒說的這番話，正是木華黎為了穩住王汗教他說的。如果王汗信以為真，那麼合撒兒就到王汗軍中做內應。等到鐵木真發動進攻的時候，合撒兒跟鐵木真哥倆裡應外合，王汗必敗無疑。

可是鐵木真已經率軍出發了，當合里兀答兒帶著亦禿兒堅返回的時候，半道遇上了鐵木真的軍隊。這下麻煩了，因為鐵木真的旗幟很明顯，祖傳的九足白旄大纛旗，一看就知道是鐵木真的帥旗。合里兀答兒遠遠一看，壞了，亦禿兒堅如果看見鐵木真的旗幟，那他肯定會跑回去給王汗報信，我們的計畫就完全失敗了。

這個時候，合里兀答兒靈機一動，跳下馬來跟亦禿兒堅說，我的馬蹄子裡進石子了，一拐一拐地沒法兒走了，你下馬幫我看看。亦禿兒堅過來看了一下，沒石子啊，挺乾淨的。合里兀答兒乘亦禿兒堅低頭沒注意的時候，就把亦禿兒堅給捆了。

鐵木真聽後哈哈大笑，合里兀答兒真聰明，沒給你的主人丟臉。

合里兀答兒告訴鐵木真說，王汗正等著合撒兒去投降呢，毫無防備，他們就在一個山上飲宴，所有人都喝多了。咱們如果在這個時候偷襲王汗，一定能夠大獲全勝。

鐵木真一聽，好主意，趕緊下令全軍上馬，趁王汗不備，打他個落花流水，這回一定要全殲克烈部，不要讓任何一個人逃出生天。

這個時候，木華黎對鐵木真講，敵人在山上，如果我們率眾偷襲，弄不好又打成了擊潰戰，像以前的篾兒乞部、塔塔兒部，我們打敗了他們許多回，老是死灰復燃。這次大汗您率軍正面進攻，我木華黎願意率軍迂迴包抄，咱們把這座山圍起來，讓王汗插翅難逃。

鐵木真一聽，此計甚好，那你快去執行迂迴任務，我帶隊強攻。

然後，蒙古大軍就向著克烈部的營帳進發了。

蒙古大軍從天而降

這個時候，克烈部的人已經全都喝高了，人人醉醺醺的，人沒有披甲，馬也沒有上鞍子，刀都不知道擱在哪兒了。

蒙古大軍從天而降，殺聲遍野，箭矢亂飛。克烈部的人在醉夢中，匆匆忙忙披衣上馬，怎麼可能是蒙古人的對手？當時鐵木真指揮的軍隊絕對比王汗的要少，只不過殺了王汗一個措手不及。雙方血戰了三天三夜，克烈部的人一看，再抵抗下去沒有任何意義，根本就不可能活著殺出去，只好放下武器投降。草原上強盛一時的克烈部，到此就淒然謝幕了。

鐵木真把俘虜查了個遍，就是不見王汗父子，只好把俘虜的高級將領全都叫進來一個個審問。你們說王汗藏到哪兒去了？不說的話，把你們全部處死。

一個叫合答黑的將領站起來說，你不用找了，從你們偷襲我們的時候，我們就趕緊保著可汗父子逃命。我們知道被你們打了個措手不及，所以抵抗其實是沒有意義的，我們之所以要抵抗，就是為了給可汗父子逃命留出充分的時間。三天過去了，估計可汗父子已經逃遠了，所以我們才放下武器投降。你沒有必要盤問別人了，帶頭抵抗你的就是我合答黑，要殺便殺，無須多問。合答黑說完，把脖子一伸。

鐵木真一看，兩步躥到合答黑跟前，就把綁繩給解開了，還對合答黑說，好漢子，忠於自己的主人，你才是我鐵木真要用的人才，你願意不願意歸順我？如果你歸順我，我絕對重用你。

鐵木真跟合答黑接著講，我跟王汗是父子關係，我非常敬重王汗，我沒有對不起他，不是我來侵略你們，是他負我太深，我興兵報仇是理所當然的。即便我逮到了王汗，你相信我會把他害死嗎？不可能的，我要好好地供養他。現在克烈部跟我們蒙古部已經合為一家了，如果你肯歸順，我肯定重用你。

合答黑一想，既然克烈部已經大勢已去，鐵木真又這樣仁義，那好吧，我願意歸降可汗，為蒙古部效力。

父子娶了姐妹倆

鐵木真能夠成就一方霸業，與他獨具慧眼的識人才能和各盡其才的用人之道密不可分。這次鐵木真被合答黑的忠勇所打動，不但沒有追究他掩護王汗父子逃走的罪責，還將其收入麾下，委以重任。對於其他克烈部的俘虜，鐵木真又會如何處置呢？

鐵木真對克烈部俘虜的態度，跟對以前的篾兒乞部和塔塔兒部俘虜的態度截然不同。篾兒乞部、塔塔兒部，跟鐵木真都有深仇大恨，所以鐵木真把好多投降的人都殺了。克烈部一直是鐵木真的盟友，所以鐵木真對歸降的克烈人基本上沒有殺害。

對於給自己報信的那兩個牧人巴歹和乞失里黑，鐵木真給予了很高的待遇，不但把王汗住的寶帳給了他們，而且還從克烈部裡撥出了一個部落做他們的奴隸，世代享用。巴歹和乞失里黑這兩個貧苦的牧民，一下子一步登天，變成了大貴族。

可見，鐵木真對於有恩於他的人，報恩真的是非常徹底，絕不過河拆橋，用人臉朝前，不用人臉朝後。王汗敗亡之後，王汗唯一還活著的弟弟札合敢不就來投奔鐵木真。這札合敢不原來受過王汗的虐待，曾經流亡到金朝跟蒙古草原的邊境。因此，札合敢不來投奔鐵木真，鐵木真自然就收留了他。

札合敢不心想，總得給可汗獻個見面禮，一看自己的兩個閨女還不錯，貌美如花，我乾脆把我這兩個女兒獻給可汗得了。

鐵木真一看這兩個閨女一大一小，大的叫亦巴合，自己收下了；小的叫莎兒合，實在太小了，自己收不太合適，一看這小姑娘跟自己的四兒子拖雷年齡相仿，就把她給了拖雷當媳婦兒。這姐妹倆一個嫁給爸、一個嫁給兒子，在中原人看來這簡直亂套了，但草原民族不講究這個。

嫁給拖雷的這位莎兒合，後來生下了蒙古王朝第四和第五位大汗——蒙哥和忽必烈。這哥倆都有一半克烈部的血統。

得人心者得天下，鐵木真能夠在殘酷的鬥爭中獲得成功，關鍵在於他善於籠絡人心。無論是厚賞有恩於自己的牧民，還是善待克烈部的俘虜，都使鐵木真英名遠播，實力大增，為統一蒙古高原奠定了堅實的基礎。

王汗的淒慘結局

再說克烈部的首領王汗和桑昆父子倆，只剩下百十個隨從跟著，狼狽地逃了出去。王汗一路上長吁短歎，一個勁地埋怨桑昆，都是你小子胡來，才落到了今天的局面。你說人家鐵木真對咱們這麼好，你心懷嫉妒，聽信讒言，非要除掉鐵木真。這下慘了吧，咱們落得國破家亡，根本就沒有地方可去了。

桑昆這個人愚蠢至極，也不孝至極，心裡根本就沒有自己的老父親。這個時候，他不反思自己的錯誤，他還怪父親多嘴，你不是覺得鐵木真好嗎？那你找他去呀。

說完之後，桑昆這個狼崽子竟然把自己的老父親一個人扔在了荒原上，自己帶人跑了。王汗沒辦法，一個孤老頭子騎著馬漫無目的地到了乃蠻部的邊境上。王汗口渴難忍，正好前面有一條河，就跑到河邊喝水。王汗喝水的時候，被乃蠻部的巡邏兵看見了。這幫巡邏兵就衝了過來，你是幹什麼的，肯定是奸細吧？

王汗趕緊說，別誤會，我是克烈部的首領王汗。這幫巡邏兵根本不相信，你說你是王汗，你有什麼憑據？王汗能像你這樣孤身一個人，衣衫襤褸，趴在河邊喝水嗎？這幫人認定他是個奸細，上去一刀就把王汗砍了。

可憐在草原上叱吒風雲的一代梟雄王汗，落得個這麼淒慘的下場。

王汗被殺的時候，桑昆也出去找水喝。這個時候跟著桑昆的人已經越來越少了，算上桑昆只有三個人。除了桑昆之外，還有他的馬夫闊客出和闊客出的媳婦。闊客出一看，桑昆都慘到這份上了，跟著他混個什麼勁呀，乾脆咱們去投奔鐵木真得了。

闊客出上馬就想走，他的媳婦還真是有情有義，當即指責闊客出說，要走你走，我不走。當初主人給咱們綾羅綢緞的時候，給咱們山珍海味的時候，你怎麼發誓要跟著他？現在主人落難了，你就要背叛主人，你這人也太差勁了。

闊客出一聽就急了，我走你不走，你跟桑昆孤男寡女的，你是不是要給桑昆當媳婦？闊客出的媳婦一聽更生氣了，你還懷疑我的人品，我能像你那樣寡廉鮮恥嗎？這樣吧，我跟你走可以，你把你腰裡的金碗拿出來，好歹讓桑昆能拿著舀水喝，然後咱們去投奔鐵木真。

闊客出就把金碗扔給了桑昆，帶著自己的老婆跑了。闊客出不了解鐵木真的為人，見到鐵木真之後，以為自己能受賞。結果鐵木真一聽就火了，你這樣的反覆小人，危難之際丟棄主人逃跑，你還算個人嗎？你連你媳婦的覺悟都沒有。

於是，鐵木真下令把闊客出殺了，然後厚賞了闊客出的媳婦。

桑昆一直在草原上流浪，後來逃到了西夏，又到了西藏，在當地搶劫，最終被當地人殺掉了。

這樣一來，草原六雄之一的克烈部也徹底灰飛煙滅了，剩餘的部眾都投到了鐵木真的麾下。鐵木真能夠完成蒙古草原的統一，在很大程度上是因為他繼承了王汗的遺產。

這個時候，塔塔兒部完了，篾兒乞部完了，克烈部也完了，汪古部為求自保選擇了臣服於鐵木真。那麼，鐵木真統一蒙古草原唯一的障礙，就剩最西邊的乃蠻部了。鐵木真是怎樣打敗乃蠻部的呢？

19. 決戰乃蠻：清除統一草原的最後障礙

在塔塔兒部、篾兒乞部、克烈部相繼被消滅後，草原六雄之一的汪古部為求自保，選擇臣服於鐵木真。曾經的草原六雄中，還沒有被蒙古部落征服的，只剩下西邊的乃蠻部了。乃蠻部不但與蒙古部距離很遠，而且非常強盛，要想征服乃蠻部必須率大軍長途跋涉。那麼，鐵木真將如何克服遠征中的重重困難？這一次，他能否打敗強敵，一舉稱霸草原呢？

寵妃原來是後媽

消滅克烈部之後，鐵木真統一蒙古高原的最後一戰，已經是箭在弦上不得不發了。

這次，鐵木真的對手，是比克烈部更加強大的乃蠻部。乃蠻部位於蒙古高原的西部地區，是草原上實力最強的一個部落，而且文明程度較高。強盛的乃蠻部分為兩部，這兩部的可汗是哥倆，一部由不亦魯黑汗統治，還有一部由太陽汗（也就是塔陽）統治。不亦魯黑汗曾經被王汗和鐵木真的聯軍攻擊過。所以這個時候，不亦魯黑汗這一部已經衰落了。當不亦魯黑汗遭到王汗和鐵木真的聯軍攻擊的時候，太陽汗一直袖手旁觀。現在鐵木真的馬刀馬上就要砍到太陽汗的頭上，但已經沒有人來幫助他了。

殺死王汗的就是太陽汗這一部的哨兵。哨兵殺死王汗之後，把王汗的腦袋砍下來送到了太陽汗那兒。人頭送來之後，有認得王汗的人就跟太陽汗講，這真是老王汗被殺了。太陽汗趕緊下令，給王汗的腦袋鑲上銀子，供幾杯馬奶酒，得祭祀祭祀。

太陽汗祭祀王汗的時候，也不是懷著十二萬分的誠心來祭祀的，有點兒戲謔的成分。太陽汗端著酒杯跟王汗講，沒想到叱吒風雲的王汗，你也有今天，我也沒什麼好東西給你，這有幾杯馬奶酒，老汗王你多飲幾杯，不必客氣。

據說太陽汗這話一說完，奇蹟發生了。王汗人頭的眼睛睜開了，嘴巴也在動，好像在咂摸酒的滋味。這下可把太陽汗給嚇壞了，他把酒杯扔在地上，轉身就跑。太陽汗剛一轉身跑，一陣香風襲來，從帳篷後面轉過來一個打扮得十分妖嬈的女子，攔住了太陽汗的去路，看你這膽小如鼠的樣子，什麼事把你嚇成這樣了？

太陽汗抬頭一看，這個女子不是別人，是他的繼母兼寵妃古兒別速。這怎麼說呢？古兒別速原來是太陽汗父親的妃子，當然歲數差得很遠了。太陽汗跟古兒別速，相當於唐高宗跟武則天這種關係。古兒別速這個女人很有心機，看到老汗王也沒幾天好活了，就勾搭老汗王的兒子太陽汗和不亦魯黑汗，她同時勾搭這兩個人，兩邊都押寶。老汗王死後，正是為了爭古兒別速，太陽汗和不亦魯黑汗哥倆鬧掰了，乃蠻汗國一分為二。古兒別速就跟了太陽汗，所以她是太陽汗的繼母兼寵妃。

太陽汗看到古兒別速，就指著王汗的人頭說，這人頭會動，嚇死我了。古兒別速一提裙子走上前去，一把就把那腦袋從供桌上給弄下來了，還踢了一腳，一個死人頭都把你嚇成這樣，你真是一個窩囊廢，你這樣能帶著咱們乃蠻汗國打敗蒙古人嗎？

古兒別速這麼一說，太陽汗驚魂稍定。太陽汗一想，是啊，我也是乃蠻汗國的大汗，我至於怕蒙古人嗎？你放心，我這就發兵，藉著給王汗報仇的名義，消滅蒙古人，把蒙古人都抓來做我們的奴隸。

太陽汗氣壯山河地吹了一番，古兒別速一聽就笑了，抓那麼多蒙古人幹什麼？沒有必要把他們都抓來，你把蒙古人打敗了之後，蒙古男人你該殺就殺了，你就把特別漂亮的小媳婦、大姑娘都抓來，洗乾淨她們的手腳，讓她們給咱們擠牛奶、擠羊奶，這就夠了。

兩口子越說越高興，一起哈哈大笑。

得不償失的出使

太陽汗開始傳令，派人去聯絡長城附近的汪古部，約好時間夾攻蒙古人。使者剛要出帳，一位鬚髮皆白的老將闖了進來。這位老將攔住了使者說，你別去，絕對不能去。

太陽汗一瞅，這人就是之前打敗王汗的乃蠻名將可克薛兀。

可克薛兀說，現在古兒別速掌握著國政，你是一個只會放鷹、懦弱無能的人，你現在是要把我們乃蠻汗國帶上絕路啊。

可克薛兀當面指責自己的可汗，可見太陽汗在部屬當中沒什麼權威。這要是在中原王朝，借他個膽子也不敢，拖出去就得砍了。

太陽汗命令使者，你趕緊走，甭理可克薛兀。使者到了汪古部，見了汪古部的首領，如此這般把太陽汗要幹什麼說了一番。汪古部的首領知道，太陽汗是一個懦弱無能的傢伙，我怎麼能把我們部落的興亡寄託在這小子身上呢？而且，汪古部的首領早已經打定主意要跟鐵木真結盟。

所以，汪古部的首領不但沒有答應太陽汗，還把太陽汗的使者捆了交給了鐵木真。鐵木真特別高興，趕緊派人出使汪古部，給汪古部的首領送了五百頭牛、一千隻羊。這樣吧，反正蒙古高原最後肯定得有一位共主，不是我就是太陽汗。既然你沒有選擇太陽汗，那你就選擇我，咱倆夾攻太陽汗，你看怎麼樣？

汪古部的首領拍著胸脯就同意了，沒問題，那我就跟你一塊兒夾攻太陽汗吧。

太陽汗這一遣使，等於給鐵木真報了個信，還給鐵木真增加了一個幫手。

把部落改造成國家

鐵木真就在自己的營地大會諸將，商議軍情。鐵木真問諸將，乃蠻部要進攻我們，揚言要把我們的箭筒奪走，諸位認為我們現在進攻乃蠻部，是不是時候？

諸將因為以前跟乃蠻部也交過手，明白乃蠻部實力很強，可克薛兀是當代名將，所以一個個面有難色，說現在正是馬匹瘦弱的時候，應該待到秋高馬肥之際再進攻。

鐵木真看諸將都反對，不太痛快。這個時候，鐵木真的幼弟帖木格拍著胸脯站起來說，你們說的什麼話？什麼叫馬匹瘦弱？我們的馬瘦，難道乃蠻部的馬就肥嗎？太陽汗有什麼了不起的，讓我們一塊把他抓來，讓我們的威名嚇破他們的膽，把我們蒙古的九足白旄大纛旗插到他們乃蠻部的宮殿上，讓我們大獲全勝吧。

帖木格話音未落，別勒古台接著說，在座的各位都是堂堂蒙古七尺男兒，我聽說乃蠻部有廣闊的牧場，有眾多的人口，所以他們才瞧不起咱們。如果咱們趁其不備突然出兵，打他們個措手不及的話，他們豪華的宮帳來不及帶走，廣闊的牧場不能遷走，人口不能轉移，金銀財寶也帶不走，這東西全是咱們的。我們為什麼不出兵？趕緊出兵打！

鐵木真的兩個弟弟這一番慷慨激昂的陳詞，把眾將的戰鬥熱情全部點燃了。尤其是別勒古台那番話，先是曉之以理，然後動之以利。眾將慷慨激昂地表示，現在就出兵，消滅乃蠻部。

鐵木真要的就是這種效果，好極了。既然眾將都表示願意打仗，鐵木真就開始祭祀軍旗，然後到不兒罕神山上，祈禱長生天保佑，這一仗順利擊敗乃蠻，統一蒙古高原。

這個時候，鐵木真就把自己的部落進行了重新編組，由原來的部落向國家的雛形發展。牧民出則為兵，入則為民，實行兵民合一的制度，按照十戶、百戶、千戶進行編組，每千戶設一名千戶長、百戶設百戶長、十戶設十戶長，大概相當於今天的團、連、排。

眼看部落有了正規的編制，鐵木真又設立了一個機構，叫扯兒必，相當於參謀部，找了六個足智多謀的人來做參謀。行軍打仗的時候，扯兒必管後勤的安排，還有軍隊的調動。

鐵木真還建立了一千人的護衛軍，相當於御林軍，時刻圍繞在他的左右。又設立八十宿衛、七十散班，這一百五十個人相當於他的貼身保鏢。打起仗來，鐵木真到哪兒，這一百五十人就跟到哪兒，那一千名護衛也會跟到哪兒。等於一千一百五十個人保衛他一個人，而且這一千一百五十個人是蒙古部中戰鬥力最強的士兵。

前面我們講過，鐵木真最慘的時候只剩十九個人，現在他光保鏢就一千一百五十個人了，可想而知，鐵木真這個時候已經不是當年的吳下阿蒙了，實力已經非常強大。

蒙古人祭完軍旗，下令出發，征討乃蠻。

劍拔弩張決雌雄

西元一二〇四年的夏初，鐵木真帶領大軍，一路上穿越了百花點綴的草原，走過了長有灌木的沙丘，最終行至乃蠻邊境。

蒙古大軍中打先鋒的，就是鐵木真麾下「四狗」當中的兩位——哲別和忽必來。這兩位先鋒的部下與乃蠻的邊境守衛部隊有一個小衝突，在衝突中，一匹蒙古人的戰馬被乃蠻人繳獲了。乃蠻人看到蒙古人的戰馬十分瘦弱，就特別輕視蒙古人，哈哈大笑，蒙古人的戰馬這麼瘦弱無力，根本就沒什麼可怕的。

鐵木真一看壞了，自己部隊的底細被乃蠻人知道了。這怎麼辦？這個時候，鐵木真的六個參謀官中的一位進言說，你命令咱們的部隊分散駐紮，別駐紮在一個地方，多點篝火，一個人點五堆篝火。乃蠻人一看，就會以為咱們人多勢眾，就會害怕。你看此計可行否？

鐵木真一拍大腿，好，沒白設立參謀官。於是，鐵木真下令將士分散駐紮，多點篝火。到了晚上，乃蠻的哨兵一瞅蒙古人的營帳，我的天哪，哪兒都是，火堆就跟天上的星星那麼多，我得趕緊去報告太陽汗。

太陽汗一聽也很緊張，趕緊派人給在前線領兵的兒子屈出律帶話，你千萬不要跟蒙古人直接衝突，你要引誘他們，步步後退，退到我們的老營，然後我們再反身接戰。

太陽汗說的這一招，從軍事上講，還真沒有錯誤。沒想到，太陽汗的兒子屈出律，聽完使臣說的話之後破口大罵，太陽汗你就像女人一樣膽小，你從來都沒離開過小牛吃草的草場，只有你才會說這種窩囊話，我才不聽你那套呢。

太陽汗的兒子就這麼罵自己的老爹。使臣回去就把屈出律的話帶給了太陽汗。太陽汗一聽就急了，別人罵我也就罷了，你小兔崽子居然也罵我。太陽汗生氣的時候，可克薛兀又在旁邊點火，對太陽汗說，你父親在世的時候，從來沒有讓敵人看見過他的後背，早知道你這麼窩囊沒本事，還不如讓古兒別速指揮軍隊呢。

太陽汗真是一個典型的窩囊廢，你看他媳婦可以罵他，大臣可以罵他，兒子也可以罵他。這次，被這麼多人罵過的太陽汗，血性被激發出來了，騰地一下從床上跳下來，我要跟蒙古人拼了，決一死戰！

於是，太陽汗點集人馬，來到今天蒙古國境內的納忽山崖，準備在這個地方，跟鐵木真的蒙古大軍決一死戰。

超級戰爭藝術大師

太陽汗在納忽山崖布好了陣之後，看見遠方的蒙古大軍越來越近，就問身邊非常熟悉蒙古情況的札木合，衝在最前面的這幾個人怎麼面目這麼猙獰，那麼凶惡，都是誰呀？

札木合在王汗敗亡之後，投奔了乃蠻部。札木合一看，回答說，您說的那幾位，是我的鐵木真安答用人肉餵大的四條惡狗：哲別、者勒篾、忽必來、速不台。他們在戰場上，聞見血腥味就興奮。他們的戰馬跟他們一樣，平時都不喝水，都是喝人血。

太陽汗一聽，嚇壞了，我的天哪，我這是跟一幫瘋子在作戰。那不行，我別正面對著他們，我躲一躲吧。於是，太陽汗命令士兵往山上撤，一撤，看見第一撥蒙古人後面還有一撥蒙古人，也窮凶極惡地衝了過來。

太陽汗又問札木合，後面這撥蒙古人，像惡狼一樣追趕我們的哨兵的，那是什麼人？札木合一看，這是我的安答鐵木真的麾下最能打的兩個部落——兀魯兀惕部和忙忽惕部。這兩撥人的唯一愛好就是殺人，他們就是把征戰作為樂事，天生就愛打仗，就愛殺人。

太陽汗一聽更害怕了。我的天，前面來一幫愛吃人的，後面來一幫愛殺人的，這還有完嗎？這蒙古人簡直不是人。我們是斯文禮樂之邦，怎麼跟這幫野蠻人作戰？我們還是再躲一躲吧，於是就把部隊又往山上靠了靠。

過了一會兒，鐵木真的九足白旄大纛旗出現了。鐵木真在大纛旗下，指揮將士衝鋒。這次衝鋒的時候，鐵木真給自己的部隊規定了嚴格的戰術。鐵木真說，我們衝鋒的時候，要像山桃樹的樹叢一樣散開，但是要互相支持，要像波浪一樣連綿不絕，一旦找到了突破口，大家馬上就要像錐子一樣扎進去。

鐵木真不識字，不可能讀過兵書，但是他在常年的狩獵和征戰過程中，無師自通，自學成才，成為超級戰爭藝術大師。他講的這句話，是騎兵作戰的精髓所在。騎兵打仗就得這麼打，小群多路出擊，反覆試探，這衝一下不行，那衝一下試試。各隊之間要互相支援，要跟大海的波浪一樣，一浪浪地衝擊敵人。騎兵的機動性好，一旦一個地方打開突破口，其他騎兵馬上就要往這一個地方會合，順著這個突破口衝入敵陣，則敵軍必敗無疑。

太陽汗看見了鐵木真，就趕緊問札木合，你看那個白旄大纛旗底下的人是誰？札木合一看，那就是我的安答鐵木真，這個人是銅皮鐵骨，火燒雷擊全都不怕，刀砍斧劈都傷害不了他，他簡直就是一個神人。

太陽汗一聽，這個人打不死，我打他幹什麼啊？太陽汗就對札木合說，那這樣的話，我還得躲一躲。札木合非常看不起太陽汗，在他心裡，只有英雄能打敗我的安答鐵木真，而太陽汗是個大狗熊，於是他就離開了太陽汗。而且在他離開之前，他又派人給鐵木真帶信說，安答你別害怕，太陽汗已經被我嚇倒了，他是一個大窩囊廢，你放心進攻吧。

乃蠻汗國灰飛煙滅

原本實力強大、難以戰勝的乃蠻大軍，在愚蠢的太陽汗的指揮下，一步步退上了山頂。地形的不利，極大地削弱了乃蠻軍隊的戰鬥力。再加上鐵木真高超的戰術，乃蠻軍隊很快就被蒙古大軍包圍在納忽山崖上了。

鐵木真下令正面進攻。鐵木真親自打先鋒，二弟合撒兒居中，幼弟帖木格在後，然後派「四狗」迂迴包抄，圍住納忽山崖。納忽山崖一面是絕壁，一面是緩坡，現在乃蠻人全逃到緩坡上去了。蒙古大軍發動猛烈進攻，蒙古勇士吶喊著揮舞著彎刀，高舉著被陽光照得雪亮的馬刀和長矛，向著山坡發起猛烈的衝鋒。

因為草原上的山也不是很高，都是那種緩坡，所以蒙古騎兵就往上衝。乃蠻人進行了頑強抵抗，無奈地形對自己十分不利，沒有退路。蒙古人驍勇異常，人人懷著必勝的決心殺上來。乃蠻人沒有退路，要想活命，就得跟蒙古人死拼。拼死殺出去的乃蠻人是極少數，大多數不願意做俘虜的乃蠻人只能跳崖自盡。

太陽汗身負重傷，倒在地上奄奄一息。曾經斥責他的名將可克薛兀看到這樣的戰局之後，長歎一聲，對周圍的人說，咱們的乃蠻汗國馬上就要滅亡了，咱們的可汗已經倒地不起了。在他死之前，我們要先死，讓他看看我們乃蠻汗國的男兒，是怎麼為乃蠻汗國盡忠的。

於是，老將軍翻身上馬，領著剩下的殘兵敗將，對蒙古人發動了敢死衝鋒。蒙古人已經知道自己必勝無疑，沒有必要在即將勝利的時候再去拼命了。所以蒙古人退出一箭之地，萬箭齊發，就把可克薛兀和衝下來的乃蠻騎士都射成了刺蝟。此時，太陽汗由於傷勢過重，也在山崖上死去了。

鐵木真看到可克薛兀這些乃蠻勇士的遺體，激動得熱淚盈眶，他說，金子，這些人都像金子一樣閃閃發光。為了保衛自己的主君，他們明知不可為而為之，最後從容殉節。我希望我的部下也都能這麼做。

其實這一仗，如果不是太陽汗被嚇破了膽，跟蒙古人在平原決戰，即便是失敗，也不至於滅亡，大不了就跟篾兒乞人、塔塔兒人一樣，失敗了之後逃到別的地方，還能東山再起。但是由於太陽汗排兵布陣的失誤，只用了一天一夜，盛極一時的乃蠻汗國就灰飛煙滅了。

鐵木真統一蒙古高原的最後障礙，終於被清除了。在消滅乃蠻部的過程中，鐵木真抓了一位重要的俘虜。這個俘虜將會把蒙古民族由野蠻帶向文明。那麼，這個人是誰呢？

20. 創建帝國：大蒙古國橫空出世

鐵木真率領蒙古大軍消滅了乃蠻汗國之後，並沒有因為勝利的喜悅而停下征戰的腳步，而是一鼓作氣，接連消滅了蒙古草原上其他殘餘的敵對勢力，從而迅速成為整個草原上的共主。在征討乃蠻汗國的過程中，鐵木真又得到了什麼意想不到的收穫？他的結拜兄弟札木合的下場又將如何？人類歷史上疆域最大的大蒙古國，又是怎樣建立起來的呢？

創制蒙古文字

在打掃戰場的時候，鐵木真的弟弟合撒兒抓住了一個乃蠻的官員，而且發現這個官員隨身帶著一個印。

蒙古人沒見過這東西，所以合撒兒覺得很奇怪，說你身上揣著這個玩意兒幹什麼使啊？這個人回答說，我是畏兀兒人，名叫塔塔統阿，我是負責管錢糧的，這顆印是我的職守，我必須帶著它，把它交還給我的主人。

合撒兒一聽，有了興趣，這玩意兒就是一個金屬疙瘩，有什麼重要的？你的國家都已經沒有了，你還非得抱著這個，還要交還給你的主人，這東西有什麼用啊？

塔塔統阿說，在我們乃蠻汗國，錢糧的出入、軍令的傳達，都必須蓋上這個印，才有效。合撒兒一聽，好，這東西實在好。因為蒙古人沒有文字，所有的命令都是靠口頭傳達。比如鐵木真告訴了合撒兒，合撒兒再告訴別勒古台，有可能就走樣了。別勒古台再往下傳，等傳到真正要執行命令的那個人的耳朵裡時，這命令就不一定傳成什麼樣了。所以，合撒兒覺得有這麼個印，然後幹什麼憑這個印，這就算有個憑據，這個不錯。

於是，合撒兒就把塔塔統阿帶去見鐵木真。鐵木真是雄才大略、胸懷寬廣的一個人，一聽合撒兒介紹的情況，馬上就問塔塔統阿，既然你識文斷字，你能不能幫助我們蒙古人創造出文字來？以後我們蒙古人有什麼命令、法律啊，也能用文字記錄下來，然後蓋上印。

這樣一來，塔塔統阿就根據鐵木真的命令，藉助畏兀兒文的字母，創制了蒙古文字，並一直沿用到了今天。

蒙古文字的創制，為日後鐵木真統治蒙古帝國奠定了文化基礎。可以說，塔塔統阿的被俘，是鐵木真征討乃蠻汗國的過程中一個巨大的收穫。

英雄抱得美人歸

太陽汗的繼母兼寵妃古兒別速也被俘了。古兒別速被俘之後，因為將士們都知道可汗喜歡美女，古兒別速雖然徐娘半老，但風韻猶存啊，伺候過兩位乃蠻可汗，那可不是一般人，所以就把古兒別速獻給了鐵木真。

一開始，古兒別速好像很有氣節的樣子，一見鐵木真，眉毛就立了起來，眼睛也瞪圓了，對鐵木真說，你這個滅亡了我們國家的可惡的野蠻人，我跟你不共戴天。我今天既然被俘，沒有什麼話說了，我一頭撞死吧。說完，一腦袋就奔鐵木真的桌子角撞過來了。

但是鐵木真的反應很快，在古兒別速一腦袋奔那桌子角撞來的時候，鐵木真一把就把她給抓住了，沒撞成。鐵木真一抓這個古兒別速，就應了那句話：軟玉溫香抱滿懷。鐵木真覺得古兒別速的氣息很好聞，不知道是用的香水還是什麼，反正很好聞。

這下，鐵木真就動心了，把古兒別速的臉捧起來一看，豔如桃花、燦若朝陽，大眼睛忽閃忽閃的。鐵木真哈哈大笑，得了，你也甭在那兒裝蒜了，你要真是有氣節的人，你早死了。你不是嫌我們蒙古人身上味兒不好聞嗎？好，我就讓你做我的小老婆，天天陪著我，天天聞這味兒。

古兒別速一聽，眼淚就下來了，我在乃蠻汗國是皇后，誰給你做小老婆？鐵木真一聽，有戲，說明不願意做小老婆，願意做大的。鐵木真哈哈大笑，乃蠻汗國已經沒了，整個草原都是我的了。你不就想做個皇后嗎？我讓你做皇后，這有何難。

古兒別速一聽這個，就不再說話了，低頭玩弄自己的衣角。鐵木真一笑，帶出去，然後籌備婚禮。

鐵木真這一生，入洞房的次數可能比上戰場的次數還多。史籍記載，鐵木真有妻妾四十四人。如果按照國外有的史書記載，那就沒譜了，說是有五百人，那可能太過分了。四十四這個數字，應該說是比較可信的。

當天晚上，鐵木真就跟古兒別速成婚了。古兒別速自然也知道，乃蠻汗國已經灰飛煙滅了，自己做了兩代乃蠻可汗的寵妃，現在到了蒙古大汗這兒還是寵妃，自己的地位不但沒變，而且水漲船高了。原來的乃蠻汗國只是草原六雄之一，現在蒙古部都統一草原了。

因此，古兒別速也就死心塌地，拿出渾身的本領來奉迎鐵木真，鐵木真對她也特別寵愛。

忽蘭皇后

乃蠻被滅之後，草原上能夠跟鐵木真作對的勢力就是一些殘部了。比如篾兒乞部落，不是被王汗消滅了嗎？但是首領脫黑脫阿逃走了，所以還剩一些殘部在西邊。

於是，鐵木真就興兵來討伐篾兒乞的殘部。篾兒乞部原先都不是鐵木真的對手，何況現在只剩下殘兵敗將呢？鐵木真的大軍上來，幾個回合就把篾兒乞殘部打得落花流水。這個脫黑脫阿再次施展了腳底抹油的高超功夫，在鐵木真面前又一次成功地跑了。

篾兒乞部共有三部，其中有一部的首領答亦兒兀孫，看到篾兒乞人大勢已去，決定投奔鐵木真。答亦兒兀孫琢磨，自己去投奔鐵木真，得有見面禮啊？沒有見面禮，人家也不拿你當回事啊。但現在部落也沒了，部眾離散，拿什麼去當見面禮呢？答亦兒兀孫想到了自己的閨女——草原上數一數二、傾國傾城的大美人忽蘭。

於是，答亦兒兀孫就帶著忽蘭去見鐵木真。父女倆剛一上路，就遇到了鐵木真的伴當納牙阿。納牙阿攔住了答亦兒兀孫和忽蘭，你們父女倆這是上哪兒去啊？答亦兒兀孫就說，我們要去見鐵木真，準備把我的閨女獻給大汗，做大汗的妻妾。

納牙阿就說，現在兵荒馬亂的，你們父女倆上路，萬一來了土匪強盜，免不了要死於非命，忽蘭小姐弄不好也容易被人玷污，你怎麼獻給大汗啊？乾脆這樣得了，你們跟我一起走，我保護你們父女倆去見大汗。

答亦兒兀孫父女倆當然非常高興了，等於找了一個保鏢。當時納牙阿可能有什麼事要處理，所以停留了三天三夜。三天三夜之後，一行人起程回去，見到了鐵木真。然後，納牙阿把忽蘭獻給鐵木真，把前因後果也跟鐵木真說了。

鐵木真一聽就急了，獻給我的美人，在你那兒住了三天三夜，你小子八成近水樓臺先得月了吧？鐵木真就要責問納牙阿。忽蘭非常聰明乖巧，一看鐵木真懷疑她跟納牙阿，立馬就跪地上了，跟鐵木真講，您與其責問納牙阿，不如檢驗一下我這長生天所賜、父母所生的清白之體。我父親要把我獻給您，納牙阿是出於一片好心，怕我們父女在路上遭遇不測，所以才把我留在營帳當中。您既然懷疑納牙阿，那您不如檢驗一下我，這個誤會就清楚了。

忽蘭剛說完，納牙阿也趕緊跪在地上跟鐵木真講，我至高無上的大汗啊，我是您最忠誠的伴當。我對您絕對沒有任何二心，凡是從敵國掠來的美貌女子，凡是草原上奔馳而過的駿馬，我能逮著的，我一定都毫不猶豫地獻給大汗您。如果我對您有任何二心，我就不得好死。

鐵木真一聽倆人都這麼說，就派人檢驗忽蘭，果然還是處子之身。鐵木真特別高興，所以這兩個人從此之後都非常受寵。

忽蘭在鐵木真妻妾中的地位僅次於孛兒帖。孛兒帖是第一斡魯朵的皇后，忽蘭是第二斡魯朵的皇后，可見忽蘭受寵之深。

鐵木真建國的時候封了四個萬戶，納牙阿就是其中之一。因為鐵木真念其忠義，所以如此厚待他。

把札木合打包送給鐵木真

答亦兒兀孫獻完女兒之後，心裡很不痛快，因為他畢竟是被迫將女兒獻給鐵木真的，所以他時刻琢磨著要造反。

答亦兒兀孫跟鐵木真講，我們部落遭到了很大損失，既沒有騎乘的馬匹，也沒有馱東西的馬匹，實在是沒法跟隨您出戰。因此，我們能不能留在後方？

現在答亦兒兀孫成了鐵木真的老丈人，所以鐵木真沒有懷疑他，讓他的一百多戶人還都跟著他，還給了他們牲畜，出征的時候讓他們留在後方基地。

鐵木真的大軍剛一走，答亦兒兀孫就發動了叛亂，把後方的食物、武器之類的物資全搶了。畢竟答亦兒兀孫這幫人戰鬥力不是很強，雖然鐵木真後方基地留守的士兵不多，但是經過拼死力戰，還是把答亦兒兀孫的人打敗了，把答亦兒兀孫搶走的物資奪了回來，然後飛馬報給了鐵木真。

鐵木真一聽老丈人在搞叛亂，趕緊派博爾忽和沉白（就是赤老溫的哥哥）領兵來討伐。鐵木真的正規軍一到，叛亂很快就平定了。叛亂平定之後，鐵木真對答亦兒兀孫說，本來我想保全你們的部落，結果你們不知好歹，我一走你們就叛亂。既然這樣，那就別怪我不客氣了。

鐵木真看在忽蘭皇后的份上，沒有把答亦兒兀孫的部眾斬盡殺絕，而是把他們拆散了，一戶戶地分給蒙古人做奴隸。篾兒乞部算是徹底消亡了。

這樣一來，鐵木真的敵手只剩下曾經的安答札木合了。在鐵木真的一生中，有很大一部分時間，是在跟他的安答札木合相互爭鬥。現在勝負已分，鐵木真成了草原的共主，札木合只能四處流浪。

鐵木真派人到處尋找札木合。太陽汗敗亡之後，札木合流亡到了阿爾泰山一帶，幹什麼呢？打家劫舍為生。到最後，札木合身邊只剩下五個人，別人都逃散了。札木合大概是當大汗當久了，到這個時候還端著大汗的架子。這五個人不離不棄、忠心耿耿，多不容易啊，按說札木合應該厚賞人家才對，結果札木合還對這五個人吆五喝六、頤指氣使。這五個人就很不滿意，咱都到攔路搶劫、摘野果、喝泉水的份上了，您還擺著大汗的架子給誰看啊？

有一次，這幫人打了一隻羊，把羊宰了之後，拿火烤著吃。札木合在吃羊肉的時候，一邊吃，一邊看著那五個人說，你們是誰家的孩子啊？那意思就是，你們什麼出身啊。你們今天能吃上這樣的羊肉，你們還不滿足啊？你們配吃肉嗎？要不是跟著我，你們能吃得上肉嗎？

這五個人一聽，肺都氣炸了，平時你對我們吆五喝六、呼來喝去的，我們也就忍了，今天你又出言這麼損我們，我們跟著你都落到強盜的份上了。這五個人互相使眼色，一合計，趁札木合低頭吃肉的時候，一擁而上就把札木合摁在地上，捆起來打包送給了鐵木真。

這五個人也真夠冤的，他們沒想到犯了鐵木真的忌諱，鐵木真最恨背主求榮的人。札木合最擅長的就是挑撥離間，見了鐵木真之後，他又鼓動起如簧巧舌，陰陽怪氣地跟鐵木真說，你看，我是被這五個人給綁來的。我親愛的鐵木真安答，臣僕冒犯了自己的主人，你覺得應該怎麼處理他們？

鐵木真說，這五個人能夠背叛自己的主人，想必他們也不會忠心於我。於是下令，當著札木合的面把這五個人斬首。這五個人運氣背到家了，跟了這麼個主人，最後落了個身首異處的下場。

再見，札木合安答

殺了這五個人之後，鐵木真很為難，怎麼處理札木合？

鐵木真是非常重情義的一個人，他統一蒙古高原最重要的兩場大戰，都是幸虧札木合給他報信才取得了勝利。所以鐵木真念著札木合的好，派人給札木合講，既然今天我們又相會了，那我們還是做安答吧。咱倆雖然分開了，但是我心裡一直念著你的好。如果誰忘了，對方就去提醒他；如果誰睡著了，對方就去叫醒他。雖然我們分開過、敵對過，但是我知道，你仍然惦記著我，你從來沒有對我斬盡殺絕。我艱難的與王汗的大戰中，是你把王汗的實力告訴了我，所以我才能打敗王汗。在納忽山崖跟乃蠻決戰的時候，也是你嚇住了太陽汗，所以才讓他做出了愚蠢的排兵布陣的決定，我才能在一天之內取得決定性勝利。你的這些好，我都記著。親愛的札木合安答，咱們還是繼續做安答吧。

鐵木真的來使，聲情並茂地把這些話講給了札木合聽。札木合聽完之後，很欣慰，也很心酸。札木合的欣慰很好理解，你看我做的這些事，鐵木真安答一直記著，他是一個頂天立地的大丈夫，他現在已經是草原之主了，我幹的事他還沒忘，說明鐵木真安答有情有義、知恩圖報。札木合的心酸在哪兒呢？我札木合也是頂天立地的大英雄，現在鐵木真是草原之主了，而我卻是階下囚，我如果答應跟他和好，繼續做安答，那我就得仰人鼻息、看人臉色，這種苟且偷生的日子，我是不願意過的。

最後，札木合跟鐵木真派來的使者說，把我的話帶給鐵木真安答。小時候，我們一塊吃難以下嚥的食物，一塊說小孩子之間的祕密，還經常蓋著一床被子睡覺，那個時候多好啊！後來因為有了外人的挑唆，中了外人的奸計，我輕信了讒言，所以我們分開了。我們一分開，就像是我抓破了自己的臉皮，所以我羞於跟鐵木真安答相見。現在，鐵木真安答收服了百姓，征服了萬邦，已經成了至高無上的可汗，成了這蒼茫草原的共主，你留著我還有什麼用呢？如果你要留著我，我可能會成為你夜裡的噩夢，攪得你白天都不得安寧，我可能會成為你身上的蝨子，成為你衣服裡的針刺，所以你還是別留著我了。在我的一生中，我看到了從太陽升起的地方到太陽落下的地方，大家都在傳唱鐵木真安答你的名聲，你的名聲顯揚萬國。你有偉大的母親，有那樣好的弟弟，有眾多的忠臣良將，有數不清的寶馬良駒，我札木合什麼都沒有，所以我才有今天的下場，我希望能盡早地死去。如果鐵木真安答你還念著我的好，那麼請你賜我不流血地死去吧。我死了之後，我的靈魂將保佑你和你的子子孫孫。

在這番話裡，札木合既表達了對鐵木真的感激，也表達了自己必死的決心。

使者就把札木合說的這些話告訴了鐵木真。鐵木真聽完之後，非常心酸。札木合其實也沒有太多對不起我的地方，他是貴族出身，有學問，有才幹，如果他真的能夠為我所用，那該多好啊！但是鐵木真也知道，以札木合的性格，既然我成了草原之主，他絕對是不肯屈居於人下的。既然這樣，那就成全札木合安答，讓他不流血地死去吧。

札木合之死

札木合這一死，草原上已經沒有任何人能夠與鐵木真較量了。鐵木真就真正成了草原的共主。這個時候，整個草原已經統一到了鐵木真的旗幟下，昔日草原六雄中的塔塔兒部、篾兒乞部、克烈部、乃蠻部，已經全部滅亡，汪古部選擇了歸降。

所以，建立一個統一的蒙古帝國，提上了鐵木真的議事日程。

建立大蒙古國

處死札木合之後，鐵木真率大軍東返，回到了位於斡難河畔的蒙古老營。鐵木真的母親和妻子趕緊率領留守老營的部眾出來迎接。孛兒帖一看，好傢伙，鐵木真又帶回來倆媳婦，但是孛兒帖絕對不會吃醋，老公帶回來的媳婦越多，證明魅力越大。

大家歡聚一堂，整天飲宴不斷。慶祝了幾天之後，鐵木真召集各部首領。各部首領走進鐵木真的大帳，一看這個大帳跟以前也不一樣了，金碧輝煌，非常氣派。進去一看，帳篷裡邊的侍衛，穿著牛皮製成的皮甲，外罩鐵甲，挎著寶刀，帶著弓箭，殺氣騰騰地站成兩排。鐵木真威風凜凜地坐在寶座之上。

大家進帳之後，自然而然地就被鐵木真的威嚴氣勢震懾住了，趕緊向鐵木真行禮。鐵木真非常謙遜地站起來還禮，還像以前那樣親切，平易近人。

這個時候，有人提議說，現在群雄已滅，我們共同推戴鐵木真做整個草原的大汗。

鐵木真還在沉吟的時候，鐵木真的弟弟合撒兒就嚷嚷起來了，沒錯，我哥哥早就應該做整個草

建立蒙古帝國

原之主了，中原有個皇帝，我哥哥也應該做草原的皇帝。

合撒兒剛一說完，大傢伙就跟著一塊起鬨，高喊皇帝萬歲。

鐵木真一看，我要是不做整個草原的大汗，那就冷了大家的心了，那好吧，既然大家都推戴我，我也就別不識抬舉了。於是，在蒙古民族的發源之地——斡難河畔，鐵木真召開大會，所有的蒙古貴族都來開會。在會上，大家一致推舉鐵木真做整個草原的大汗，也就是草原上的皇帝，蒙古人的皇帝。

大家就想，草原上的皇帝也總得有個名號吧，叫什麼好呢？比如說太陽汗，已經有過這個名字了；王汗，也有過了；應該叫什麼好呢？這個時候，蒙力克老人的兒子闊闊出撥開眾人，站了出來說，長生天托夢給我，鐵木真的名號，就叫成吉思汗。

這個闊闊出是什麼人呢？他是蒙古人信奉的薩滿教的最大的巫師，他還有個名號，叫帖卜騰格里，翻譯成漢語就是通天巫，意思是他能溝通長生天，他是長生天在人間的代表。

如果說鐵木真是蒙古民族的政治領袖，那麼這個通天巫闊闊出就是蒙古民族最高的宗教領袖。大家一看通天巫都這麼說了，那誰還敢說這個名號不好？於是，大家就一起振臂高呼：成吉思汗，成吉思汗，成吉思汗！

鐵木真的這個成吉思汗的名號，算是定下來了。

成吉思汗，這個詞到底是什麼意思？幾個世紀以來，不同史籍的記載都不一樣，有的說是擁有四海的汗，還有的說是宇宙皇帝。比較靠譜的看法是擁有四海的汗。

鐵木真做了成吉思汗之後，他的政權叫什麼名字呢？用蒙古語講，叫也客•蒙古•兀魯斯，翻譯成漢語就是大蒙古國。

從這一刻開始，蒙古由原來一個部族的名稱，變成了整個草原所有民族的名稱。整個草原上，所有的民族，不論是篾兒乞人、塔塔兒人，還是乃蠻人、汪古人，現在都叫蒙古人，都是大蒙古國的一份子了。

大蒙古國誕生，成吉思汗橫空出世，是在西元一二〇六年。

第五講

縱橫天下無敵手

21. 建國之初：成吉思汗大封功臣

經歷了少年的苦難、親人的背叛以及多年的南征北戰後，鐵木真終於成為整個蒙古高原的共主，並且建立了日後令世界戰慄的帝國——大蒙古國。面對顯赫的帝國和耀眼的榮光，鐵木真並沒有就此滿足。那麼，被譽為一代天驕的成吉思汗，究竟還有著怎樣的雄心？為了實現新的目標，他又建立了哪些政治、軍事制度？而那些曾經為他出生入死的將領，又得到了怎樣的封賞呢？

兵民合一的制度

成吉思汗建立大蒙古國之後，為這個新生的國家，開創了一系列影響深遠的制度。

成吉思汗給國家確立的最基本的組織結構，就是在他出征乃蠻時制定的千戶制。成吉思汗把蒙古民眾分為九十五個千戶，為這九十五個千戶任命了八十八個千戶長。其中汪古部因為識大體，不但沒有跟乃蠻一起夾擊鐵木真，還跟鐵木真一塊兒出兵討伐乃蠻，所以汪古部全部落都被保留了下來，分為五個千戶，由汪古部的首領直接領導。汪古部的首領可以任命這五個千戶的千戶長，但是必須要經過成吉思汗的同意。等於汪古部有一定的自治權。

另外，弘吉剌部分為三個千戶，由德薛禪的兒子（也就是孛兒帖的兄弟、成吉思汗的舅子）領導這三個千戶。

還有，成吉思汗的妹夫領導本部落的兩個千戶。為什麼九十五個千戶，只有八十八個千戶長？就是因為有一個管了五個千戶，還有一個管了三個千戶，還有一個管了兩個千戶，等於仨人管了十個千戶，所以少了七個千戶長。

剩下的每個千戶設千戶長一人。千戶下邊是百戶，百戶下邊是十戶。甭管是千戶長、百戶長還是十戶長，在大蒙古國都是上層統治階級。尤其是千戶長，那絕對是貴族了。好多千戶長原來都是牧民或者奴隸，因為跟隨成吉思汗建國有功，一躍變成了貴族。

成吉思汗規定，你是哪個千戶的牧民，就只能在你們那個千戶的游牧範圍內游牧，不得離開；如果你離開了，你本人要受懲罰，接收你的人也要受懲罰。牧民平時要生產，比如放牧、剪羊毛、擠馬奶，戰時百戶長或者千戶長一聲令下，就要自備糧草、軍裝、武器，隨軍出征。

這是典型的兵民合一的制度。這個千戶，既是軍事單位，又是行政單位。千戶長平時指導生產、徵收稅賦，打仗的時候就要率軍作戰，相當於縣長跟團長合一了。

千戶制的建立，是成吉思汗在軍政制度方面的一項重大改革。正是這個制度，讓成吉思汗將大蒙古國的權力牢牢地掌握在了自己手中。同時，兵民合一的組織結構，也為成吉思汗日後繼續擴大蒙古帝國的勢力，提供了軍事上的保障。

建立護衛親軍

第二個重大的制度，就是成吉思汗建立了自己的護衛親軍。

前面講過，成吉思汗出征乃蠻之前，曾經建立過護衛軍，一千名侍衛，此外還有八十宿衛、七十散班，一共一千一百五十人。現在成吉思汗要擴充護衛軍，擴充到多少呢？擴充到一萬人，這是一支強大的中央軍。

成吉思汗實際上搞的是分封制，就像中原王朝先秦時期一樣，齊楚秦燕趙魏韓，搞分封。搞分封會出現什麼結果呢？萬一有朝一日，某一個被你分封出去的千戶強大起來了，你活著的時候還好說，到你兒子的時候，他不聽招呼了怎麼辦？所以必須有一支強大的中央軍，才能震得住。成吉思汗建立這支護衛親軍就是這麼個目的。這支護衛親軍用蒙古語講，叫怯薛。這一萬名怯薛，就是蒙古帝國最強大的中央軍團。

成吉思汗特聰明，不是說隨便一個人就能給大汗當怯薛，門兒也沒有。怯薛由什麼人來擔任呢？千戶長、百戶長、十戶長的孩子。每一個千戶長，要派一個兒子和十個隨從來；每一個百戶長，要派一個兒子和三個隨從；每一個十戶長，要派一個兒子和一個隨從。也就是說，只有各級官員的孩子才能擔任怯薛，這些人在成吉思汗身邊，相當於人質。

那這些人能死心塌地地當怯薛嗎？能，為什麼呢？這些人有特權。

第一個特權，不受軍官責罰。成吉思汗明確規定，我的侍衛親軍，只有我可以懲罰他們。即便是怯薛長，也沒有權力懲罰怯薛。這一萬怯薛，共有四個怯薛長，也就是成吉思汗的開國四傑：博爾朮、博爾忽、赤老溫和木華黎。

第二個特權，級別很高。成吉思汗說了，我的怯薛的地位高於千戶長，他們的隨從高於百戶長。如果怯薛出外跟千戶長打起來了，那麼懲罰千戶長，不懲罰怯薛。

第三個特權，大小事情都由他們來管。蒙古帝國的皇宮裡很少有太監，都是怯薛在管事，從宮禁守衛到行軍打仗，都要由怯薛全程參與。

第四個特權，不輕易出戰。按說成吉思汗的護衛軍，都是武藝高強的貴族子弟，從小就受過良好的軍事訓練，打起仗來應該先上，但實際上不是這樣，成吉思汗說怯薛的職責是保衛我黃金一般的身體，他們整天為我站崗、放哨，為我安排出行的車輛，安排我居住的宮帳，已經很辛苦了。所以，不到萬不得已的時候，他們不上戰場。除非我本人出陣，他們才上戰場。你想想，這等於沒有生命危險，跟著大汗威風凜凜、吆五喝六的，多來勁啊！

所以，成吉思汗這一萬護衛親軍，對他自然是忠心耿耿。

最高法院院長

成吉思汗在古往今來的帝王當中，胸懷是比較開闊的，對手下的功臣特別好。同樣是開國皇帝，劉邦封王的時候，只封他的家人，對別的功臣賞賜也很少，朱元璋也一樣。但是成吉思汗封賞的功臣，大部分都不是他們家的人，跟他不沾親、不帶故，但都是跟著他出生入死的功臣。

成吉思汗賞賜功臣的時候，先是傳令把功臣們一個個請進帳來。成吉思汗派誰去傳令呢？自己的乾弟弟失吉忽禿忽，就是當年他的母親撿來的仇人部落的孩子。

這下失吉忽禿忽不高興了，跟成吉思汗講，賞賜有功之臣，怎麼沒有我啊？難道我立的功比他們少嗎？難道跟著你打仗出生入死，我花的力氣比他們小嗎？從我還在襁褓中的時候，我就到你們家來了，直到現在臉上長出鬍鬚，要論忠誠，誰能比我更忠誠於你呢？

成吉思汗就跟失吉忽禿忽講，我怎麼能不賞你呢？你跟我其他的弟弟一樣，擁有分配我的家產的權利。將來我分家產的時候，分給別人多少，也會分給你多少，我拿你當親弟弟看。另外，我賜給你一項特權，你九罪不罰，就是你犯了九次罪，我都可以不懲罰你。

失吉忽禿忽一聽，什麼叫九罪不罰？你拿我當罪犯了，我根本不會犯罪，你給我點兒實惠的東西。

鐵木真說，這樣吧，你就是我的耳目，家裡的事、家外的事都由你來管，你的話就是法律，任何人不得更改。我現在委任你做大蒙古國的最高斷事官，全國的事情由你一人決定。咱倆商量下來的事，讓人記錄下來，這就成為法律，永遠不得更改。你看怎麼樣？

失吉忽禿忽做了大蒙古國的最高法院院長，這才心滿意足，出去給功臣們傳令。

封賞五大功臣

失吉忽禿忽把功臣們一股腦全都叫了進來，站了滿滿一帳篷。

於是，成吉思汗開始賞賜這些功臣。首先是蒙力克，這是當年成吉思汗的父親臨終時候的托孤老臣。鐵木真充滿深情地跟蒙力克講，共生共長，有福同慶。我自幼年，你就與我為伴，而且一直在保護我。我記得最清的一件事，就是桑昆不懷好意，擺鴻門宴，騙我去吃羊脖子，是你勸我別去，這才使我免遭滅頂之災。你的功德，我永遠記著，我的子子孫孫也都不會忘記。成吉思汗下令，在殿中專門為蒙力克設一個座位。成吉思汗一共封了八十八個千戶長，排名第一的就是蒙力克。

蒙力克可以參與軍國重事，參與成吉思汗家族核心機密的討論。這個特權，連成吉思汗的弟弟別勒古台都沒有。而且蒙力克的兒子通天巫闊闊出，是蒙古的最高精神領袖，蒙力克家族簡直可以跟成吉思汗的家族平起平坐。這些特權比什麼萬戶要來勁得多，因此蒙力克就心滿意足地往椅子上一坐。

第二個賞賜誰呢？大家都明白，是成吉思汗的第一個伴當、多年來跟他出生入死的博爾朮。成吉思汗跟博爾朮講，我小的時候，我們家只有八匹馬，結果被盜馬賊偷了，我去尋找，在路上遇到了你，你二話不說，扔掉擠馬奶的皮桶，就跟我去把我的八匹馬追了回來。我初次興兵的時候，讓別勒古台去找你，你二話沒有，騎上自己的馬就來找我，從此跟著我出生入死。在跟塔塔兒人打仗的時候，天下大雨，你怕我淋著，就支起了一個青氈子，為我遮風擋雨。我睡了一宿，身上是乾的，一滴雨都沒淋著，你卻渾身澆了個透，而且你一直站著舉著這個氈子。這我都知道，你的功勞比天高，比海深。博爾朮被封為第二千戶長、右手萬戶。

蒙古的萬戶，只是一個稱號，右手萬戶相當於右丞相。博爾朮得到了這個封賞，也很高興。

博爾朮之後，賞賜的是木華黎。這兩個人是成吉思汗的左膀右臂。成吉思汗說，木華黎不僅為我運籌帷幄，而且從他父親那一代起就忠於我。跟乃蠻人打仗的時候，有一次我的坐騎被射死了，眾人驚慌失措，幸虧木華黎的父親把他的坐騎讓給了我，我才逃出生天。在當年合不勒汗稱汗的一棵大樹下，我們歌舞的時候，木華黎告訴我，上天托夢給他，如果我到了這棵大樹下，我也可以做整個草原的可汗。今天，這個預言靈驗了，因此我要賞賜木華黎。木華黎被封為第三千戶長、左手萬戶，相當於左丞相。

第四個功臣比較特殊，是成吉思汗離開札木合的時候，給他帶來吉兆的豁兒赤。豁兒赤當時說，長生天托夢給他，鐵木真應該當大汗。鐵木真當時就許諾，如果我做了草原之主，我封你做萬戶長，還給你三十個美女當老婆。現在鐵木真果真當了蒙古高原的大汗了，所以就把豁兒赤叫了進來，兌現諾言，把豁兒赤封為萬戶。這些萬戶裡邊，屬豁兒赤這個萬戶來得輕鬆，當年胡說八道地瞎吹海侃了一番，結果運交華蓋，輕輕鬆鬆地做了萬戶，而且還得到了三十個美女。豁兒赤歡天喜地地出去了。

第五個封賞的就是納牙阿。鐵木真說，你忠心耿耿，能擔大任，我現在封你為中軍萬戶。其實成吉思汗沒說出口的原因誰都知道，納牙阿最關鍵的功勞，就是小心呵護了成吉思汗的寵妃忽蘭。納牙阿等於是靠著裙帶關係，走夫人路線，得了個中軍萬戶。這個萬戶來得也比博爾朮和木華黎輕鬆得多。

把老婆賞給了功臣

五大功臣封賞完畢，成吉思汗接著封賞兀魯兀惕部的首領朮赤台。成吉思汗跟朮赤台講，與王汗作戰最艱難的時候，是你跟畏答兒身先士卒，拼死奮戰。這個功勞我永遠記著，要不是你一箭射中了桑昆的腮幫子，王汗不可能退兵，我也就沒有今天。所以我要重賞你，封你為千戶長，還要送你一份厚禮。

成吉思汗送給朮赤台什麼厚禮呢？成吉思汗把自己的一個小老婆亦巴合賞賜給了朮赤台。這個真是太難得了，中原帝王賞臣下什麼的都有，沒聽說過把自己的老婆賞給臣下的。

成吉思汗賞給朮赤台的小老婆亦巴合，是王汗的侄女，札合敢不的女兒。不知道是什麼原因要把亦巴合賞賜給別人，可能是因為成吉思汗不太喜歡她。但是在送走亦巴合的時候，成吉思汗跟亦巴合講，我把你賞賜給朮赤台，不是因為咱倆感情不好，也不是說我嫌棄你行為不正，更不是你長得不漂亮，或者說你不純潔，實在是朮赤台的功勞太大了，我不知道該怎麼賞他，乾脆把你賞給他得了。

亦巴合的心裡估計是五味雜陳，朮赤台功勞太大了，你把誰賞給他不行，你四十四個媳婦呢，為什麼偏偏把我賞給他？你怎麼不把忽蘭賞給他呀？那他更高興。

雖然亦巴合戀戀不捨，做大汗的夫人跟做大將的夫人當然不一樣了，但是她知道大汗的旨意既出，是不可更改的。所以亦巴合只好嫁給了朮赤台，死心塌地地跟朮赤台過日子。

賞賜完了朮赤台之後，成吉思汗就召見了自己的「四狗」：哲別、忽必來、者勒篾、速不台。

成吉思汗對他們說，有你們四位在，我就特別安心，因為你們四位能夠替我扭斷強敵的脖子，摔斷力士的腰。你們四個人，就是我的四條猛狗，無論叫你們衝往哪裡，你們都能夠把岩石撞碎，把懸崖衝破，使澗水斷流。有你們四位在，這是我大蒙古國的幸運，你們四位全部封為千戶長。

皆大歡喜領封賞

然後，成吉思汗召見「四傑」之一的博爾忽，跟博爾忽講，你做博爾朮的助手，博爾朮不是右手萬戶嗎？你做他的副手。我永遠記著你的大恩。當年打敗了塔塔兒人之後，有一個塔塔兒人闖進了我母親的營帳，他要吃的要喝的，我母親見他可憐，就給他去找吃的。這個時候，當時只有五歲的我的四兒子拖雷進來了，這個人立即拔出刀架在了拖雷的脖子上，要把拖雷給殺掉。

訶額侖夫人嚇得大叫了起來，她這一叫，博爾忽的夫人首先聽到了。博爾忽的夫人一介女流，奮不顧身地衝上去，一隻手抓住這個塔塔兒人的髮辮，另一隻手就去奪他的刀。蒙古的女子不像中原女子那樣柔弱，一個個都是身強力壯的，就把這個人的刀給奪了下來，然後拖雷就掙開跑了。

這個時候，博爾忽、哲別等人正在外邊宰殺牲畜，一聽訶額侖夫人在帳中大叫，博爾忽拎著斧子衝進來，一斧子就把這個塔塔兒人給劈了。所以成吉思汗對博爾忽說，你不但救過我的命，還救過我兒子的命，因此封你做副萬戶。博爾忽也很高興。

「四傑」當中的赤老溫和他的兄弟沉白，還有他的父親鎖兒罕失剌，也都得到了重賞。成吉思汗說，當年我在泰赤烏人那兒帶著枷鎖被輪流看管的時候，只有你們家對我最好。在我被追殺的時

封賞功臣

候，又是你們救了我。既然你們想要篾兒乞人游牧的那個草場，那沒問題，那個地方就歸你們家了，世世代代歸你們家所有。你們犯九罪而不罰，而且我要把鎖兒罕失剌封為答剌罕，把赤老溫、沉白封為千戶長。以後你們有事來找我，根本不用他人通報，你們可以直接來見我。於是爺仨歡天喜地地出去了。

對於已經陣亡了的高級將領的孩子，成吉思汗也沒忘了加以撫卹。比如畏答兒，他的兒子就在這個時候受封。成吉思汗問，你有什麼要求？畏答兒的兒子就想把星散的部眾聚集起來。成吉思汗說沒問題，就由你來統領。最後，畏答兒的兒子聚集了四千人，鐵木真分給自己的弟弟別勒古台一千五百人，畏答兒的兒子管轄剩下的兩千五百人。

這樣一來，功臣都歡天喜地，非常高興。功臣封賞完了，輪到自家人了。黃金家族視天下為家，整個草原都是我們家的財產，我們家可以隨便分配。所以成吉思汗的母親訶額侖夫人和幼弟帖木格分了一萬人，長子朮赤分了九千人，次子察合台八千，三子窩闊台五千。然後成吉思汗的弟弟合撒兒四千，二弟合赤溫死了，二弟的兒子分了兩千，別勒古台分了一千五。這些人要世世代代做成吉思汗家族的奴隸和部眾。

蒙古民族的傳統是幼子守產。所以成吉思汗把自己的全部家產，最後都留給了他的四兒子拖雷，給了他十一萬一千人。從蒙古第四代大汗蒙哥開始，蒙古的汗位就一直在拖雷一系中傳承。

王者之心

成吉思汗賞賜完功臣之後，開始大宴群臣。

在慶祝的過程當中，成吉思汗喝得很高興，就問木華黎等大臣，咱們今天這麼快樂，那你們說一說，人世間最快樂的事是什麼呢？

博爾朮首先發言，我覺得人世間最快樂的事啊，莫如胳膊上綁著名貴的獵鷹，胯下騎著駿馬，身穿華美的衣服，趁著晴朗的天氣，外出打獵。

成吉思汗聽完之後，微微一笑，沒說話。

博爾忽接著說，我覺得最快樂的事啊，就是看著天上的蒼鷹搏擊長空，然後我們騎著駿馬在草原上馳騁。

成吉思汗一聽還是打獵，也沒說話。

忽必來就說，我覺得最快樂的事啊，莫如我們出去打獵的時候，看著野獸四處奔跑，這才快樂。

成吉思汗還是微微一笑沒說話。

博爾朮、博爾忽和忽必來一瞅，看來我們說的都不對大汗的胃口。所以大家一起看著足智多謀的木華黎，老弟該你說說了，你說的話，可能大汗愛聽。

於是，木華黎說，我覺得征服世界，統一天下，是人生最快樂的事。

成吉思汗聽了之後，哈哈大笑，把酒杯一放，木華黎說的，最對我的心思。人生在世，殺死和消滅自己的仇敵，自己的軍隊以排山倒海之勢摧毀他們的政權，搶奪他們的駿馬，搶來他們的妻子兒女做奴隸，這才是人生最快樂的事啊。

大家一聽，恍然大悟，還是大汗志向高遠呀。看來建立了大蒙古國，不是說戰爭就要結束了，未來的路還很長。

木華黎不失時機地向成吉思汗說，雖然我們蒙古高原統一了，但為了養活這麼多騎士，養活日益繁衍的人口，我們還要對外發動進攻。特別是在南方的西夏和金，就是我們進攻的目標。

成吉思汗說，沒錯，你們都是我的臂膀和車輪子，以後咱們同心協力，讓大蒙古國更加強盛，讓藍天之下都成為蒙古人的牧場！

22. 選美風波：收服林中百姓與進攻西夏

「讓藍天之下都成為蒙古人的牧場」，這一直是成吉思汗的夢想。因此，在統一草原各部之後，成吉思汗在蒙古邊境展開了一系列的征討，意圖進一步擴大版圖。然而，此番行動沒有成吉思汗預想的那麼順利，甚至讓愛將博爾忽命喪黃泉。那麼，身經百戰的博爾忽究竟是死於何人之手？成吉思汗的此番征討又有哪些收穫，其間究竟發生了怎樣的故事呢？

去禿馬惕部落挑美女

成吉思汗不但封豁兒赤為萬戶，而且還要履行諾言，給豁兒赤在全國挑三十個美女。豁兒赤就高高興興地去挑美女。他兩眼一抹黑，全國這麼多部落，哪兒美女多？他不知道呀。有人告訴豁兒赤，美女最多的地方在禿馬惕部落。你如果要去挑，就到禿馬惕部落去挑。禿馬惕部落位於今天的額爾濟斯河，在蒙古國的東北邊境，當時還沒有正式臣服於成吉思汗，遊走於蒙古政權的邊緣。

豁兒赤就派人去禿馬惕部落挑美女。他派的這個人就是原來禿馬惕部落裡的人，叫忽都合別乞。豁兒赤對忽都合別乞說，老弟，你辛苦一趟吧，替我去你們部落挑美女。忽都合別乞這是奉萬戶大人之命，自然是宰相家人七品官那種感覺，大搖大擺地來到了禿馬惕部落，我奉萬戶大人之命來這兒挑美女，這是瞧得起你們，你們趕緊把美女弄過來讓我挑。

因此，禿馬惕部落的人非常仇恨忽都合別乞，你算哪棵蔥啊？你憑什麼來我們這兒吆五喝六？我們還沒完全臣服於大蒙古國，你要是到這兒來好言好語，給我們部落好處，我們歸順大蒙古國也不是不可能的，可是你來這兒張嘴就要三十個美女，很明顯這不是剝削、壓迫我們嗎？正好當時禿馬惕部落的首領去世了，是首領的妻子管理部落，一看忽都合別乞如此無禮，而且一雙賊眼上下打量著自己，怒從心頭起，就把忽都合別乞給抓起來了。

忽都合別乞被抓起來之後，他的隨從跑回去向豁兒赤報告說，萬戶大人，大事不好了，禿馬惕部落不識好歹，把忽都合別乞大人給扣起來了。豁兒赤一聽，這還了得？他立即上報給成吉思汗說，禿馬惕部落不服管轄，公開對抗大蒙古國。

成吉思汗一聽，也覺得禿馬惕部落這是明顯不把我大蒙古國放在眼裡。是可忍孰不可忍，於是成吉思汗下令，讓自己開國「四傑」之一的博爾忽率軍前去征討禿馬惕部落。

在陰溝裡翻了船

對於真心歸降的人，成吉思汗一向熱情歡迎，大加獎賞；而對於堅持反抗的人，他也從不吝惜自己的武力。因此，成吉思汗派出了自己的愛將博爾忽去征討禿馬惕部落。

博爾忽作為成吉思汗開國「四傑」之一，堪稱百戰名將。因此，博爾忽這一次率軍征討禿馬惕部落，就有點兒太拿豆包不當乾糧了，過於輕敵。博爾忽心想，我這一輩子大江大浪都經歷過，你這禿馬惕部落不就是一條小河溝嗎？大江大浪我都過來了，能在小河溝裡翻船嗎？再加上博爾忽對這個差事也不樂意幹，為了給豁兒赤選美，還得我勞師遠征，因此他就不怎麼上心，率領大軍懶懶散散地出發。

博爾忽率軍來到禿馬惕部落的地盤上，看到林木茂密，就下令在樹林當中紮營。這就犯了兵家之大忌，你對這裡的地理條件一點兒都不熟悉，竟然在密林中紮營，人家禿馬惕部落是林中百姓，你這是在人家地盤上紮營啊！

博爾忽紮下營寨之後，也沒有加強戒備。他覺得蒙古大兵一到，禿馬惕部落就會望風歸降，不敢真打。沒想到禿馬惕部落趁夜襲擊，把蒙古兵打得四散奔逃。因為統帥博爾忽都沒上心，所以蒙古軍隊上上下下掉以輕心，猛然遇襲，一下子就亂了。博爾忽也無可奈何，只好奮力抵抗，最終英勇殉職了。

成吉思汗的開國「四傑」，在大蒙古國剛建立時就折損了一個，而且還是在一個小陰溝裡翻了船，所以博爾忽之死真的是非常可惜。

博爾忽戰死的消息報給成吉思汗，成吉思汗當時就暴怒了，這還了得，我要親率大軍征服禿馬惕部落。木華黎和博爾朮趕緊勸阻，大汗千萬不要動怒，殺雞焉用牛刀，對付一個小小的禿馬惕部落，哪裡用得著大汗您親自出馬。博爾忽就是因為輕敵，才出現這種情況。所以根本用不著您親自出馬，另選一員上將就足以了。

於是，成吉思汗又派了一員大將朵兒伯多黑申，率領軍隊去攻打禿馬惕部落。

收服林中百姓

朵兒伯多黑申吸取了博爾忽的教訓，一路上行軍謹慎。

朵兒伯多黑申率軍到達禿馬惕部落的時候，下令在博爾忽陣亡的地方設立了一座空營寨，然後找了當地人做嚮導，誘以重金，出其不意地直搗禿馬惕部落的老窩。

禿馬惕部落打了大勝仗，連成吉思汗開國「四傑」之一的博爾忽都被他們給殺死了，所以上上下下就得意忘形了。這個時候，禿馬惕部落的首領應該怎麼辦？我把蒙古大軍打敗了，成吉思汗的乾弟弟博爾忽都被我殺死了，我應該誠惶誠恐地向成吉思汗請罪，然後趕緊獻上豁兒赤要的美女，歸順大蒙古國，這樣才能讓禿馬惕部落免遭一場滅頂之災。但禿馬惕部落的女首領忘乎所以，真以為自己能夠對抗大蒙古國，大擺宴席慶祝勝利，一個個喝得酩酊大醉。

這個時候，探子來報，蒙古第二支軍隊到了，還在博爾忽陣亡的那個地方紮營。女首領聽了哈哈大笑，蒙古人真是記吃不記打。先讓他們睡一宿，明天天黑的時候，咱們趁夜劫營。

在禿馬惕部落的人喝得東倒西歪的時候，朵兒伯多黑申的大軍在嚮導帶領下，神兵天降一般出現在了禿馬惕部落的駐地，把禿馬惕部落打得毫無還手之力，四散奔逃。

禿馬惕部落的女首領一看，剛才大家還在一塊喝得高興，一轉眼的工夫就剩自個兒光桿司令了，於是趕緊起身跑，剛繞過後帳，就跟迎面過來的人撞了個滿懷。這個人是誰呢？忽都合別乞。女首領扣下了忽都合別乞，並沒有殺他，派了人看著他。蒙古軍隊一殺進來，看守忽都合別乞的人就跑了。忽都合別乞出來一看大家都在亂跑，抓了一個人問，你們跑什麼呢？這個人告訴他，蒙古大軍劫營，再不跑就沒命了。忽都合別乞一看，救兵來了，我要解放了，於是趕緊往外走，沒想到跟女首領撞了個滿懷。

忽都合別乞看著女首領一副驚慌失措的樣子，明白禿馬惕部落大勢已去。忽都合別乞當初出使禿馬惕部落的時候，一雙眼睛就老盯著這個女首領，早就動了心思了。現在忽都合別乞一看女首領孤身一人，楚楚可憐，就把女首領一抱，找蒙古大軍請功去了。

蒙古人平定了禿馬惕部落，豁兒赤也挑選了三十個美女，心滿意足。忽都合別乞就向成吉思汗請求，能不能把禿馬惕部落的女首領賞賜給我呀？

成吉思汗也同意了，你畢竟出使有功，而且還被扣了一段時間，就算對你的補償吧。女首領人在矮簷下，不敢不低頭，這個時候相當於亡國奴了，還能挑三揀四嗎？所以也就答應了。

從此，林中百姓也歸附了大蒙古國。

部落首領怕老婆

禿馬惕部落的歸降，使大蒙古國的統一得到了進一步的鞏固。其他一些部落也聞風而動，紛紛向成吉思汗求和，意圖歸順蒙古。

畏兀兒部落的首領亦都護，也聽到了成吉思汗的威名，知道成吉思汗絕對不是一般人，早晚有一天要向外擴張，不如現在主動跟成吉思汗接洽。因此，亦都護派遣使臣帶著金珠、綢緞等珍寶，來朝見成吉思汗。

亦都護的使臣見了成吉思汗之後，趕緊躬身下跪說，我們家主人說了，我們聽到大汗您的威名，就像烏雲散盡看到了太陽一樣，就像冰雪化盡見到了清水一樣。我們非常願意歸順大汗您，如果能夠蒙您恩准，我們願意作為您的屬國，為您征戰疆場，出生入死。我們首領亦都護說了，願意拜您為義父，做您的前驅。

成吉思汗一聽遙遠的畏兀兒部落不遠千里來到蒙古草原表示歸降，非常高興，馬上就跟使臣講，回去之後轉告你們的首領亦都護，我非常高興他能夠這樣做。我答應收他做義子，並且把我最漂亮的女兒嫁給他做老婆。然後，請他來一趟蒙古草原，咱們雙方訂立盟約。

亦都護的使臣拜別了成吉思汗，回去之後把成吉思汗的要求告訴了亦都護。亦都護果然親自來到蒙古草原，來朝拜成吉思汗。成吉思汗特別高興，就把自己最漂亮的女兒嫁給了亦都護。

沒想到亦都護看到蒙古公主之後，非常為難地說，我們迎娶上國的公主，這是一件大事，所以我不能隨隨便便就把公主帶回去，我得回去之後跟族人商量商量，一定要用最隆重的禮節來迎娶公主，不能折損了上國的威名。

成吉思汗一聽，這姑爺真懂事，我都沒把自己的閨女當回事，隨便當個東西就賞人了，沒想到他還這麼有禮貌。那好吧，你就回去商量吧。

結果這亦都護一回去就沒信了，一年、兩年、三年，總也不見他來迎娶公主。蒙古人就很驚訝，大汗這麼看重你，把公主賞賜給你，你怎麼一直擱在這兒不往回領呀？

後來一打聽才知道，亦都護是一個典型的妻管嚴，懼內。他大老婆不答應，這事就這麼一直拖著，一直拖到他大老婆死了之後，才迎娶了蒙古公主。蒙古公主嫁到畏兀兒部落的時候，成吉思汗都死了，那已經是蒙古第二代大汗窩闊台汗在位的時候了。

雖然成吉思汗在世的時候，亦都護一直沒有迎娶蒙古公主，但畢竟畏兀兒部落算是歸降了大蒙古國。大蒙古國又收了一個屬國，如虎添翼。

拿西夏練手

這個時候，整個蒙古高原已經歸於一統，大蒙古國蒸蒸日上，黃金家族的權力如日中天。但是，草原上的人口在不斷增加，生產力水準又不高，只能擇水草而居，靠天吃飯。所以要想養活日益增加的人口，就必須向外擴張，尋找新的牧場。這是由草原民族的生產方式決定的。

因此，蒙古人的目光就對準了南邊富庶的農耕民族。

當時蒙古高原的南邊主要是三個國家，一個是西夏，一個是金國，再有一個是南宋。很顯然，蒙古人不可能去打南宋，因為跟南宋不挨著。那麼打金朝呢，蒙古人又覺得自己的力量還不夠，畢竟金朝原來是蒙古各部的宗主國。這樣一來，目標就只有一個了，那就是跟大蒙古國接壤的西夏。

於是，成吉思汗想拿西夏練練手，試驗一下蒙古騎兵攻佔設防堅固的城市的能力。蒙古人原來都是在草地上野戰，現在看看能不能打下城市。

党項人建立的西夏，自從西元一〇三八年李元昊建國稱帝開始，已經有一百多年的歷史。此前，成吉思汗曾兩次入侵西夏，逼使西夏向蒙古求和，但最終未能得償所願。

一二〇九年，蒙古大軍第三次進攻西夏。這一次，成吉思汗擺出架勢，要直搗西夏的首都興慶府。西夏皇帝襄宗李安全認為，怎麼才能打退成吉思汗呢？除了我的名字起得好之外，需要再把國都的名字也改了，由興慶改為中興，這就足以震住蒙古人了。

蒙古人不懂漢語，你愛安全不安全，你愛中興就中興，我該打你還打你。蒙古大軍直奔西夏腹地而來，攻佔了斡羅孩城，直搗中興府周邊的要隘克夷門。如果蒙古軍隊攻佔了克夷門，那麼中興府再無險可守，蒙古大軍就會出現在中興府城外。

因此，夏襄宗李安全趕緊命令皇室當中的頭號名將嵬名令公率領十萬大軍抵抗蒙古鐵騎。嵬名令公跟蒙古人激戰了三個月，最後中了蒙古人的埋伏，嵬名令公本人被俘，克夷門被攻破，蒙古大軍進而包圍了中興府。

中興府畢竟是西夏一百多年的首都，城高池固，易守難攻。西夏這個時候是百足之蟲，死而不僵。夏襄宗李安全一面調集各地兵馬火速進京勤王，動員城中的軍民堅決抵抗；一面向自己的宗主國金國求救，蒙古人進攻我們，唇亡齒寒，如果我們西夏滅亡了，下一步蒙古人就要蠶食上國，所以你們快點發救兵吧。

水淹中興府

當時，金國在位的皇帝是金國歷史上有名的昏君完顏永濟。完顏永濟面對西夏的求救，居然置之不理。他認為敵國相攻，我國之福也！蒙古不是個好東西，你西夏也不咋的，狗咬狗一嘴毛，你倆打去吧，這是我國之福也！所以金國拒絕援助西夏。

西夏得不到援助，只好依賴堅固的城池堅守中興府，孤軍抵禦蒙古人的進攻。這個時候，雖然蒙古大軍氣勢正盛，但是西夏將士一看亡國在即，一個個豁出命來抵抗，因此一時半會兒難以攻破中興府。

成吉思汗就想以水代兵，既然你中興府靠近黃河，那我就挖開黃河淹城。以水代兵，這是中國古代常用的攻城招數。蒙古大軍掘開了黃河水，滔滔河水就奔向了中興府。眼瞅著河水不斷上漲，就要把中興府的城牆沖塌了，但是發生了意外。什麼意外呢？中興府城池一百多年間不斷地修葺，非常堅固，相反蒙古人自己壘的堤壩是倉促而成的，沒法跟人家中興府的城池相提並論。所以中興府的城牆沒塌，蒙古人的堤壩卻塌了。

滔滔河水倒灌蒙古人的營地，蒙古人十分狼狽，幸虧都是騎兵，上馬就跑，損失不大。但是攻克中興府，這次看來是沒有可能了。成吉思汗就決定跟西夏人談判，釋放了在斡羅孩城抓獲的西夏太傅訛答，讓訛答進城去向夏襄宗李安全勸降。

夏襄宗也知道，雖然這一次暫時保住了都城，但是西夏肯定不是蒙古人的對手。既然蒙古人主動要求談和，那麼忍一時是一時，如果能跟蒙古人談和，以屈辱的條件求得一時的和平也是值得的。

因此，夏襄宗就派遣使者帶著金銀珠寶，還帶著自己的女兒，去見成吉思汗。西夏使者到了蒙古營地，就跟成吉思汗講，我們一聽見成吉思汗的大名就非常害怕，惶恐的西夏願意做您的右手，願意為您效力。但是我們是定居於城中的居民，所以我們不能急行作戰，沒法做到您招之即來、揮之即去，沒法跟著您打仗。但是如果能蒙成吉思汗您的恩准，我們西夏願意把眾多的駱駝獻給您，願意把我們手織的毛氈和布匹獻給您，願意把我們訓練好的最好的獵鷹獻給您，願意把我們的美女獻給您，只求您能夠退兵。

成吉思汗一看，既然中興府一時半會兒無法攻克，西夏又服軟了，行，那就答應退兵。

窩囊廢也配做皇帝

成吉思汗這次退兵，還有一個目的，就是為了對付更重要的戰略目標——金國。

金國雖然是草原各部的宗主國，在成吉思汗心裡卻是不共戴天的仇敵。當年蒙古部落的俺巴孩汗被大金國處死的血海深仇，和多年來對金國稱臣納貢的屈辱經歷，令成吉思汗心中的仇恨越積越深。

在成吉思汗做大汗的第二年，他到了金國邊境的晉州（在今天內蒙古的四子王旗）去給金國進貢。當時接受成吉思汗進貢的人是誰呢？就是當時金章宗的皇叔衛王完顏永濟。完顏永濟這個人長得身材魁梧，長鬚飄飄，一表人才，而且經常穿著樸素，但是徒有其表，是個一肚子草的廢物。可能是因為前一天多飲了幾杯，或者是沒有睡好，完顏永濟坐在大堂上哈欠連天，閉著眼睛。

成吉思汗進來之後，並沒有像以前那樣下跪，而是以手撫胸，略略欠了個身，大蒙古成吉思汗見過金國使臣。

完顏永濟一聽，趕緊說，平身，賜坐。底下的金國官員都捂著嘴偷偷樂，誰給你下跪了？

完顏永濟睜眼一看，成吉思汗在那兒坐著，一臉輕蔑地看著自己。人家根本就沒給你下跪，你還一個勁地自作多情。完顏永濟臉上就掛不住了，跟成吉思汗不歡而散。回到朝中，完顏永濟拜見了金章宗，跟章宗覆命說，成吉思汗有異心，他瞧不起我們金國，趁著他現在羽翼未豐，趕緊發兵滅掉他。

這個時候，章宗已經病入膏肓，沒顧上這個事。第二年章宗就去世了，章宗沒有子嗣，只好留下遺詔讓自己這窩囊叔叔衛王完顏永濟繼位。於是，完顏永濟就登基了。新皇帝登基要向屬國傳詔，告訴屬國，你們換新主子了。所以金國的使臣就來到蒙古。

成吉思汗沒有在自己的大帳中接見這個金使，而是在自己的獵場上接見。成吉思汗騎在馬上，冷冷地注視著金使。金使再三要求，成吉思汗堅決不肯下馬，你有什麼話趕緊說吧。

金使沒辦法了，只好拉開詔書宣讀。結果剛念了開頭，成吉思汗馬上喊停，甭念了，我就問問你們新皇帝是誰呀？

金使說，是皇叔衛王永濟。成吉思汗一聽，噢，就他呀！一口痰就吐地上了，我以為中原皇帝是天上人才能做，就衛王那麼個窩囊廢也配做皇帝？

成吉思汗說完，撥轉馬頭打馬就走。金使一看，這不成，我沒法覆命啊！金使一著急就喊起來了，你曾經接受我大金國的官職，你就是我大金國的臣屬。現在新主登基，前來傳詔，要升你官職，你應該下馬跪拜，怎麼能這麼傲慢無禮呢？

成吉思汗一聽就火了，本來撥馬要走，現在又把馬頭撥回來，怒視著金使說，我跟你們金國有不共戴天之仇，俺巴孩汗就是被你們害死的，我還沒找你們算帳呢，你還敢跑我這兒來吆五喝六，識相的趕緊滾，不然你小命難保。

金使一看，成吉思汗耍橫，周圍的蒙古騎士一個個刀出鞘、箭上弦，怒視著自己，只好快快不樂地回朝覆命。金使見到完顏永濟，把這些情況一彙報，完顏永濟就知道成吉思汗要進攻自己了。

23. 攻取中都：蒙古鐵騎大破金國

蒙古帝國建立之後，成吉思汗漸漸擁有了和金國抗衡的實力。為了報祖先的血海深仇，也為了改變對金國稱臣納貢的屈辱地位，西元一二一一年，成吉思汗決定出兵進攻金國。此時的金國，雖然朝政腐敗、君臣昏庸，但百足之蟲，死而不僵，它的軍事實力仍然不可小覷。然而，成吉思汗僅僅用了四年時間，就使蒙古鐵騎穿越整個華北大平原，直抵黃河北岸，還攻陷了金中都——今天的北京。那麼，成吉思汗是如何突破野狐嶺、居庸關等天然屏障，打敗擁有重兵的金國的呢？昔日平遼滅宋的金國，又將面臨怎樣的命運呢？

成吉思汗起兵伐金

完顏永濟雖然知道草原雄鷹成吉思汗肯定不會跟自己善罷甘休，但是女真貴族建國近百年，這時早已從馬背上下來，過上了定居的生活。當年驍勇善戰的猛安謀克（女真族的軍事和社會組織單位，相當於蒙古的千戶長、百戶長），武藝荒廢已久，現在整頓也來不及了。完顏永濟惴惴不安地等待著結果，但願成吉思汗只是說說而已。

成吉思汗可不是嚇唬你，大安三年，也就是西元一二一一年，成吉思汗決定舉兵伐金，帶著長子朮赤、次子察合台、三子窩闊台統率數萬大軍，從蒙古高原出發，直撲金國邊境。

哲別作為蒙古大軍的先鋒，率先殺到了蒙、金交界的一個地方烏沙堡。金朝大將獨吉思忠率兵出戰，大敗而逃。蒙古人一戰就奪取了金國的邊境重鎮，哲別向成吉思汗報捷，我軍旗開得勝。

成吉思汗非常高興，立刻下令分兵。既然金軍這麼不經打，那就分軍攻取金國的西京（今山西大同）。西京守將胡沙虎聽說蒙古大軍來攻，第一個反應就是跑，這樣，金國五都之一的西京，就被蒙古人攻佔了。

成吉思汗又讓自己的三個兒子分兵幾路，奪佔了金國九十多個州縣。蒙古軍隊取得了輝煌勝利。

消息報到金中都，金主完顏永濟一聽，成吉思汗親率大軍來攻，邊境重鎮陷落，名將陣亡，西京失守，看來蒙古人這一次不是小規模騷擾。完顏永濟感到事態嚴重，決定跟蒙古軍隊決戰，給蒙古人致命一擊。完顏永濟派遣大將完顏九斤為都元帥，統率四十萬大軍駐守在野狐嶺，這差不多是金軍全部的精銳力量了。

野狐嶺在今天河北與內蒙古交界處。傳說野狐嶺把天分成了兩半，鳥飛到這兒都飛不過去。野狐嶺方圓十多里，絕對是「一夫當關，萬夫莫開」的好地方。如果金人在此憑險據守，蒙古騎兵很難穿過野狐嶺。畢竟騎兵翻山水準差點兒，不像在蒙古大草原上一馬平川，任你縱橫馳騁。

大戰野狐嶺

完顏九斤率領大軍趕到野狐嶺之後，就在嶺前擺開陣勢，要跟蒙古人堂堂正正地決一死戰。

完顏九斤這麼做非常失策，他麾下的契丹族大將石抹明安趕緊勸阻，大帥千萬不能這麼跟蒙古人作戰，這樣可就中了蒙古人下懷。蒙古軍銳氣正盛、勢不可當，我軍應當憑險據守，消耗敵人的銳氣，然後再出兵。

完顏九斤不以為然地說，我奉天子之命統率大軍，平定叛賊，當然要拿出咱們天朝上國的威風來，擺開陣勢堂堂正正地跟他幹一仗，哪能像一隻縮頭烏龜。

石抹明安一看主帥不聽勸，趕緊又說，既然要跟蒙古人打仗，那就出其不意，攻其不備。

完顏九斤一擺手，將軍此言差矣。我擁有步兵二十萬、騎兵二十萬，堂堂四十萬大軍，怕蒙古人什麼？

這個完顏九斤不知道怎麼回事，迂腐至極，就跟春秋時候的宋襄公似的。此時，探馬來報，蒙古大軍已經到達野狐嶺的西面。兩位將帥也別爭了，趕緊想辦法吧。

完顏九斤想了什麼辦法呢？他跟石抹明安講，你去蒙古軍中責問成吉思汗，作為我大金的附屬，他為什麼興兵犯境，侵我天朝。

人家都打上門來了，你不想著怎麼率兵抵抗，居然還責問。石抹明安長歎一聲，有這樣的主帥，看來幾十萬大軍都是人家案板上的肉。所以打定主意要明哲保身，你們誰願意死誰死，我得活著，何況我不是你們女真人，我是契丹人，我的祖國也是被你們女真人滅的。我們契丹人做了一百

大戰野狐嶺

多年亡國奴，現在可算盼到第三股勢力興起，為我們報家國之仇。因此，石抹明安來到成吉思汗帳中，就往地下一跪，主動表示願意歸降。成吉思汗喜出望外，將軍棄暗投明，真是識時務的俊傑。好，就以石抹明安將軍為先導，率領蒙古騎士直搗完顏九斤大營。

完顏九斤還在那兒傻呼呼、眼巴巴地等著石抹明安回來報信呢，沒想到石抹明安不是一個人回來了，而是帶著數萬蒙古騎兵直搗完顏九斤大營。可憐這四十萬金軍被蒙古人大砍大殺，兵敗如山倒，自相踐踏而死者不計其數，除了少部分逃掉的，大部分都陣亡了。金軍將士的屍骨在戰場上堆積如山，場面極其慘烈。

野狐嶺一戰之後，蒙、金雙方的戰略形勢就發生了逆轉。此後，蒙古軍隊士氣高漲，實力越來越強大，相比之下，金國的主力受到重創，只有招架之功了。因此，成吉思汗下令，繼續向金國中都（今北京）挺進。

然而，地勢險要、自古便為兵家必爭之地的居庸關，卻擋住了蒙古大軍的去路。

智取居庸關

居庸關在今天北京昌平，是一夫當關、萬夫莫開的雄關，易守難攻。成吉思汗的先鋒大將哲別到了居庸關前，抬頭一見山勢雄偉，而且設防堅固，料定不是那麼容易攻取的。

既然強攻不行，哲別就決定智取。哲別下令將士佯攻城池，所以將士們出工不出力，裝模作樣地進攻居庸關，當然很快就被金國守軍打退了。然後，蒙古軍隊向後退去，故意扔下很多旗幟，還扔下了一些孱弱的馬匹、折了的弓、斷了的刀之類的東西。

守城的金軍一看，以為蒙古軍隊戰鬥力不過如此，所以就下令開城追擊。金軍一開城追擊，正中了哲別誘敵之計。

金軍一出城，再想回去就不可能了。哲別在居庸關前設有伏兵，金軍一出城，就被哲別大軍截住。然後，蒙古伏兵趁機攻進了居庸關，佔領了這座號稱天險的中都屏障。

居庸關一丟，中都無險可守，就像赤裸的身軀一樣，暴露在蒙古騎士面前。但是這個時候已至隆冬，漫天飄雪，蒙古大軍沒法補充給養，連日征戰也是人困馬乏。

所以，成吉思汗下令班師凱旋，已經消滅了金軍主力，金國也知道我的厲害了。成吉思汗留下大將鎮守，自己跟三個兒子班師回到了蒙古草原，等待下一次再給金國一個教訓。

胡沙虎起兵造反

第二年，成吉思汗得到了報告，金國起了內訌。（詳見拙作《塞北三朝・金》）

金國西京留守胡沙虎，在成吉思汗大軍進攻西京的時候不戰而逃。這傢伙把西京給扔了，自己狼狽不堪地一口氣跑回了金中都。作為西京地方長官，守土有責，但這傢伙竟然不戰而逃，喪失重鎮，依律當斬。

完顏永濟當時可能忙不過來了，要抵抗蒙古大軍的進攻，認為胡沙虎還是一員能戰之將，所以沒有殺掉胡沙虎，而把他削職為民，讓他回家種地去了。因此，胡沙虎懷恨在心。後來完顏永濟在蒙古人的連續打擊之下，昏招迭出，覺得可戰之將不多了，胡沙虎犯了那麼大罪，我也沒殺他，他應該感恩戴德、戴罪立功。所以，完顏永濟就啟用胡沙虎為將，抵抗蒙古人。

這真是一個昏招！完顏永濟不知道胡沙虎的為人，不知道他薄情寡義，陰險刻薄，他不但不感恩，反而時刻想著報復你。他正想殺你呢，你現在要給他兵權，這不等於把刀把子遞人手裡了？

胡沙虎這次做了統兵大將之後，根本沒想著出兵抵抗蒙古人，而是整天打獵喝酒。完顏永濟得知後著急了，我給你兵權讓你幹嘛？讓你打蒙古人，你別整天打鴨子、打兔子呀。所以，完顏永濟就派人去催胡沙虎出兵抵禦蒙古人。使者去了兩次，把胡沙虎給惹急了。胡沙虎手裡正在玩鷹呢，用鷹「啪」一下，拍到使者的身上，就把使者給拍死了。

一不做，二不休，胡沙虎就發動了叛亂，攻進了中都城，把完顏永濟囚禁起來，然後一杯毒酒，就送君王上路了。

殺了皇帝完顏永濟之後，胡沙虎改立完顏珣為帝，自己做了金國軍隊的總司令——都元帥。

消息傳到蒙古，成吉思汗認為這是天賜良機，於是率領大軍兵分三路，進攻金中都。

蒙古人捲土重來，金軍堅守孤城。金國人也知道中都一失，人心盡喪，所以一個個紅了眼睛拼命抵抗。

胡沙虎手下有一員大將叫朮虎高琪，此人是副元帥。朮虎高琪與蒙古人作戰不利，胡沙虎就揚言要殺了他。胡沙虎也傻，你要真想殺朮虎高琪，你趕緊把他殺了就完了，你別揚言出去結果你又不幹。

朮虎高琪一想，我打不過蒙古人，還打不過你胡沙虎嗎？與其讓你殺我，不如我先動手殺了你。所以，就派將士圍住了胡沙虎的住宅，不停地攻打。胡沙虎嚇得翻牆逃走，在翻牆的時候，衣服被牆上的鐵釘勾住了，從牆上掉了下來。朮虎高琪的士兵衝上前去，一刀砍下了胡沙虎的腦袋，把這個弒君的叛臣幹掉了。

然後，朮虎高琪進宮去見當時的皇帝完顏珣，說我為陛下除此逆臣，您看著辦。這個時候，完顏珣基本上也就是傀儡一個，一看胡沙虎死了，那您朮虎高琪是老大，我聽您的，您說了算。

朮虎高琪上任後，也督著士兵拼死防守。

太子守城，皇帝開溜

金國雖然內訌不止、朝政動盪，但建都六十多年的中都，城防工事還是非常堅固的。蒙古軍隊要想攻克，必定要付出巨大的代價。

於是，成吉思汗決定留下一支軍隊圍困中都，自己則率領大軍，進入了無險可守的華北大平原，先後攻取了河北、山東以及山西的多個州郡，直至黃河天險，才停止南進。

此時，金中都就成了孤城一座。成吉思汗十分得意，派使者去告訴金國皇帝，河北、山東的州縣基本上全部被我攻佔了，一個小小的中都，難道我打不下來嗎？城破之後，你死了那麼多人，不能賴我蒙古人，那是上天覺得你無道，上天懲罰你。所以我再打城市，再殺人，就是助長天的罪惡。我們蒙古人不能那麼幹。因此，我給你一條活路，你只要獻出黃金珠玉犒賞我的大軍，我就準備率軍回國。

金國皇帝一聽，給錢這瘟神就走，那太好了，您說要什麼就給什麼。因此，金國派丞相完顏承暉做使臣，到蒙古營中去見成吉思汗。成吉思汗說，黃金珠玉牲畜人口我們全要，你們金國皇帝還要派一個公主來侍奉我，我才肯退軍。

完顏承暉回去跟完顏珣報告，成吉思汗獅子大開口，要的東西特別多。但是這個時候人為刀俎，我為魚肉，完顏珣也不敢不給人家，所以就把被殺掉的皇帝完顏永濟的女兒，冒充是當今天子的公主送給了成吉思汗，又送給成吉思汗大量的金玉珠寶、一千名童男童女、三千匹馬、大量的牛羊牲畜。

蒙古人滿載而歸，退回了蒙古草原。等蒙古人一回去，金國皇帝完顏珣就說，金中都殘破，這地方不能待了，我得趕緊換個地方。他要跑到北宋的故都汴梁，也就是今天河南開封。汴梁在當時已經做了金國的南京。

金國的兩位丞相徒單鎰和完顏承暉紛紛勸止，再三強調都城是國家的根本，都城一失，人心盡散，您都跑了，誰能為您賣命啊？

但是，完顏珣一心想著自己的安全，不聽兩位丞相的規勸，執意南遷，帶著皇后和百官跑了。留下太子完顏守忠、丞相完顏承暉和大將抹撚盡忠防守中都。

酒鬼當大將

金宣宗南遷的消息傳到蒙古草原，成吉思汗勃然大怒，既然已經跟我達成了和平協議，為什麼要遷都？你肯定是想離我遠點兒，到那兒積蓄力量再跟我作戰，這說明你對我沒有誠心。既然這樣，你就別怪我不客氣了。

於是，成吉思汗再次率領大軍討伐金國。殺入了金國境內，直撲金中都。沒等成吉思汗的大軍打到金中都，金軍防守在中都周邊的契丹族士兵就譁變了。成吉思汗立刻派歸降的契丹族大將石抹明安，招降這幫降兵，然後率領他們直抵中都城下。

眼看中都朝不保夕，太子完顏守忠奉命南撤。完顏守忠到了汴梁之後，由於驚嚇過度，沒多久就死了。

金國留守中都的丞相完顏承暉和大將抹撚盡忠，趕緊向完顏珣求救，要求朝廷速發援兵來抵抗蒙古兵，要不然中都就失守了。完顏珣果然派來了援兵，援兵統帥是御史中丞李英。

完顏珣派李英來救援，足見金國朝廷已經是六神無主了。李英是個有名的酒鬼，沒有一天不喝高的。在朝中做官的時候，這傢伙喝高了，指著手下的人幹活還行。現在身為大將，統率援軍去解中都之圍，這傢伙照樣每天喝得酩酊大醉，騎在馬上是東搖西晃。

李英一路晃晃悠悠，終於率領將士晃到了霸州，與蒙古大軍迎面相撞。蒙古大軍是虎狼之師，百戰百勝，就是真正的精兵強將跟蒙古人作戰，也不一定討得了便宜，更何況是李英這樣的酒囊飯袋？兩軍一照面，李英連戰場情況都沒看清，蒙古騎兵就衝到了跟前，手起刀落，砍掉了李英的腦袋。

金朝現在的力量，只能派出這麼一支援軍。援軍一被擊潰，中都城的失守就是早晚的事了。

完顏承暉知道大勢已去，就跟抹撚盡忠商議，中都城守不住了，但這畢竟是咱們大金國幾十年的都城，列祖列宗的陵寢也在這兒，當初都被海陵王遷到了房山。你我身為留守，國破家亡理當以身殉國，不知將軍意下如何？

抹撚盡忠的眼珠咕嚕咕嚕亂轉，根本不敢瞅完顏承暉，顧左右而言他，比如今天天氣不錯，晚上我請你喝酒，開始胡說八道。

完顏承暉一看，這傢伙根本就配不上他的名字。他叫抹撚盡忠，實際上他根本就沒打算為國盡忠。既然這樣，人各有志，不必相強，算了，你走吧，不跟你廢話了。

抹撚盡忠趕緊出去，回到自己的家中，收拾金銀財寶、綾羅綢緞，把自己的大小老婆全帶上，裝車托運，準備逃跑。

金國沒什麼戲了

完顏承暉回到家中，在祖先的畫像前行了個禮，然後告訴自己的家人，各自逃命去吧。他把自己的一個好朋友——尚書台的令史叫來說，我死之後，你把這封遺摺交給陛下。

這個小官打開一看，這封遺摺上，歷數朮虎高琪和抹撚盡忠禍國殃民的罪行，而且希望天子能夠振奮精神，選賢任能，再練精兵強將，跟蒙古人血戰，收復故都以告慰列祖列宗在天之靈。

小官看得潸然淚下。完顏承暉說，別哭別哭，人生百年，總有一死，為國盡忠死得其所，來來，喝酒喝酒。

酒過三巡，完顏承暉就跟這個小官說，咱倆雖然身分懸殊，但是是詩友酒友，朋友一場，你看我也沒有什麼可送給你的。這樣吧，我給你寫幅字吧。

於是，完顏承暉鋪好了筆墨紙硯，就給這個小官寫了一幅字，寫完之後說，這是我最後送給你的東西，你帶走吧。可惜今天的墨色淡了一點兒，有個別字沒寫好。算了，就這樣吧，來不及了。然後，小官拜別丞相，轉身出來。剛一出來，就聽到相府裡一片哭聲，原來完顏承暉跟他喝酒的時候，自己喝的就是毒酒。他為什麼有幾個字沒寫好？就是因為毒性開始發作，手開始抖了。字一寫完，毒性發作，完顏承暉壯烈殉國。

這個小官帶著完顏承暉的遺摺，哭別了丞相，化裝潛逃，趁亂逃出了中都城。

大將抹撚盡忠跑了，丞相完顏承暉殉國了，中都城就被蒙古軍隊攻陷了。這座金國定都六十幾年的大城市被蒙古軍隊攻佔之後，金國的國勢已經極其衰微了。

成吉思汗也覺得金國沒什麼戲了，於是就讓木華黎負責經營南方。他跟木華黎講，我治理北方草原，你負責依照漢制，治理中原漢地。因為這個時候有不少的中原人，甭管是漢人、契丹人，還是女真人，都歸降了成吉思汗，所以只能依照漢制，設立行尚書省，由木華黎做行省的長官。成吉思汗還依照漢制給木華黎鑄了一個印，封他為太師國王，負責經營南方。

木華黎又率領大軍南征北戰，進攻山東、河南、陝西這些地方。金國大勢已去，成吉思汗如果再加把勁，就可能徹底滅了金國。

在金國滅亡在即的關頭，成吉思汗為什麼會走呢？

24. 斬草除根：掃除殘敵，吞併西遼

成吉思汗統一了蒙古草原之後，又把目光投向了富庶的中原。然而，就在成吉思汗南下大破金國之時，卻突然決定停止南下而揮師西進。那麼，是什麼原因使成吉思汗中斷了入主中原的軍事行動？成吉思汗的西進，又是否能夠取得成功呢？

最後的仇敵

成吉思汗是掃平了草原上的各部，才得以完成草原的統一。汪古部是主動歸降，塔塔兒人在成吉思汗統一蒙古草原的過程當中，基本上被消滅乾淨了。剩下的像篾兒乞、乃蠻、克烈這些部落都有殘餘，他們糾合在一起，躲到蒙古帝國的邊緣地帶，積聚力量，準備東山再起。

乃蠻部的首領，除了太陽汗，還有太陽汗的弟弟不亦魯黑汗。這個時候，太陽汗早已經敗亡了，太陽汗的兒子屈出律逃走了。但是不亦魯黑汗的實力還比較強，而且被成吉思汗打敗的篾兒乞人，包括太陽汗的兒子屈出律，都投奔了不亦魯黑汗。

所以，成吉思汗下一步，就是要消滅乃蠻部和篾兒乞部的殘餘，把他們一網打盡。西元一二〇六年，也就是成吉思汗建立大蒙古國的當年，蒙古大軍就逼近了乃蠻部和篾兒乞部殘餘勢力的駐地

沙河水，就是今天蒙古國科布多河上游地帶。

當時乃蠻和篾兒乞人的殘部，正在此地遊獵，對於即將發生的危險一無所知。他們認為成吉思汗剛剛建國，怎麼著也得慶祝慶祝吧，大宴文武，大封功臣，這都需要時間。咱們現在正好厲兵秣馬、休養生息，準備將來找成吉思汗算帳。萬沒想到，成吉思汗動作這麼快，慶典剛一結束，馬上就派兵來打他們。

蒙古騎兵突然襲擊，不亦魯黑汗猝不及防，乃蠻人和篾兒乞人的殘部一下子就被殲滅了。不亦魯黑汗被擒殺，他的家屬、領地、牲畜，全部歸了成吉思汗。屈出律和篾兒乞人的首領脫黑脫阿，再次脫逃。尤其是篾兒乞首領脫黑脫阿，已經在成吉思汗手裡逃了多少回了，有著豐富的逃跑經驗，一口氣跑到了今天的額爾濟斯河畔。

脫黑脫阿驚魂未定，剛剛駐紮下來想喘口氣，成吉思汗的追兵就到了。脫黑脫阿只好翻身再戰，一場激戰下來，身中亂箭而死。混亂中，脫黑脫阿的兒子們來不及帶走他的遺體，只好砍下他的頭帶走了。脫黑脫阿的兒子們繼續狼狽逃竄，逃到了一處地勢顯要、山高林密的地帶，蟄伏了下來。

太陽汗的兒子屈出律也逃跑了，逃到了今天的新疆一帶，後來投奔了西遼。他們一躲就躲了十年。因為他們也知道，想反攻蒙古草原，推翻成吉思汗的統治，這種可能性已經不存在了，所以只要不被成吉思汗逮著就可以。

成吉思汗廣派耳目，一直在打聽他們的消息。過了十年，也就是到西元一二一六年，成吉思汗終於打聽到他們在哪兒了。但是他們躲藏的地方，離蒙古草原很遠，中間要經過高山，道路崎嶇，很不好去。

成吉思汗就在考慮，手下哪員大將能夠率軍擒殺脫黑脫阿的兒子們。

草原上的特種兵

這個時候，大將速不台慨然請行，大汗您把這個任務交給我吧，我願意為大汗剿滅這最後的仇敵。

成吉思汗非常高興，拍著速不台的肩膀說，英勇的速不台，我感謝你主動請命，可惡的逆賊像狡猾的狐狸一樣逃跑了。如果他們要生出翅膀飛到天上，英勇的速不台，我希望你像一隻神駿的海東青一樣捉住他們。如果他們要變成土撥鼠鑽到地底下，英勇的速不台，我希望你變成一把鐵鍬，把他們都挖出來。如果他們要變成魚跑到河裡去，英勇的速不台，我希望你變成漁網，把他們都撈上來。

這就跟孫悟空與二郎神鬥法似的，敵人變成什麼，速不台就要變成敵人的剋星，一定要把敵人弄死。

速不台說，沒問題，大汗放心。成吉思汗還不放心，接著囑咐速不台說，咱們不可能大軍出動，大軍一出動，他們就又跑了。你這一去，山高路險，你一定要愛惜馬力，節省給養，注意隱蔽，要直搗賊巢，以擒獲匪首為唯一目的。英勇的速不台，我之所以派你登山涉險，走這麼遠的路去消滅殘餘的仇敵，是因為篾兒乞人是我的死仇。他們搶走了我的妻子孛兒帖，還把我圍困在不兒罕山上。現在哪怕上天入地，哪怕他們逃到天涯海角，英勇的速不台，你一定要把他們通通抓住，一舉消滅。你雖然遠去進攻篾兒乞人，但是你就像在我的眼前，長生天會保佑你的。英勇的速不台，你率領部隊出發吧。

速不台一聽，大汗說得如此情真意切，拉著自己的手，千叮嚀萬囑咐，很受感動，拍著胸脯向大汗保證，一定把篾兒乞人給您消滅得乾乾淨淨，不達目的我絕不回來見您。

然後，速不台就率軍出發了。他這次率領的部隊，有點像現在的特種部隊。

速不台是成吉思汗開國「四狗」之一，是大蒙古國的名將，不是一勇之夫。速不台擔心越接近篾兒乞人殘部盤踞的地方，篾兒乞人越會驚覺。怎麼辦呢？速不台派手下一員裨將，帶一百多人先行出發，讓他們偵知篾兒乞人的確切位置。為了不讓篾兒乞人發現，速不台讓這一百多人化裝成難民，並且沿途要扔一些嬰兒的衣服、壞了的馬鞍子、折了的車條之類的東西，騙過篾兒乞人。速不台手下的裨將，就領了這一百多人化裝成難民出發。

徹底消滅篾兒乞人

這些篾兒乞人躲了十多年，也有一套生存方式，他們不斷地派出哨探和耳目去打聽有沒有蒙古人來進攻。

速不台派出的一百多人，還是被篾兒乞人的偵察兵發現了。但是一看這些人沿途拋棄的東西，這幫人回去之後就報告給脫黑脫阿的兒子們說，最近沒有蒙古兵要來的跡象，只有一幫難民過來了。

於是，脫黑脫阿的兒子們就掉以輕心了，既然是難民，那說明成吉思汗統治得不怎麼樣，說不定這些難民也跟成吉思汗有仇呢。

速不台這一百多人的前鋒，也偵查到了篾兒乞人的駐地，並報告給了速不台。所以，速不台的軍隊就突然出現在了篾兒乞人的殘部面前，一戰而勝。這仗打得毫無懸念，一邊是百戰雄師，一邊是釜底游魚，被蒙古大軍打得狼狽逃竄的人，怎麼可能打得過速不台的軍隊呢？

一場激戰下來，脫黑脫阿幾個年齡比較大的兒子，全部被擒獲。速不台根據成吉思汗的囑咐，沒有將他們送回蒙古老營，就地全給砍了。脫黑脫阿有一個小兒子也被俘了，這個小兒子叫篾兒干，篾兒干在蒙古語裡是神射手的意思，據說他的箭法非常好。所以速不台就把他送到了成吉思汗的長子朮赤面前。

朮赤聽說篾兒干善射，那你讓我們開開眼吧，就在前邊立了個箭靶子，讓篾兒干射箭給大家看。篾兒干拉滿了弓，一箭射過去，正中靶心。接著第二箭更神，把第一箭分成了兩半，然後又射中了靶心。

朮赤一看，這小子果然是難得的勇士，箭射得太準了。所以朮赤就向成吉思汗求情，能不能不殺篾兒干，把他留在我的身邊，做我的衛隊長。他箭射得這麼準，將來我上了戰場，讓他當保鏢多好啊！

成吉思汗原本是一個非常愛惜人才的人，他部下的很多大將，比如說哲別，原來就是他的仇敵，還差點兒射死他。按成吉思汗以往的習慣，很可能會把篾兒干留下。但是這一次，成吉思汗斷然拒絕，不行，絕對不行，跟我們作對的這些部落裡邊，再也沒有比篾兒乞人更壞的部落了，斬草必須要除根，否則後患無窮。我們絕不能給篾兒乞人東山再起的機會，一定要把他們殺乾淨。

然後，成吉思汗對朮赤說，你看我們現在征服了多少國家，佔領了多少地盤，你的目光怎麼就那麼狹隘？區區一個篾兒干，他算什麼呀？在你佔領的地盤上，你隨便去找，肯定有比篾兒干還有本事的人。這個篾兒干絕不能留，必須殺掉。

朮赤沒辦法，不敢違抗父汗的命令，只好把篾兒干給殺掉了。這樣一來，長期跟鐵木真為敵的篾兒乞部落，跟塔塔兒部落一樣，遭到了滅頂之災，徹底滅亡了。

養了個狼崽子

徹底消滅篾兒乞人之後，成吉思汗念念不忘的就是太陽汗的兒子屈出律。屈出律先是逃到了今天的新疆，因為找不著吃的，部下紛紛離散，他也沒辦法，東遊西晃地來到了西遼的境內。

這個時候，耶律大石建立的西遼已經存在了將近八十年，帝位傳到了昏庸無能的末帝耶律直魯古手裡。直魯古聽信婦人之言，昏庸無能。

屈出律窮途末路，就來投奔耶律直魯古。他率人來到八拉沙袞城外，轉念一想，我不能這麼貿然進去，誰知道西遼皇帝到底是什麼心思，萬一我進去之後，他為了討好成吉思汗，抓住我「咔嚓」一刀怎麼辦？

於是，屈出律就讓自己的部下冒充自己，反正耶律直魯古也沒見過自己。屈出律本人裝成一個馬夫，在門口等著。屈出律的部下進去了之後，真是無巧不成書，正好西遼的公主出門，公主一出城門，就看到屈出律盤腿在地上坐著。公主一眼就看上屈出律了，芳心暗許。可能屈出律長得不錯，他有突厥人的血統，深目高鼻。

公主馬上就跟守門的士兵說，這樣的人，怎麼能讓他坐在地上呢？快帶他進去見父皇。屈出律一聽危險了，就表明自己的身分，我不是馬夫，我是乃蠻部的王子屈出律，剛才進去的那人是我的部下。

耶律直魯古一看屈出律一表人才，也十分喜歡，而且公主又說，我看上他了，非他不嫁。於是，三天以後，兩人就成婚了。屈出律做了西遼的乘龍快婿，在西遼逐步站穩了腳跟，勢力越來越大。勢力一大，這傢伙野心就大了，就想恩將仇報，奪權篡位。

屈出律就沒想想，你窮途末路跑來投奔的時候，人家對你這麼好，現在你覬覦西遼的皇位，這樣忘恩負義合適嗎？他覺得耶律直魯古昏庸無能，整天醉生夢死，這樣的人怎麼配統治這塊土地呢？如果我擁有了西遼的疆土，我還能借西遼的兵力，找成吉思汗報仇。所以他就整天琢磨怎麼把岳父給做了，自己當西遼皇帝。

屈出律正在打瞌睡，有人送枕頭來了。誰呢？西遼的屬國花剌子模國的國王摩訶末。摩訶末派人來跟屈出律聯絡，能不能裡應外合，咱們給耶律直魯古一傢伙。

摩訶末不願意做西遼的屬國了，因此他要找個內應打西遼。摩訶末一打聽，屈出律的野心在西遼是司馬昭之心——路人皆知了。所以他就找到屈出律，咱倆能不能合夥，共同對付耶律直魯古？

屈出律跟摩訶末一拍即合。兩人定下計謀之後，屈出律來找耶律直魯古說，岳父，我們乃蠻人現在散居在各地，如果您能放我回去，我登高一呼，乃蠻人必定紛紛響應，能夠形成一股很強大的力量。然後，我帶著這些人來投奔您，幫助您看家護院、開疆拓土。您放心，只要您活在這個世上，您就是我的父親，是我最親的親人，我發誓永遠效忠於您。

昏庸的耶律直魯古就信以為真，再加上自個兒的姑娘從旁做保，放心，我夫君絕對不是那種忘恩負義的人。所以耶律直魯古就送給屈出律很多禮物，讓他拿著去招兵買馬。

讓岳父當傀儡

果然，屈出律走到各地登高一呼，殘餘的乃蠻人就紛紛彙聚到了他的身邊。屈出律還拿著岳父給的禮物，收買了西遼的不少官兵。當年耶律大石西遷的時候，真正的契丹人也沒多少，西遼是一個多民族國家。很多其他種族的人，是有錢就是爹、有奶就是娘，誰給飯吃，我們給誰賣命，誰給得多，我們給誰玩命。你耶律直魯古給的少，人家屈出律給的多，那當然是跟著屈出律幹了。所以屈出律的勢力越來越大。勢力一大，屈出律就變了臉，開始對自己的岳父發動了猛烈進攻。

這個時候，耶律直魯古才如夢初醒，敢情養了一隻狼崽子，於是趕緊發兵抵抗屈出律。耶律直魯古跟屈出律在八拉沙袞城外打得不亦樂乎的時候，花剌子模動手了。摩訶末率領大軍進攻西遼，在今天的哈薩克和吉爾吉斯斯坦交界的塔拉斯河一戰，西遼大軍全軍覆沒，大將塔延古被俘。

花剌子模大軍長驅直入，深入西遼境內。西遼人心浮動，特別是八拉沙袞的守軍，聽說摩訶末跟屈出律兩個人合兵來攻八拉沙袞，覺得抵抗下去也是死路一條，很快就一哄而散了。守軍一跑，剩下耶律直魯古孤家寡人一個，八拉沙袞就被攻破了。

八拉沙袞城破之後，屈出律帶人張弓搭箭，握著明晃晃的刀衝進了王宮。看到耶律直魯古後，屈出律喝住眾人說，別動手，這是我岳父，你們不認得嗎？於是眾人退後一步。耶律直魯古早已嚇得瑟瑟發抖，話都說不順溜了，連忙表示，有話好好說，咱們好商量，只要你不殺我，這皇位我傳給你。

屈出律說，岳父您想哪兒去了，把我當成什麼人了？我不是為這皇位來的。耶律直魯古一聽納悶了，你既然不是衝我的皇位來的，那你帶兵叛亂，這是要幹嘛？屈出律說，岳父您真的是誤會了，我這不叫叛亂，因為國中的長老們覺得您老糊塗了，所以他們希望我出來輔佐您。皇位您還坐著，只不過是我來幫您幹，您這麼大歲數也該享清福了，我一個女婿盡半子之勞，我來替您幹活。耶律直魯古總算聽明白了，就是說讓我做個傀儡，行，只要能保住命，傀儡就傀儡吧。

屈出律倒行逆施

屈出律逼宮一年之後，傀儡皇帝耶律直魯古鬱鬱而終。於是，屈出律就毫不客氣地坐上了皇帝的寶座。從此，契丹人創建的西遼，就掌控在了乃蠻人屈出律的手中。

屈出律篡奪了西遼皇位之後，跟花剌子模達成協議，把西遼南部的錫爾河以西的土地，割讓給了花剌子模，同時免除了花剌子模每年的貢賦。你原先不是年年給我進貢嗎？現在我不要了，還給你割地。花剌子模的國王摩訶末心滿意足，率軍退走。

屈出律就開始在西遼境內胡作非為。屈出律是長年到處流竄的一個人，現在總算有一個窩安定下來了，換作一般人，應該珍惜這大好機會，好好經營西遼，把這當成你的福地，藉此發展實力，有朝一日才可以興兵報仇。

可屈出律倒好，一朝權在手，便把令來行，可得好好禍害禍害，發洩發洩，雖然我打不過成吉思汗，但我可以拿你們出氣。他是這麼一種感覺。

尤其要命的是什麼呢？屈出律制定了一條十分錯誤的宗教政策。屈出律本人是景教徒，景教是基督教的一支。屈出律的妻子（也就是西遼的公主）是佛教徒。因為契丹人是信佛的，所以屈出律在妻子的勸說下，就改信了佛教。這個時候，屈出律就強迫所有的西遼國民都改信佛教。這樣一來，就激起了國中百姓的強烈反對。

屈出律還要求當地人改穿契丹人式樣的衣服。可能屈出律覺得自己篡奪王位名不正言不順，所以他得做得比契丹人還像契丹人，才能獲得西遼貴族的支持。所以他就強迫國民必須穿契丹人的衣服，必須信仰契丹人的宗教。

當年耶律大石在這兒立國的時候，知道這兒的居民主要都是穆斯林，所以耶律大石特別尊重當地民族的宗教信仰，每到穆斯林的節日，耶律大石都要給當地的人慶祝。現在屈出律居然倒行逆施，當地的人民就對他非常反感。

屈出律還對屬國的百姓進行殘暴的壓榨。西遼有一個地方叫喀什噶爾，就是今天的新疆喀什。每到莊稼成熟的季節，屈出律就派兵去喀什噶爾毀壞莊稼，他這麼幹，導致喀什噶爾顆粒無收，當地的百姓餓死了很多。

屈出律這麼做的目的是什麼呢？強迫喀什噶爾人改變宗教信仰，你不改變信仰，我就活活餓死你。屈出律還給喀什噶爾人每戶派去一個西遼士兵。這些西遼士兵住到喀什噶爾人家裡，自然是燒、殺、搶、姦，無惡不作。

喀什噶爾人實在受不了了，又沒有能力反抗，只好盼星星盼月亮，盼著老天爺早日派來解放者，把這幫倒行逆施的人給收拾了。

喀什噶爾人的期盼，終於靈驗了。他們盼來了誰呢？

成吉思汗。

大蒙古國兼併西遼

西元一二一八年，成吉思汗派出大將哲別，率領兩萬蒙古大軍，開始進攻西遼。成吉思汗的目的是徹底消滅乃蠻部的殘餘——屈出律。但是，此時哲別要對付的已經不是一個逃亡的部落首領，而是一位西遼的皇帝。

哲別大軍一進西遼就宣布，每個人都可以有自己的宗教信仰，成吉思汗的軍隊保護每一種信仰，不論你是景教徒、佛教徒還是穆斯林，我們都保護。每一個人都有權利按照祖先傳下來的風俗去生活，所以當地的穆斯林不用梳契丹人的髮式，不用穿契丹人的衣服。

你想，這老百姓能不擁護蒙古大軍嗎？所以蒙古大軍所到之處，百姓是簞食壺漿以迎王師。

當時，屈出律正在喀什噶爾，喀什噶爾人恨他恨得要食其肉、寢其皮才能解恨。屈出律一看蒙古大軍來了，立刻上馬就跑了。他一跑，他留在喀什噶爾人家中的西遼士兵，立刻就被殺了個乾乾淨淨。

屈出律根本不敢與蒙古軍作戰，他知道蒙古軍的戰鬥力，知道哲別的驍勇。所以他要一口氣跑到安全的地方才行，跑到了哪兒呢？跑到了今天的阿富汗境內。

哲別的蒙古大軍一路窮追不捨，屈出律逃到深山裡面，蒙古人不熟悉山路攻不進去。哲別就對當地的獵人講，如果你們能把屈出律幹掉，屈出律隨身攜帶的金銀財寶很多，全都歸你們所有。這些獵人一聽特別高興，擔心蒙古大軍擒斬了屈出律，那這些金銀財寶就歸蒙古人了，所以大家爭先恐後地去找屈出律。

在這些獵人眼裡，屈出律已經不是人了，而是變成了一堆金元寶。屈出律脖子上頂的不是腦袋，而是金子。所以這幫獵人衝進去，三下五除二，就把屈出律的腦袋送到哲別面前了。

哲別果然履行諾言，把屈出律帶的所有的金珠寶貝都賞給了獵人，然後率軍班師，把屈出律的首級獻給了成吉思汗。

屈出律一死，等於原來的西遼國土也併入了大蒙古國。這樣一來，大蒙古國就跟當時中亞的穆斯林大國花剌子模接壤了。沒想到，兩國之間爆發了一場曠日持久的戰爭。

第六講

世界千年第一人

25.花剌子模：引發蒙古遠征的導火索

成吉思汗征服西遼之後，蒙古帝國的疆域隨之擴張到了中亞地區，開始與日漸強盛的花剌子模接壤。那麼，這個花剌子模，究竟是一個怎樣的國家？兩國之間到底發生了什麼事情，致使成吉思汗對花剌子模忍無可忍，發動了一系列影響深遠的遠征？

摩訶末的野心

花剌子模是中亞阿姆河下游的一個國家。唐朝的時候，中亞有九個唐朝的附屬國，稱為昭武九姓，花剌子模的前身就是昭武九姓之一。蒙古人把花剌子模稱為撒兒塔勒，意思是商隊，就是說花剌子模人善於經商。

花剌子模在立國的過程當中，先後臣屬過很多國家。比如說，它臣屬過中國的唐朝，臣屬過賽爾柱突厥帝國。後來西遼強大之後，花剌子模又臣屬於西遼。

西元一二〇〇年，花剌子模的新國王摩訶末即位。摩訶末即位之後，花剌子模的國勢也是蒸蒸日上，實力日益增強。所以摩訶末就不願意再臣屬於西遼。一二〇九年，當西遼的使者來到花剌子模徵收貢賦的時候，摩訶末藉口這個使者態度傲慢，拒絕向西遼交納貢賦，跟西遼鬧翻了臉。

就是在這種背景下，摩訶末去聯絡屈出律，跟屈出律裡應外合進攻西遼。屈出律得手後，花剌子模終於擺脫了西遼屬國的地位。從此，摩訶末名聲大振，他以伊斯蘭世界的領袖自居，沿襲了當年賽爾柱帝國領導人的頭銜。

我們可以看出，摩訶末一二〇〇年即位，一二一〇年左右擺脫了西遼屬國的地位，開始開疆拓土、南征北戰，使得花剌子模王國日益強盛。也就是說，摩訶末領導花剌子模強盛的時間，大致跟成吉思汗崛起的時間相同。東方一龍，西方一虎，這兩個人早晚得有一拼。特別是摩訶末有征服世界的野心，所以他派人來大蒙古國打探虛實。

一二一五年，成吉思汗攻克了金中都。這個時候，摩訶末派出的使臣來到了金中都，見到了成吉思汗。成吉思汗一看，花剌子模遣使來賀，非常高興，就跟花剌子模的使者講，你們回去之後，轉告摩訶末，我是東方的統治者，蘇丹是西方的統治者，雙方應當友好，讓商人互相往來，咱們之間不要有任何矛盾。

於是，花剌子模的使者就回去覆命了。

黑心商人

蒙古人是游牧民族，衣食都不能自給，一些生活必需品必須依賴對外交換。所以蒙古人特別重視貿易，特別喜歡商業。

大約在花剌子模使者出發的同時，花剌子模的三位商人滿載著絲織物之類的貨物，來到了蒙古草原，去跟成吉思汗的部落交易。

成吉思汗看了這三個商人的貨物，覺得這些貨物很不錯，就問這三個商人，這東西怎麼賣啊？

這三個商人以為蒙古人茹毛飲血，尚未開化，這些絲織物估計他們沒見過，所以其中一個就獅子大開口，值二三十個底納兒的貨物，他跟成吉思汗要三個金巴里失。底納兒和巴里失，都是中亞的貨幣名稱，一個金巴里失合七十五個底納兒。也就是說，本來值二三十個底納兒的貨物，現在要三個金巴里失，價位提高了七八倍。

成吉思汗勃然大怒，怎麼著啊，你拿我當野蠻人，以為我沒見過這東西是不是？成吉思汗命令自己的部下打開倉庫，讓這三人開開眼。打開倉庫一看，成吉思汗的倉庫裡，這樣的織物堆積如山，有打仗繳獲的，還有各地跟他結盟的人獻來的。我還不知道這玩意兒值多少錢？二三十個底納兒，你跟我要三個金巴里失，你的良心大大地壞了。

成吉思汗下令，沒收這小子的貨物，把他關起來。這個獅子大開口的黑心商人就被關起來了，他的貨物就被沒收了。成吉思汗轉向另外兩位商人問，你們這東西多少錢啊？

那兩個商人嚇壞了，一看成吉思汗把自己的夥伴關起來了，弄不好這傢伙就沒命了，所以這兩個人堅決不肯說自己的貨物多少錢，我們奉了國主之命，把這些貨物來敬獻給大汗，不要錢，這是白送給您的。

成吉思汗就信以為真了，真以為是摩訶末送他的禮物，非常高興，那我不能白拿你們的東西啊，你們蘇丹有情我也有義，這樣好了，每匹絲織物，一個金巴里失。然後成吉思汗吩咐，把那個關起來的小子放出來，今兒我高興，他們蘇丹給我送禮來了，看在蘇丹的面子上，饒了這小子，把貨物還給他，按照給這兩個商人的價錢給他錢。

這三個商人還是賺了個盆滿缽滿，值二三十個底納兒的貨物，成吉思汗給了一個金巴里失，那也是兩倍以上的價格了。

成吉思汗說，我們蒙古人心眼實，不善於經商，但是我們很需要這些貨物。你們國家的穆斯林擅長經商，又盛產這些貨物，所以以後你們多往這兒派商隊來，咱們互通有無。然後他讓這三個商人帶著一些蒙古國的貨物，比如蒙古的土特產、毛皮，讓他們回去之後交換，然後再到蒙古國來做買賣。

這三個商人發了財，又滿載著蒙古的貨物，回到了花剌子模。

締結盟約

三個商人回到了花剌子模之後，見到了國王摩訶末，因為成吉思汗讓他們帶信給摩訶末，他們也算成吉思汗的使臣。

他們替成吉思汗表達了蒙古帝國希望跟花剌子模經商做買賣的願望，希望貴國的商人到我們這兒，我們也派一些商人跟著貴國的商隊回去，把貴國的貨物運到我國來，同時也把我國的貨物運到貴國去。我知道您的家族很偉大，姓氏很高貴，您現在已征服了敵人，我也征服了敵人，所以貴我兩國就成了鄰國。我們應該維護貴我兩國之間的友誼，特別是讓兩國之間的商隊能夠互相經商，希望您體察我的一片苦心。

摩訶末聽完了這三個商人轉達的成吉思汗的口信之後，很不以為然。成吉思汗他這是有求於我啊，他們那地方啥也不產，所以他才求著我跟他通商。

夜裡，摩訶末召見了商隊的頭領，問他，蒙古國的情況怎麼樣啊？這個商隊的頭領也是穆斯林，面對伊斯蘭世界實力強大的君主，他也不可能說成吉思汗的什麼好話，而且為了討摩訶末的歡心，他就跟摩訶末講，成吉思汗軍隊雖然多，但是都是一幫老百姓，跟咱們的職業軍人沒法比。平時他們就是放牧的，打起仗來就上戰場，沒有統一的軍裝，也沒有統一的制式兵器，裝備很低劣，根本無法跟我們花剌子模的大軍相提並論。

商隊的頭領這麼一講，摩訶末就對成吉思汗更加輕視了。既然這樣，成吉思汗對我構不成什麼威脅，他也就是想跟我經商做買賣，從我這兒要點兒東西而已。所以摩訶末很爽快地就跟成吉思汗締結了盟約。

摩訶末跟成吉思汗締結了盟約之後，成吉思汗覺得兩國經商這件事應該沒問題了。所以成吉思汗就命令蒙古國的宗王、萬戶長、千戶長們，每個人派出兩三個商人，攜帶著蒙古國的特產和大量的貨幣，組成了一支龐大的商隊。這支商隊有四百五十人，而且組成這支商隊的人全部都是穆斯林。

也就是說，成吉思汗派出了四百五十名穆斯林，到花剌子模去進行兩國的貿易，使兩國互通有無。

見財起意殺商隊

這支龐大的商隊來到了花剌子模邊境上的一座城市訛答剌城。訛答剌城在今天的哈薩克境內，守將是花剌子模國王摩訶末母親家族的人，封號是哈亦兒汗。

成吉思汗派出的商隊來到訛答剌城之後，哈亦兒汗覬覦商隊的巨大的財富。你想，四百五十個人，人人都帶著錢、帶著貨，這是多大的一筆財富啊！

這支商隊的頭領認識哈亦兒汗，但他覺得我是奉大蒙古國成吉思汗的命令來的，所以沒必要對你低三下四。因此，見了哈亦兒汗之後，直呼其名，沒有稱汗。哈亦兒汗一怒之下，就把這些人全抓起來了，誣陷這些人是蒙古間諜，然後報給了摩訶末，說是抓了一個龐大的蒙古間諜團夥，您看怎麼辦？

摩訶末本來就對蒙古國心存輕視，再加上哈亦兒汗是他母親的族人，屬於太后一黨，他也只能睜一隻眼閉一隻眼，既然他們是間諜，那就殺了唄，你愛怎麼辦就怎麼辦。

於是，這些蒙古國的商人就稀里糊塗地掉了腦袋。

其中有一個商人在大夥遇難之前，非常巧妙地從牢裡逃了出來。他目睹了同伴的悲慘遭遇，回來之後就給成吉思汗說，我的這些同伴全都被訛答剌城的守將哈亦兒汗給殺了，大汗一定要為他們報仇。

成吉思汗非常震怒，我派了這麼一支大商隊前去做買賣，旨在增進兩國的友誼，結果你竟然這麼幹。成吉思汗轉念一想，摩訶末不是跟我訂立了盟約嗎？會不會是他不明真相，被手底下的人給忽悠了？所以成吉思汗決定，先派遣使者去質問摩訶末。

成吉思汗派的使者是誰呢？領頭的叫鎮海，是最早投奔成吉思汗的穆斯林商人，早年就給成吉思汗運貨物，屬於從龍功臣，這可不是一般的人，在蒙古國的地位非常高。成吉思汗派出這麼重要的人物去見摩訶末，可見他對這件事非常重視。

鎮海見到摩訶末之後，義正詞嚴地傳達了成吉思汗的口信，咱們已經締結了盟約，你為什麼背盟啊？你身為一國之主，哪能說話不算數啊？如果這件事不是你指使的，請你把訛答剌城的守將交出來，交給大蒙古國成吉思汗處理，兩國之間還可以照舊保持友誼。

摩訶末惱羞成怒，我什麼人？我是堂堂的國王，你跟我說話如此無理，就下令把鎮海拖出去處死。怎麼處理跟鎮海一塊來的副使呢？摩訶末按照穆斯林最侮辱人的方式，燒掉他們的鬍鬚，驅逐出境。

起兵遠征花剌子模

兩個副使回到了蒙古國，向成吉思汗報告鎮海被殺、自己鬍子被燒的消息。成吉思汗氣得差點昏倒過去，蒙古眾將急忙扶起成吉思汗。

成吉思汗再一次爬到了不兒罕山的山頂上，摘掉帽子，把腰帶解下來掛在脖子上，跪了三天三夜，祈禱長生天保佑，決心要跟花剌子模開戰，報這個大仇。

祈禱了三天三夜之後，成吉思汗從山上下來，召集兵馬，所有的萬戶、千戶、百戶都要派部隊從征，召集了二十萬大軍。另外，畏兀兒部落，吉爾吉斯草原的部落，還有西夏，都要派兵隨同出征。西夏拒絕了成吉思汗的命令，西夏使臣很傲慢地說，你要是有本事征服世界，你就自己打去，沒本事你就別打，幹嘛從我們這兒調兵啊？

成吉思汗當時沒工夫理西夏，但是這次西夏拒絕出兵，成了日後成吉思汗領兵滅西夏的導火索。

西元一二一九年，成吉思汗集結二十萬蒙古大軍，刀槍耀眼，旌旗蔽日，準備西征，消滅花剌子模。

花剌子模也是一個幅員萬里的大國，據說擁有四十萬大軍，人家又是以逸待勞，所以這一場戰鬥恐怕不會像以往的戰鬥那麼順利，可能埋伏著無數的凶險。因此，全軍上下氣氛十分凝重。

成吉思汗的大軍即將要出發的時候，也遂皇后拉住了成吉思汗的衣袖說，大汗您翻越高山，跨過大河，為我們蒙古帝國開疆拓土，但是有形之物皆無常在，沒有誰是長生不老的。萬一大汗您像大樹一般的身軀倒下了，那您的百姓由誰來治理呢？萬一您像柱樑一樣的身軀坍塌了，您的大旗由誰來高舉呢？您這四個兒子，到底誰能夠繼承您的汗位，您能不能讓你的兒子、部將和后妃們知道？

這個時候，成吉思汗已經五十八歲了，人活七十古來稀，何況那個時候的醫療飲食狀況都跟今天沒法比。五十八歲的成吉思汗，真的算是老人了，所以也遂提出這個問題之後，成吉思汗覺得她提得太好了。

於是，成吉思汗召集眾將說，也遂雖然是女流，但是她說的話特別有道理。總有一天，我也會追隨祖先而去，所以這件事現在必須要明確。我的兄弟、我的兒子、我的部將們，像博爾朮、木華黎這樣的我的左右手，你們都沒給我提出這樣的問題，你們的見識還不如也遂。

其實成吉思汗這麼說，有點兒不應該，這事只有也遂敢問，換作其他人，誰敢問啊？你什麼意思啊，你咒我早死啊，想搶班奪權啊？所以別人也不好問。

也遂提出這個問題之後，成吉思汗也覺得是該解決這個問題了。他首先問自己的長子朮赤，你怎麼看這件事啊？還沒等朮赤開口，二兒子察合台就臉紅脖子粗地跳出來跟成吉思汗說，父汗，您是要讓這個篾兒乞人的種，來繼承汗位嗎？我可告訴您啊，如果這個篾兒乞種繼承汗位，我絕不服他管。這話一說，成吉思汗的臉就拉下來了，朮赤更是勃然大怒。

咱們前面講過，成吉思汗的皇后孛兒帖，曾經被篾兒乞人擄走，配給了也客赤列都的弟弟。孛兒帖被救回來不久就生下了朮赤，所以關於朮赤的生父是誰，其實成吉思汗也有懷疑。好多人都認為朮赤是篾兒乞人的孩子，不是成吉思汗的骨肉，但是誰也不敢說，尤其不敢當著朮赤的面說。

朮赤覺得自己就是成吉思汗的兒子，沒想到察合台這愣頭青，在這個關鍵時刻跳出來說朮赤是篾兒乞人的種。朮赤衝上去，一把就揪住了察合台的衣領，察合台你說的這叫什麼話？誰不知道我是父汗的孩子？父汗還沒說話，輪得著你在這兒胡言亂語嗎？你有什麼本事？你不過就是四肢發達、頭腦簡單、脾氣暴躁而已，你以為你武藝很高強嗎？來，咱倆比試比試！

這兩人就撕扯在了一起，大夥都嚇傻了，看著成吉思汗。沒想到成吉思汗端坐在寶座上一言不發，眾將只好上前拉住了朮赤和察合台，好不容易把這哥倆給分開。

確定接班人

這個時候，長期輔佐察合台的一位老人站出來跟察合台講，察合台你怎麼能這麼說呢？你的父汗本來就看重你，一直在培養你。你出生以前，星天旋轉，各邦征戰，大家連上床睡覺的工夫都沒有；大地翻騰，你爭我奪，誰都沒空鑽被窩。幸虧有你的父汗出來平定了這一切。在他平定這世界之前，大地擾攘，萬方不安，所以你的母親才會被擄走，這你應該能夠理解。你說這樣的話，不就是在傷你母親的心嗎？而且也傷了你父親的心。你父親歷盡苦難，含辛茹苦，才把你們兄弟撫養成人。他像太陽一般明亮，像大海一樣深邃，你怎麼能傷他的心呢？

這個人指責了一番察合台之後，成吉思汗才開了口。察合台剛才一嚷嚷，觸動了成吉思汗內心深處的隱痛。當年孛兒帖被擄之後生下朮赤，是不是自己的兒子，成吉思汗也不清楚。雖然成吉思汗一直把朮赤當自己的兒子養，那也是打掉了牙往肚子裡吞，畢竟心裡有解不開的疙瘩。察合台的老師這一番話，給成吉思汗找了臺階下，因此，成吉思汗馬上對察合台說，察合台你胡說八道什麼，難道朮赤不是我的兒子嗎？難道朮赤不是你的大哥嗎？以後不許再胡說了。

察合台一看父親和老師都這麼講，都認朮赤，知道自己再胡攪蠻纏下去也沒意思了。但察合台冷靜下來一想，我絕對不能讓朮赤繼承汗位，我這麼當面罵他，他要繼承了汗位，那我可是死無葬身之地啊。

所以察合台就說，朮赤武藝高強，我很服他，我們兩個應該在父汗面前效力，獨當一面。如果有誰逃避，就要打破他的腦袋；有誰落後，就要砍掉他的腳後跟。我們兩個應該是父汗的左右手。

我覺得三弟窩闊台仁慈寬厚，可以繼承父汗的位子。

朮赤一聽這話，也知道自己做接班人是沒戲了。既然這樣，他也馬上表示，就依察合台所說，讓三弟窩闊台繼承汗位。

成吉思汗一看，既然這兩個兒子都這麼表示了，就問窩闊台，你有什麼意見啊？窩闊台說，既然兩位兄長都這麼說了，我有什麼可說的呢？我就勉力去做吧。

然後，成吉思汗又問四兒子拖雷，你有什麼意見？拖雷能有什麼意見？拖雷一想，反正這汗位怎麼著也輪不到自己頭上，所以拖雷就表示，父汗您放心，在父汗和兄長面前，我起誓，我一定認真輔佐三哥。

成吉思汗一聽，這四個兒子達成了共識，一致同意窩闊台繼位，非常滿意。好，我的弟弟們，還有萬戶長、千戶長，都要指定一個兒子做接班人。這次遠征，咱們做好破釜沉舟、不成功便成仁的準備，都安頓好後事。

之後，成吉思汗下令全軍開拔，去跟花剌子模決一死戰。

蒙古大軍正要出發的時候，天上開始下雪了。這時候是夏天，夏天下雪了，大家面面相覷，不祥之兆啊。連成吉思汗都犯怵，怎麼大夏天的下起雪來了，沒見過這事。

這個時候，帳下走出一人，對成吉思汗講，大汗不必憂慮，這不是不祥之兆，而是天降瑞雪，預示著我軍旗開得勝、馬到成功。

這個人是誰呢？

26. 雄師遠征：大破花剌子模

花剌子模的邊城城主哈亦兒汗，因為見財起意，洗劫並殺害了成吉思汗派出的商隊。哈亦兒汗一時的貪婪，給花剌子模帶來了滅頂之災。西元一二一九年，成吉思汗率領二十萬大軍西征，討伐花剌子模。成吉思汗的這一次遠征，對世界歷史產生了深遠的影響。面對富饒強盛的花剌子模，成吉思汗的大軍能否取得勝利？而花剌子模帝國的命運又將如何呢？

世界戰爭史上最有名的一封戰書

此人赫赫有名，他的名字叫耶律楚材。大家一聽就知道這耶律楚材是契丹皇室的後裔，他們家在金國累世做官。

據說耶律楚材非常精於占卜，蒙古人特別信這東西，打仗之前要卜問吉凶。耶律楚材的占卜特別靈驗，加上耶律楚材長得非常漂亮，身材高大，留著一副美髯，所以成吉思汗很看重耶律楚材的才能。

既然耶律楚材跟成吉思汗說，天降瑞雪是吉兆，成吉思汗也就深信不疑了，命令繼續前進。成吉思汗也知道先禮後兵，我打你花剌子模，是奉天命以討不義。所以我得寫個戰書，告訴花剌子模，我打你是應該的。起草戰書的責任，責無旁貸地落到了耶律楚材身上。

耶律楚材就寫了一封戰書，然後讀給成吉思汗聽。耶律楚材一肚子學問，從三皇五帝開始說，駢四儷六寫了一大堆。

成吉思汗聽完了之後，搖了搖頭說，沒有氣勢，你給摩訶末講什麼商湯滅夏、武王伐紂他也不懂，沒用。按我說的改，就幾個字。於是，世界戰爭史上最有名的一封戰書橫空出世了，翻譯成漢語就是什麼呢？爾要戰便戰！只有五個字，你要打咱就打，你想玩老子陪你玩，就這意思。

這封戰書一寫出來，蒙古軍隊士氣大振，你瞧我們大汗多有水準，多有種，你想玩老子陪你玩，我們蒙古人什麼都不怕。

蒙古大軍到達花剌子模之後，首先要打邊境上的訛答剌城。因為就是訛答剌城的城主哈亦兒汗殺掉了蒙古的商隊，蒙古大軍把訛答剌城團團圍住。哈亦兒汗也知道這場戰爭完全是自己一時的貪念引發的，必須死守訛答剌城，一旦訛答剌城被攻破，那自己的下場不知道會有多慘。所以哈亦兒汗督率士兵拼命抵抗，城中的男女老幼，只要能拿得起刀槍的全都上城抵抗。因為哈亦兒汗是太后的親戚，花剌子模國王摩訶末也不能見死不救，就派遣了援軍協助哈亦兒汗守城。

眼看訛答剌城一時半會兒難以攻破，成吉思汗覺得二十萬大軍困於堅城之下不是個好辦法，怎麼辦呢？分兵。

成吉思汗兵分四路，讓自己的二兒子察合台和三兒子窩闊台率部繼續圍攻訛答剌城；長子朮赤率領軍隊向西北方向進攻，目標是真德城，在錫爾河的北岸；大將阿拉黑率領部隊向東南方向進攻，主攻在今天的烏茲別克斯坦境內的別納客忒城；成吉思汗本人和四兒子拖雷率領大軍渡過錫爾

西征花剌子模

河，進攻也在今天的烏茲別克斯坦境內的不哈爾城，以截斷花剌子模的增援部隊。

蒙古軍隊的人數本來就比花剌子模要少，人家花剌子模有四十萬大軍，你只有二十萬，還兵分四路，這不是犯了兵家之大忌嗎？成吉思汗一生用兵如神，怎麼可能犯這樣的錯誤呢？

成吉思汗的分兵策略

其實，這正是成吉思汗針對花剌子模低劣的戰術水準確定的戰爭策略。

在蒙古大軍進攻花剌子模的時候，摩訶末國王召開了御前軍事會議，討論怎麼對付蒙古人。在御前軍事會議上，摩訶末的文武大臣眾說紛紜，歸納起來有四條意見：

第一條，集中優勢兵力於錫爾河畔阻擊蒙古人，禦敵於國門之外。

第二條，誘敵深入。把蒙古人引誘到錫爾河跟阿姆河之間的地區，然後分兵把守，逐步消耗蒙古人的力量。

第三條，放棄河中地區，退守阿姆河口，這就很保守了。

最後一條更保守，退守哥疾寧（在今天的阿富汗），一旦打不過蒙古人，隨時可以退往印度。

按照當時的形勢，花剌子模應該集中四十萬大軍主力作戰。但是摩訶末不可能完全調動這四十萬大軍，因為花剌子模的很多軍隊都是其他部族的人，不聽他調動。退守阿姆河口，或者退守哥疾寧，不戰就放棄很多地盤，對他來講也不合適，所以他就採取了第二條策略——誘敵深入，把蒙古人引誘進自己的國土，利用主場作戰的優勢，逐步消耗蒙古人。

但是摩訶末犯了兵家大忌，本來花剌子模的兵力跟蒙古人的對比是二比一，你現在每個城市都要派兵把守，等於握緊的拳頭張開了，變成了五指。蒙古人可以攥成拳頭一個個去砸。

成吉思汗分兵針對的就是摩訶末的昏招。成吉思汗雖然兵分四路，但每一路有好幾萬人馬，而花剌子模四十萬人馬卻要散布在全國的各個城市，每個城市的守軍都不超過蒙古的一路兵馬。所以，成吉思汗敢於兵分四路去進攻花剌子模，而且把兵力上整體的劣勢化為了局部的優勢。

首先說圍攻訛答剌城的這一路。成吉思汗統兵走後，窩闊台和察合台圍住訛答剌城晝夜攻打。城內的哈亦兒汗也是拼了命在守，所以訛答剌城一時半會兒打不下來。但幾個月過去之後，城裡的食物消耗殆盡，水源也被蒙古人切斷，城裡的人一半戰死，一半餓死，只有少數兵士還在抵抗。

當蒙古人進攻訛答剌城的時候，摩訶末派來了一支援軍。這個時候，援軍統帥主張突圍。哈亦兒汗則認為，現在咱們的士兵一個個餓得站都站不穩，這樣的體力，突圍也是死路一條，還是應該堅守城池，與城共存亡。但是援軍統帥堅持突圍，兩人誰也說服不了對方，最後援軍統帥就率領自己的殘部突圍。果然，一突圍就中了蒙古軍的埋伏，全軍覆沒，一個人也沒跑出去。

援軍統帥本人也被俘了。蒙古人趕緊對他進行審訊，了解了城中的虛實，原來城中的人要麼餓死了，要麼戰死了，就剩少數兵士還在抵抗。

蒙古人得知這個消息之後，把援軍統帥斬首，全力以赴地攻城，終於把城攻破了。攻進了訛答剌城之後，一看城中果然只有少數士兵還在堅持抵抗，而且弓箭之類的兵器已經消耗殆盡，只能拿石塊之類的東西來砸蒙古人。

戰鬥毫無懸念，訛答剌城被攻陷，哈亦兒汗本人被俘。哈亦兒汗知道落到蒙古人手裡就慘了，騎著駿馬，舞著雙刀，玩命似的想衝出城去，怎麼可能衝出去呢？所以被蒙古人生擒了。

窩闊台和察合台生擒了哈亦兒汗之後，把他送到了成吉思汗的大帳，請父汗處置。

成吉思汗怎麼處置哈亦兒汗呢？你小子不是貪錢嗎？你不是殺害了我的商隊嗎？成吉思汗下令把白銀熔化，把熔化的銀水灌到哈亦兒汗的嘴裡和耳朵裡，就這樣活活把他給燙死了。你不是貪錢嗎？現在給你錢。

蒙古人攻佔訛答剌城，就是為當年遇害的商隊報血海深仇。

窩闊台和察合台這一路完成了任務。

為建立自己的王國而努力

朮赤這一路是攻打花剌子模的西北方向。

朮赤打到一座大城下，一看城池堅固，可能一時半會兒攻不下來。朮赤就派了個畏兀兒人去勸降。他想著畏兀兒人也是穆斯林，勸降可能會有戲。沒想到這個畏兀兒人進去勸降，立馬被城裡人給殺掉了。

朮赤大怒，下令揮軍攻城，一下就把城池給攻下來了。蒙古人攻城，如果不反抗就投降，那還好說，如果反抗了就要屠城，另外蒙古人最恨的就是殺害使臣。所以朮赤下令屠城，把全城男女老幼殺了個乾乾淨淨，然後派被害的蒙古使臣的兒子做地方長官，統領這個城。

朮赤繼續進軍，又攻陷了三座大城，抵達了這次進軍的目標真德城。

蒙古人打到真德城下，守將不戰而逃。這裡的人早就聽說了，蒙古大軍十分神勇，而且很殘暴，一旦抵抗，破城之後必然屠城，所以守將就嚇跑了。守將一跑，朮赤的大軍很快就把城市攻佔了。

然後，朮赤大軍繼續向西進發，攻佔了養吉干城。朮赤在這些城市裡設置官吏進行統治。朮赤已經做好了思想準備，自己打下來的這些地盤，將來都是我的王國。既然繼承蒙古汗位的希望已經沒有了，那我也不願意回到蒙古老家，在三弟帳下聽差。西征之前父汗不是跟我們講了嗎？廣闊的王國等著你去征服，浩瀚的河流等著你去跨越，你有本事自個兒打，打下的地盤都是你的。那好，這些地盤是我打下來的，我就準備把這裡建成我的王國了。所以他設置官吏進行管轄。

從某種程度上來講，這些被朮赤佔領的地方還算是幸運的，因為朮赤想在這裡建立王國，所以沒有進行大規模的破壞。

名將帖木兒滅里

另一路大軍由蒙古大將阿拉黑率領，進攻別納客忒城，很快就打下來了。

別納客忒城被打下來之後，阿拉黑就驅使城中的壯年男子組成哈沙兒隊。哈沙兒隊是什麼呢？蒙古人打仗的時候，一般會驅趕被俘的敵國兵士和百姓，做哈沙兒隊在前面攻城。

阿拉黑驅使哈沙兒隊去進攻忽氈城，遇到了花剌子模的名將帖木兒滅里。忽氈城位於錫爾河的上游，是花剌子模的戰略要地。一旦忽氈城失守，蒙古大軍就可以順流而下，長驅直入。

忽氈城的守將帖木兒滅里非常會用兵，知道死守忽氈城恐怕是死路一條，怎麼辦呢？他讓百姓能跑的全部跑了，跑不了的退入內堡。內堡很堅固，一時半會兒無法攻克。然後，帖木兒滅里在錫爾河中間的一個島上修了一座城堡，跟忽氈城的內堡作為呼應。

阿拉黑的大軍打到錫爾河畔一看，帖木兒滅里建城堡的那個河中島的位置太好了，在蒙古軍隊的弓箭和拋石機的射程之外，遠程兵器打不著它，近戰吧，他在河裡，這你咋整？你要是去進攻忽氈城的內堡，帖木兒滅里就派士兵坐船出來支援；你一打援兵，船就撤回去，沒轍。

阿拉黑只好驅使了好幾萬哈沙兒隊，搬運石頭填錫爾河，逐漸逼近了帖木兒滅里在河中島修的城堡。帖木兒滅里選了十二艘戰船，戰船上邊蓋著濕泥，濕泥上還灑著醋，以防止蒙古軍隊放火箭。然後，他把十二艘戰船分為兩撥，一撥六艘，輪番出擊。他們的主要任務就是把蒙古軍隊扔到河裡的石頭再扔回岸上。

蒙古人不習水戰，也沒有戰船，對帖木兒滅里的戰船，阿拉黑是一籌莫展。只好調更多的哈沙兒來填錫爾河。畢竟帖木兒滅里的人數很少，只有千餘名士兵，而蒙古人調來幾萬人填河，帖木兒滅里撈石頭的速度，趕不上阿拉黑填石頭的速度。蒙古軍隊還是逼近了城堡，開始用拋石機和弓箭攻城。

這個時候，帖木兒滅里也覺得無法支撐了，決定突圍。他準備了七十艘大船，滿載輜重，率領最能戰鬥的士兵登上最後一艘大船掩護輜重部隊先撤。蒙古人沒有戰船，沒法在河中攔截，只能派騎兵在岸上追，往船上射箭。

帖木兒滅里只要一看到蒙古騎兵追擊，就馬上命令自己的大船靠近岸邊，用弓箭或者碎石把蒙古騎兵消滅掉，然後再回到錫爾河的主航道繼續向下游跑。蒙古兵一時無計可施。

阿拉黑就向成吉思汗以及各路蒙古將領通報這件事，帖木兒滅里要往錫爾河下游跑，希望友軍能夠協同作戰。

英雄最後的結局

朮赤當時在錫爾河下游，一聽帖木兒滅里要往下游跑，就下令在下游搭建浮橋，然後讓蒙古軍隊埋伏在浮橋上。

帖木兒滅里知道敵人在前邊一定會有埋伏，所以在船隊即將進入埋伏圈之前下令棄舟登岸，咱們不坐船了，上岸騎馬撤退。帖木兒滅里還是自己斷後，掩護輜重部隊先撤。但是畢竟一上岸就是蒙古騎兵的用武之地了，蒙古騎兵人數又多，更精於騎射，帖木兒滅里的部下就被殺散了。

經過一番激戰，帖木兒滅里身邊只剩下幾位護衛。在突圍過程當中，就連最後的幾位護衛也都失散了，帖木兒滅里的佩刀也砍折了，身上只剩下三支箭，有一支箭還沒箭頭，後邊卻有三個蒙古騎兵緊追不捨。

帖木兒滅里抽出了一支沒有箭頭的箭，拉弓放箭，一箭射瞎了一個蒙古騎兵的眼睛，那個蒙古騎兵捂著眼睛一聲慘叫從馬上掉了下去。然後，帖木兒滅里就跟剩下的兩個蒙古騎兵說，你們別再追我了，我身上還有兩支箭。你們看見了我的箭術有多高，你們要是還追我，這兩支箭正好送你們一人一支。

這兩個蒙古騎兵害怕了，他們可能也不知道這個人就是帖木兒滅里，覺得他孤身一人，諒也掀不起多大風浪，我們已經打了大勝仗，應該回去找主帥請功去了，沒有必要跟他玩命。於是，這兩個蒙古騎兵就救起受傷的同伴撤走了。

帖木兒滅里來到了國都玉龍傑赤，準備新的戰鬥。他到那兒之後，招募了一支軍隊進攻被朮赤佔領的養吉干城，趕走了蒙古長官，收復了養吉干城。後來蒙古大軍又前來討伐，帖木兒滅里就去投奔國王摩訶末。直到摩訶末病死，帖木兒滅里才停止了抵抗，去了敘利亞，做了一名虔誠的穆斯林。

帖木兒滅里到了晚年，十分思念自己的家鄉花剌子模，於是就從敘利亞動身回到了蒙古人佔領下的花剌子模。帖木兒滅里決定在家鄉葉落歸根，他主動去見當地的蒙古統治者——成吉思汗的孫子合丹，想告訴蒙古人，我不再抵抗你們蒙古人了，只是想做一個普通的老百姓。

結果，合丹想起當年蒙古大軍西征花剌子模的時候，最難對付的就是帖木兒滅里，下令把他捆綁起來，讓他說說當年是怎麼對抗蒙古人的，等於是讓他坦白罪行。

帖木兒滅里十分高傲地講，大海和山岳有目共睹，我是怎麼跟蒙古著名的英雄交鋒的，星星可以作證我的勇敢，全世界都為之變色。

合丹一聽就生氣了，你現在都這副模樣了，老得牙都快掉光了，還記得當年大敗我們蒙古人呢。我們蒙古人縱橫天下三萬里，沒怎麼打過敗仗，就在你帖木兒滅里手下吃了點兒虧。

合丹一看帖木兒滅里如此高傲，根本就不把蒙古人放在眼裡，於是他一時生氣，拉弓搭箭就把帖木兒滅里給殺死了。

帖木兒滅里雖然是蒙古的敵人，但是蒙古人也很欽佩他。他抵抗蒙古軍隊進攻的故事，在花剌子模民間廣為傳唱。

只會開溜的國王

言歸正傳，帖木兒滅里在錫爾河下游戰敗後，阿拉黑這一路大軍也實現了戰略目的。蒙古各路大軍都取得了勝利，捷報像雪片一樣飛到了成吉思汗的大帳。朮赤報捷、阿拉黑報捷、察合台和窩闊台報捷，成吉思汗帶著自己的四兒子拖雷，也很快就攻佔了不哈爾城。

成吉思汗進入不哈爾城，登上清真寺的講臺對大家講，我們這次之所以進攻花剌子模，是因為你們的國王多行不義，殺害我們的商隊，而且被他殺害的也是穆斯林，跟你們是共同信仰的人。我這次進軍並不想傷害你們，你們只要歸順大蒙古國，一定會受到我們的保護，所以你們要出資犒勞蒙古大軍。當地的人為了保命，誰也不敢說半個不字，那些富戶只好出資犒勞蒙古大軍。

成吉思汗在不哈爾城的時候，聽說摩訶末正在調集大軍，準備來跟蒙古人進行決戰。這正中成吉思汗的下懷。於是，成吉思汗調集各路兵馬，準備集結在一起跟摩訶末決戰，一鼓作氣蕩平花剌子模。

花剌子模大軍駐紮在哪兒呢？駐紮在阿姆河東岸的撒馬爾罕。成吉思汗下令，蒙古大軍集結之後進攻撒馬爾罕。

成吉思汗的大軍來到了撒馬爾罕城下，沒想到摩訶末純粹是一個練嘴的，他擺出一副氣勢洶洶的架勢，要跟蒙古人決戰，實際上他已經知道蒙古人可不像那個商人跟他講的那麼不堪一擊，所以他膽怯至極。

成吉思汗的大軍還沒到撒馬爾罕，摩訶末就腳底抹油開溜了。

撒馬爾罕城是花剌子模帝國的新都，構造巧妙，由城堡、內城、外城三部分組成。城內水渠密布，便於防守。雖然國王摩訶末逃走了，但是城內仍然駐紮著四萬守軍。

成吉思汗下令誘敵出城，城中的守軍果然上當了，以為蒙古軍隊要撤退，你看咱們國王多沒本事，蒙古人一來他就跑，這蒙古人其實沒什麼，攻城攻不下來他就撤退了。城中守軍打開城門，出城追擊蒙古軍隊，結果中了蒙古軍隊的埋伏，出城的士兵全軍覆沒。城裡的守軍一看就膽寒了，主帥帶著守衛部隊跑了，其他的將士一合計，只剩下投降這一條路了。

守軍派使者出城去見成吉思汗說，我們願意投降。成吉思汗說，好，你們願意投降很好，大家還可以像以前一樣生活，該怎麼樣就怎麼樣，只不過投降的士兵這麼多，咱得有一個辨認的方式。怎麼辨認呢？你們把頭髮編成辮子。

降兵一聽，就趕緊把頭髮編成了辮子。成吉思汗進城後，到了晚上給部下下令，看見編著辮子的人就給我殺，有三萬多人被殺掉了。

撒馬爾罕是花剌子模的國都，城裡有很多工匠。蒙古人就把三萬多名工匠編入軍中，還有三萬多青壯年被編入軍中做奴隸。剩下五萬多人怎麼辦？拿二十萬金幣買命。

摩訶末之前從撒馬爾罕跑了，成吉思汗下令哲別和速不台兩名大將各統一萬兵馬，追擊摩訶末。

花剌子模的新都撒馬爾罕和舊都玉龍傑赤，就隔著一條阿姆河。成吉思汗打聽到摩訶末的母親和妻子都在玉龍傑赤，就派人傳話給花剌子模的太后，告訴她，你的兒子摩訶末得罪了我們大蒙古國，所以我們才出師遠征，你們趕快派遣使臣來跟我們談判。因為我找不著談判的對象了，摩訶末這傢伙就會開溜。以後你們做我們的屬國，年年納貢，歲歲來朝，這樣我就可以撤軍了，我沒必要在你們這個地方待下去。

沒想到摩訶末的母親，跟她的兒子一樣，一聽說成吉思汗派人來了，立即帶著部下就跑了。而玉龍傑赤是一個設防很堅固的城市，有六萬大軍把守。

成吉思汗覺得，當下的任務還不是要進攻玉龍傑赤，最關鍵的就是哲別和速不台要把摩訶末抓住。抓住了摩訶末，殺了他，各地也就平定了；或者俘虜他，讓他稱臣納貢也好，然後咱們就可以班師。所以重中之重是要抓住摩訶末。

那麼哲別和速不台這兩員名將，到底有沒有抓住摩訶末呢？

27. 險中求勝：鐵騎南下印度河

在蒙古大軍的進攻之下，花剌子模眾多城市相繼淪陷，國王摩訶末望風而逃。奉命追擊摩訶末的哲別和速不台，能否追上這位只會開溜的國王？蒙古大軍壓境的花剌子模舊都——玉龍傑赤，是戰還是降？城中百姓的命運又將如何？花剌子模能否逃脫滅亡的結局呢？

一路追到了裡海

摩訶末在逃跑的時候，長子札蘭丁與他同行。

這個札蘭丁是個人物。在與摩訶末同行的時候，札蘭丁就勸父親不要只顧逃跑，咱們可以號召部眾，就地抵抗蒙古人。摩訶末說那太危險了，萬一蒙古人追上咱爺倆就全完了，所以還是找安全的地方躲著好，這是上策。

札蘭丁說，要不這樣得了，父親您跑到安全的地方去吧，好留住咱們國家的象徵，兒子我願意擔任危險的任務，率部抵抗蒙古人。摩訶末還是不同意，一個原因是他覺得抵抗沒有希望，另一個原因是他害怕萬一札蘭丁把蒙古人趕跑了，自己還能坐這王位嗎？到了這個時候，摩訶末還是滿腹小肚雞腸，置國家安危、江山社稷於不顧。

在摩訶末逃跑的過程當中，底下的士兵不幹了，這些士兵陰謀發動叛亂，想幹掉摩訶末，去投奔太后，實在不行，降了蒙古人就完了。給摩訶末做保鏢，這要跑到哪兒去？荒郊野外的，連吃的都找不到。

摩訶末不愧是一個逃跑經驗十分豐富的人，他聞到了死亡的氣息，提前一步逃跑了。士兵發動叛亂，進攻摩訶末的帳篷，一陣亂箭射去，覺得這摩訶末肯定是被射成刺蝟了。進去一看，裡邊空空如也，摩訶末又跑了。跑到哪兒去了呢？投奔自己的二兒子去了。

摩訶末的二兒子，鎮守在花剌子模的西部，派人給摩訶末說，蒙古兵還沒有到我這邊，父王您上我這兒來躲一躲吧。於是摩訶末就奔他二兒子那兒去了。

摩訶末一路向西逃跑，哲別和速不台的追兵沿著摩訶末逃跑的足跡一路追。這一追就追到了寬田吉思海，就是裡海，再往前走就到歐洲了。

哲別、速不台兵分兩路，沿途征服了不少部落，一路打聽摩訶末的消息，終於打聽到信息了，說摩訶末逃到了寬田吉思海上的一個小島上去了。哲別、速不台趕緊上馬追擊，終於追到了寬田吉思海海邊，果然看到摩訶末的大船剛剛起航，蒙古人紛紛射箭，但是距離太遠，沒有一支射中。

於是，三個蒙古騎兵準備下海追摩訶末。這裡海是世界上最大的鹹水湖，真是跟大海一樣，一望無際。說實在的，騎馬下海就是一種自殺行為。三個蒙古勇士，騎馬往海裡一衝，一個大浪捲來，三人三騎立刻就沒影了。其他蒙古將士面面相覷，不敢再往海裡衝了。

哲別和速不台就在海邊住下了，防止摩訶末逃出來。

摩訶末的末日

摩訶末逃到寬田吉思海東南的一個小島上，雖然保全了性命，但是他一想，自己這一輩子真是夠窩囊的。

摩訶末本來是萬丈雄心，想做世界之王，剛即位的時候勵精圖治，征服了很多部落，使花剌子模擺脫了西遼屬國的地位，自己又加上了蘇丹的頭銜，成了伊斯蘭世界的英雄，那是何等的風光。沒想到成吉思汗西征，一下子把他打回了原形，所有人都認為他是一個只會逃跑的懦夫。

摩訶末越想越憋屈、越想越鬱悶，很快就身染重病，兩腿一蹬，一命嗚呼了。對於摩訶末來講，這種結局真算是不錯了，要不然的話，他也難逃被俘之後梟首示眾的下場。

摩訶末臨死之前，吩咐自己的長子札蘭丁繼承王位，重整山河。他把腰間佩戴的象徵王權的佩劍解下來，交給札蘭丁，我確實是喪師辱國後悔莫及，希望孩子你能重整山河，告慰列祖列宗的在天之靈。

札蘭丁埋葬了父親，繫好佩劍，就準備潛出這個小島，去召集舊部。他潛出小島之後，先回到了舊都玉龍傑赤。玉龍傑赤城內有六萬大軍，札蘭丁以為自己到了玉龍傑赤，振臂一呼，大家就會高呼萬歲，然後以這六萬人馬做資本，再去跟蒙古人作戰。沒想到，這幫人都不服札蘭丁。你想這幫人連他爸爸摩訶末都不服，只唯太后馬首是瞻，何況札蘭丁這麼個小年輕呢？

這幫人不但不服札蘭丁，還想謀害他。札蘭丁跟著他爸爸跑了一路，逃跑經驗也十分豐富了，對危險的感覺非常敏銳。札蘭丁感到危險之後，倉皇逃走，在半路上遇到了名將帖木兒滅里。這個時候，帖木兒滅里手下有三百騎兵，於是他倆會合直奔哥疾寧。

再說哲別和速不台，在寬田吉思海邊駐守，打聽到了一個消息，從玉龍傑赤逃出來的花剌子模的太后，就躲在附近不遠處群山當中的一座城堡裡。抓不著摩訶末，把他媽抓到，這也算是一件大功。

於是，哲別和速不台趕緊合軍一處，在嚮導的率領下，進攻花剌子模太后藏身的城堡。這個城堡在群山當中，叢林茂密，道路狹窄，大軍根本無法深入，人數多沒有用，只能把它遠遠地圍住，斷絕它的給養。

這個時候趕上了乾旱，老天不下雨，城堡裡面的人沒有水喝，只好往外跑。蒙古大軍裡三層外三層，把城堡圍得水洩不通。你跑出來一個抓一個，跑出來兩個抓一雙。沒過多久，城堡裡面的人多數跑到蒙古軍隊的營寨當中來了。

蒙古人通過審問俘虜，知道了城堡內的虛實。在嚮導的率領下，蒙古大軍順利地攻進了這座幾乎沒有防禦能力的城堡，活捉了花剌子模的太后、王后，還有摩訶末國王的很多孫子孫女。這些人被抓了之後，押往成吉思汗的駐地。成吉思汗就把這些俘虜分給各位萬戶長、千戶長做奴隸去了。

哲別和速不台也打聽到了消息，摩訶末已經死在了那個小島上。既然摩訶末已死，而且太后和王后也都被俘虜了，那麼就沒有必要在寬田吉思海邊駐守了，二將準備班師。這時，二將突然接到成吉思汗的詔令，成吉思汗說，在寬田吉思海北邊，有一個欽察部落，這個部落曾經收留過篾兒乞人的殘部，所以你們不要急忙班師，揮師北上去攻打欽察部落。

哲別和速不台不敢違命，既然大汗讓我們去打欽察部落，那就打吧。

水淹玉龍傑赤

成吉思汗攻進撒馬爾罕之後，休整了一段時間。特別是夏天一來，他得避暑，這天太熱了，蒙古人受不了。

等到秋天到來之後，成吉思汗下令讓拖雷率軍去平定南方，讓朮赤和察合台去打玉龍傑赤。

玉龍傑赤是花剌子模的舊都，鄰阿姆河而建，非常難以攻打。雖然太后跑了，札蘭丁王子被擠對走了，但是城中的士卒和百姓推舉了一位康里部落的人——庫瑪爾為統帥，帶領城中的居民抵抗蒙古人。因為推舉的人是他們同族的，也是康里部族的人，所以就不會再發生士卒不聽命乃至於譁變這種事了。

因此，當蒙古大軍攻到城下的時候，玉龍傑赤的部隊抵抗得非常頑強。朮赤和察合台只好故伎重施，搞蒙古人最擅長的誘敵戰術，故意扔一些牛羊、刀槍之類的物資，引誘玉龍傑赤的守軍出城野戰。

花剌子模人是記吃不記打，蒙古人這麼騙人不是一回兩回了，但玉龍傑赤的守軍又上當了。開城出擊，但是出來的人不多，只有幾千人。蒙古人做得太絕了，你要想一口把這六萬人都吃掉，這小部隊出城你就別理。蒙古人可倒好，不揀肥瘦，把玉龍傑赤出城的部隊給全部殲滅了。

這一下，城上的守軍可都看見了，原來蒙古人包藏禍心，誘我們出城野戰，我們只要一出城，就上了他們的當了。因此，我們絕不能出城和蒙古人作戰。以後玉龍傑赤的守軍任憑蒙古人怎麼引誘，怎麼罵陣，只認定一條，我就是不出來，看你能把我怎麼樣？

朮赤和察合台一籌莫展。要想攻城就得先過河，不過河怎麼攻城？朮赤下令，砍樹木、搭浮橋，搭好浮橋之後，三千士兵過了浮橋去攻城，剛一過橋，人家伏兵四起，把浮橋破壞了，三千士兵陷入花剌子模守軍的重圍當中，全軍覆沒。

這個時候，察合台建議乾脆一把大火把玉龍傑赤燒乾淨完了。咱們蒙古士兵攜帶著火箭，箭頭點著了射過去，現在又起風了，把這個城池給燒掉得了。朮赤堅決不讓燒，為什麼呢？朮赤覺得這是他的王國，將來這地方打下來就歸他了，他要在此地做國王。

這麼一折騰，七個月過去了，玉龍傑赤還沒有打下來。成吉思汗怒了，怎麼這麼長時間都沒有打下來？就派使臣去問。朮赤和察合台各自做了彙報。成吉思汗一聽就明白了，還是因為這哥倆不合。這哥倆純粹就是為了反對而反對，你讓我往東我就往西，你讓我打狗我就罵雞。

這種情況下，得派一個人去調和一下，成吉思汗就派窩闊台去調和。老三雖然是弟弟，但是已經是公認的汗位繼承人了。所以老三來，大哥、二哥都要給點兒面子。老三來了之後，就勸大哥、二哥各退一步，咱們別讓外人看了笑話，攻城是主要任務，父汗已經震怒了。哥兒幾個這才擰成了一股繩，齊心協力攻城，攻打了幾天還是沒有效果。

最後，窩闊台想了一個主意，掘開河道以水灌城。玉龍傑赤不是在阿姆河邊上嗎？咱們費這麼大勁幹什麼？拿水淹城，淹完了之後，水一退去，淤泥一清除，這城市還是完好的，朮赤也就同意了。

蒙古大軍大水灌城，終於攻進城去。城中推舉的守將庫瑪爾臨危不懼，率領玉龍傑赤的將士在城中跟蒙古人打了七天七夜的巷戰，最後全部陣亡。

花剌子模的最後一個大城市，也是最後一個抵抗的象徵——舊都玉龍傑赤，終於被蒙古軍攻佔了。

善於總結失敗的教訓

捷報傳來，成吉思汗非常高興。成吉思汗當時正在率領軍隊攻佔阿姆河兩岸的土地。大軍所過之處，所有的部落全部被征服。成吉思汗就讓拖雷另率一軍去進攻呼羅珊，就是今天阿富汗南部加茲尼。然後，成吉思汗獨自率軍進攻塔里寒山寨。

塔里寒山寨也是山勢險惡易守難攻，蒙古人打了幾個月都沒有打下來。直到拖雷征服了呼羅珊之後，回來跟成吉思汗會師，這才一鼓作氣攻下了塔里寒山寨。

成吉思汗和麾下的蒙古將士，漸漸地感到在異國他鄉作戰十分艱難，不像在咱們本土草原上作戰。尤其這個地方地形不熟，除了山就是河，這都不適合咱們蒙古騎兵作戰。成吉思汗這次打塔里寒山寨，前後幾個月士卒死傷無數，很多都是跟隨他長年征戰的老兵。

所以，成吉思汗覺得這個仗，這麼曠日持久地拖下去不是好辦法。

現在摩訶末已死，當務之急是解決札蘭丁，只要把花剌子模的領袖幹掉，估計這個戰爭也就結束了。成吉思汗得到消息說，札蘭丁在哥疾寧糾集了殘餘力量，聲勢浩大，據說有六七萬人了，而且得到了當地一個很強大的部族的首領滅里可汗的支持。

於是，成吉思汗下令主力大軍去進攻札蘭丁。打頭陣的是成吉思汗的義弟失吉忽禿忽。

失吉忽禿忽率軍去進攻札蘭丁，雙方激戰的地點在今天阿富汗的首都喀布爾。失吉忽禿忽發現札蘭丁人多勢眾，將士作戰極其勇猛，蒙古軍隊漸漸不支，下令讓所有的將士把氈子捆成人形安在馬背上。因為蒙古騎士一個人不是只有一匹馬，而是有好幾匹馬，將士們把氈子捆成人形安在馬背上，然後帶著這些馬匹去跟札蘭丁作戰。

札蘭丁的將士遠遠望去，以為是蒙古援軍到了，果然軍心浮動。有人就跟札蘭丁講，你看蒙古人援軍來了，要不咱先退一退。札蘭丁極其英勇，他說，我們的軍隊到現在為止是佔絕對優勢的，怕他什麼，我們一定要繼續英勇作戰，打敗敵軍。

於是，花剌子模軍隊士氣大振，發動攻擊，把失吉忽禿忽的部隊衝得七零八落。失吉忽禿忽一看壞了，今天要不殺出重圍我就得死在這兒了。急忙高舉戰旗，率領自己身邊的保鏢騎士們衝出了重圍。

這是蒙古軍西征以來，損失最大的一次，數千將士血染沙場，很多軍械馬匹，都被札蘭丁奪取了。失吉忽禿忽狼狽地跑到成吉思汗處報信，打了大敗仗實在是沒臉來見您。大家就埋怨失吉忽禿忽，你真沒本事，丟咱蒙古人的臉。失吉忽禿忽也很委屈，沒想到札蘭丁這麼厲害。

成吉思汗就問失吉忽禿忽，札蘭丁的軍隊作戰有什麼特點？失吉忽禿忽詳細地描述了一番。成吉思汗打仗就是這樣，不會吃第二次虧，他非常善於總結失敗的教訓。

成吉思汗聽了失吉忽禿忽的彙報之後，就下令全軍輕裝前進迎擊札蘭丁。

南下印度河

蒙古大軍正要出發，傳來消息說，札蘭丁已經放棄了哥疾寧，奔印度河去了。印度河在今天的巴基斯坦境內。

成吉思汗覺得很奇怪，他剛打敗了失吉忽禿忽，剛打了勝仗，為什麼往南跑呢？這個事兒說起來很逗。札蘭丁打敗了失吉忽禿忽之後，繳獲了很多戰利品，其中有一匹蒙古駿馬。札蘭丁手下的兩員大將，其中一個就是前面說的滅里可汗，都看中了這匹駿馬，都說自己功勞大，要搶這匹馬。

在爭搶的過程當中，滅里可汗脾氣比較暴躁，隨手給了跟他搶馬的人一鞭子。打人不打臉，揭人不揭短，這一鞭子抽在那人臉上，那人特別生氣。既然這樣，爺不伺候你們了，就帶著自己的部眾跑了。他帶人一跑，札蘭丁的部眾一下子少了一半。札蘭丁一看，自己剩下的這些人顯然無法跟成吉思汗的大軍交戰，只好決定南下印度河以避鋒芒。

成吉思汗聽到這個消息之後，率領大軍緊追不捨，追到了離印度河只有里許的地方。札蘭丁正要全軍渡河，回頭一看，塵土大起，蒙古騎兵揮著長刀已經衝過來了。札蘭丁萬般無奈，只有背水一戰，回身列陣跟蒙古軍隊決戰。

札蘭丁可不是韓信，手下的人已經喪失了戰勝蒙古人的信心。激戰當中，滅里可汗首先抵擋不住了，他的部隊退到了印度河邊。沒想到，蒙古騎兵已經繞到了滅里可汗的前面，亂箭齊發，把他射下馬來。一個蒙古騎兵眼明手快，衝過去一槍刺中咽喉，滅里可汗當場就戰死沙場。

札蘭丁又損失了一員大將。從札蘭丁的軍隊跟蒙古人接戰開始，已經打了幾個時辰。札蘭丁身邊只剩下幾百人了，這個時候是上天無路、入地無門，身邊的人不斷倒下，而蒙古兵卻是越打越多。

札蘭丁一看，天要亡我。這個時候如果蒙古軍放箭，札蘭丁必死無疑。但是成吉思汗一心要活捉札蘭丁，一方面他覺得札蘭丁是條漢子，想收服札蘭丁為己所用；另一方面他認為抓住了札蘭丁，等於花剌子模人抵抗的象徵就沒有了，花剌子模就能徹底平定。所以成吉思汗下令，活捉札蘭丁，不要傷害他。

札蘭丁一看，蒙古人不放箭，自己還有一線生機。他靈機一動，打馬衝到了一座高崖上，轉過身來，高舉寶劍，向成吉思汗的軍隊揮了三揮，然後連人帶馬縱身一躍，跳進了波濤洶湧的印度河。

從那麼高的地方，跳進了波濤洶湧的印度河，札蘭丁究竟是死是活呢？

28. 班師回國：成吉思汗結束遠征

成吉思汗一生征戰沙場、神勇無敵，但是到了老年時期，竟然也像中原王朝的許多帝王一樣，追求長生不老。成吉思汗不遠萬里召見了全真教道士——丘處機，以求得到可以長生不老的靈丹妙藥。那麼，丘處機會給成吉思汗提供哪些長生妙方呢？這些長生妙方是否也會將成吉思汗推向死亡的深淵呢？

誰能長生不老

札蘭丁縱馬一躍，跳入了波濤洶湧的印度河。蒙古將士趕到河邊，料定札蘭丁必死無疑。沒想到札蘭丁從容地在水中脫掉了軍裝，向對岸游走了。

蒙古將士一個個氣得七竅生煙，眼瞅著煮熟的鴨子居然飛了，到嘴邊的肥肉沒吃著。有的蒙古將領就脫掉盔甲，躍躍欲試，也想跳到河中去抓札蘭丁。成吉思汗趕緊阻攔住他們，咱們可不能這麼幹，咱們不識水性。各位都是在草原上長大的，在馬背上長大的，要是真的跳到河裡去活活淹死，這太不值了。

反過來，成吉思汗又跟自己的兒子窩闊台講，札蘭丁這樣的對手生平僅見，我太喜歡這個人了，我也很佩服這樣的人。但是如果讓他漏網，對咱們國家來講是很大的麻煩，這樣的對手一定要除去。

成吉思汗問帳下眾將，誰願意帶兵過河追擊札蘭丁？成吉思汗手下一員大將叫八剌，主動站出來請纓說，我願意帶兵過河追擊札蘭丁，為大汗解憂。

成吉思汗說，好，就讓八剌將軍帶領人馬去追擊札蘭丁，咱們回頭進攻哥疾寧城。哥疾寧城的長官早跑了，剩下的士兵和民眾就打開城門歸降了蒙古軍。成吉思汗進城之後，讓男性壯丁和士兵出城居住，把婦女、工匠和兒童留在城內，說要清查一下城裡到底有多少軍隊，有多少老弱婦孺，好發救濟糧。城裡的民眾就信以為真了。到了夜裡，蒙古軍隊動手把歸降的男性壯丁和士兵統統殺掉，只留下了老弱婦孺和工匠為蒙古人服務。

然後，成吉思汗以哥疾寧為根據地，開始四處掃蕩，追擊札蘭丁的餘黨，又征服了很多地方。

這個時候，成吉思汗已經年過花甲了。再傑出的帝王，也有對死亡的恐懼和對長生的渴望，成吉思汗也在琢磨，人能不能長生不死啊？

縱觀歷史，我們發現很多帝王都曾迫切地追求長生不老，但到最後又都成了「長生丹藥」的犧牲品。一代天驕成吉思汗，這位在遼闊草原上成長起來的領袖，會用哪些方法來求得長生呢？

當年成吉思汗在西征途中，聽到有中原人講，金國有一位著名的道士，號稱長春子，名叫丘處機，這個人已經活了三百多歲，可以長生不老。成吉思汗聽說這件事之後，就動了心了，說能不能召見一下這位丘神仙，能不能讓他賜我長生不老的靈藥？

因此，成吉思汗就讓使臣帶信給丘處機，讓丘處機前來跟他相會。成吉思汗派去的使者叫劉仲祿，也是個中原人。劉仲祿因為擅長醫藥，能夠製造鳴鏑，深受成吉思汗的喜愛。

歷史上的丘處機

丘處機是什麼人呢？他是道教全真派創始人王重陽的弟子。道教主要分正一、全真兩派，一般今天中國南方的道教屬於正一派，北方屬於全真派。正一派道教比較古老，道士平時也不在道觀裡，而是在家娶妻生子，有法事的時候才到道觀裡去。

全真派是在金朝的時候創立的。全真派的道士要出家修行，不能娶親生子，組織比較嚴密。丘處機就是全真派的弟子。金庸先生的武俠名著《射雕英雄傳》裡面就提到長春真人丘處機，還給郭靖、楊康取名，讓他們不忘靖康之恥，抗擊金國，這個就完全是虛構了。

實際上，丘處機本身就是金國人，跟宋朝素無瓜葛，他也不會想到什麼靖康之恥，也不會想著反金復宋。而且他還受到過金朝皇帝的召見，全真派發揚光大，也多虧了金朝皇帝的支持。

當成吉思汗遣使來見丘處機的時候，丘處機已經七十三歲了。成吉思汗派遣劉仲祿來迎接丘處機，一方面是想讓丘處機教他長生不老之術，另一方面也希望丘處機能夠出山輔佐蒙古帝國。劉仲祿帶來的成吉思汗的詔書，至今仍然保存在北京的白雲觀裡。

在詔書中，成吉思汗表達了對長春真人的景仰之情，聽說您是一位法力無邊的神仙，所以希望您能來輔佐我。山川路遠，我不能親自前來，特遣使者向真人致意，希望真人暫屈仙步，來到沙漠，望真人不要推辭。

丘處機接到成吉思汗的詔書之後，立刻表示願意去見成吉思汗。之前金朝和宋朝都請丘處機出山，他全都拒絕了，為什麼成吉思汗請他，他就欣然從命了呢？

可能是因為丘處機目睹連年戰禍，民不聊生，便想憑著一己之力，拯救天下蒼生於水火之中，解百姓倒懸之苦。但是，解民倒懸的希望要寄託在誰的身上？金朝在成吉思汗的打擊下已經奄奄一息、日薄西山，指望金朝消弭戰禍，讓天下重享太平，這可能性不大了。南宋就更別提了，偏處江南一隅。只有成吉思汗，一代人傑，崛起漠北，方興未艾，丘處機認為如果能夠說服成吉思汗，讓成吉思汗罷兵止殺，讓天下百姓過上太平的日子，那實在是功德無量的一件事。所以丘處機接到成吉思汗的詔書之後，馬上就答應上路。

長春子遠赴西域

到了金中都之後，丘處機才知道成吉思汗在哪兒。他原來以為成吉思汗就在金中都，一打聽，我的天啊，成吉思汗在不知道多少千里之外的遙遠的西方，這一路上要經過草原、戈壁、沙漠，還要翻越雪山。

丘處機覺得自己都七十三歲了，受不了這個罪，就跟劉仲祿講，這麼老遠的路我可去不了，你能不能跟大汗代奏一下，我還是留在中都，等著他班師回國吧。

劉仲祿說，這事我不敢作主，要不神仙您給大汗寫個陳情表吧。於是丘處機就寫了個陳情表，我已經七十三歲了，七十三、八十四，閻王不叫自己去，正是個坎兒，而且路途太遠，恐怕身體條

會見丘處機

件不允許我到達那個地方，弄不好我就死在半道上了，希望大汗您能體諒我年事已高，別讓我西行了。

劉仲祿派人快馬加鞭把陳情表送到了成吉思汗的手中。成吉思汗接到陳情表之後，在遙遠的西域第二次下達詔書，堅持要見丘處機一面，並且勉勵丘處機效法達摩祖師東來、老子化胡西去，一定要到達西域跟自己見面。

丘處機接到成吉思汗這一封詔書，沒辦法了，推辭不了了，只好勉強上路。這一路說不盡的艱辛，首先要翻過長城，然後翻越野狐嶺，穿越整個蒙古高原，然後到達今天的新疆，再由新疆經哈薩克、烏茲別克斯坦，經過兩年的跋涉之後，終於在阿富汗的大雪山見到了成吉思汗。

丘處機也不愧是丘神仙，走的時候七十三歲，到這兒已經七十五歲了，別說是七十多歲的老人，就是四五十歲的壯年，這一路上顛沛流離，靠腳力和畜力走這麼老遠的路，也真是不容易。

成吉思汗聽說丘處機到了之後，滿懷喜悅，立刻召見了丘處機。兩人一見面，成吉思汗就問丘處機，真人啊，你這麼勞苦，一路遠來，有沒有什麼長生不老藥送給我啊？

丘處機趕緊跟成吉思汗講，大汗千萬不要道聽塗說，人沒有長生不老的，我只有一些保健除病的辦法，不可能讓人長生不老。

成吉思汗聽了之後，雖然有點兒失望，但他也知道丘處機沒說瞎話，就接著問，既然沒有長生不老的藥，那你就教我一點兒保健除病的辦法吧。

丘處機抓住時機，趕緊說出了自己的主張。他說，建議大汗好生惡殺、清心寡欲，您只要能做到這一點，就能夠保健除病。上天有好生之德，應該盡量讓人活命，別動不動就屠城，動不動就殺人，心裡不要有這麼多欲望，不要老想去征服這兒征服那兒，搶這個搶那個。只要您能做到這一點，那肯定延年益壽。

成吉思汗聽完之後，十分恭敬地說，您的教誨都是對的，只不過我們蒙古人現在做起來很困難，因為我們有獨特的生活方式。但既然是神仙說的話，我不可能不遵仙命，我一定照著您說的話努力去做。

同時，成吉思汗命令自己的手下，用漢文和蒙古文把丘神仙說的這些話都記錄下來，以後我們要盡量少殺生，盡量按照丘神仙說的話去做。

耶律楚材勸諫班師

成吉思汗在阿富汗一帶待了很久，一直沒有得到札蘭丁的確切消息。八剌雖然渡河去追擊札蘭丁了，但是就是找不到札蘭丁的人影。

成吉思汗很焦急，萬一札蘭丁死灰復燃，我們的功業就要前功盡棄。所以成吉思汗召集部下說，我本意是想一勞永逸地解決花剌子模，沒想到西征數年之久，我們沒法撤軍，現在敵人還四處逃竄。我們絕對不能功虧一簣，必須給敵人最後的致命一擊，完成我們西征的目的。

成吉思汗話音一落，耶律楚材就站起來說，札蘭丁現在孤身一人四處流竄，能煽動起多少人來跟咱們作對？咱們蒙古大軍討伐花剌子模已經有數年之久，將士們傷亡累累、人心思歸，而且咱們的威名聲望已經震動四方，應該班師回蒙古老營去了。這十幾萬人待在這兒就為了對付札蘭丁一個人，等於是泰山壓卵、牛刀殺雞，完全沒有必要。咱們也不知道他到底藏在哪兒，他要是十年八年不露面，難道咱們十幾萬大軍就在這兒等他十年八年不成？還是班師為好。

成吉思汗說，先生言之有理，但是我軍現在進退兩難，我們一進攻敵人就撤退，等我們一撤退敵人就進攻，花剌子模的人跟我們玩游擊戰，這如何是好？

耶律楚材說，不如這樣，咱們把所有攻下來的城市都設置官吏進行管理，特別在那些重要的山口和城市派軍隊防守，防止被征服的敵人死灰復燃，這樣就無關緊要了。

成吉思汗想了想說，反正現在哲別和速不台還在進軍，我們不如等等他們，再做下一步的安排。

話說到這個份上，耶律楚材也就不敢再多說什麼了，反正自己該說的都說了，採納不採納那是大汗的事。

過了幾天，探馬來報，哲別和速不台已經打到今天的俄羅斯去了。成吉思汗很欣慰，看來他們短時間內也回不來了，咱們不能扔下他們不管啊，所以要班師也得等他們回來一塊兒班師。既然這樣，咱們在這待著也沒事幹，不如越過印度河去接應一下八剌，如果能夠平定印度就更好了。

眾將不敢反對，只好向南進軍。

奇怪的猛獸

大軍出發的時候，正是盛夏季節，印度那地方非常熱，五月的時候就能到四十多度，地道的燒烤天氣，簡直要熱死人。

蒙古騎兵都是在北方草原上長大的，習慣了北方大草原的涼爽氣候，來到這地方，整個是烈火煉獄啊，誰受得了？印度河上水氣蒸騰、遮天蔽日啥都看不見，蒙古兵一個個面面相覷、面有懼色。別說人了，馬都熱得脖子直流汗，跟狗似的吐著舌頭。蒙古將士覺得這仗真沒法打，河上都是一團又一團的濃霧，根本就看不見河對岸有啥，如果我們貿然過河，敵人要埋伏在河邊，我們一過去就身首異處了。

蒙古將士到了河邊都不敢走了，一個個都巴不得大汗下令班師回國，回到涼爽的大草原上去，但是誰也不敢勸諫大汗。蒙古人在河邊猶豫的時候，突然發現河中出來了一隻誰都沒見過的猛獸。

這猛獸什麼樣呢？史書記載說，它的身子有好幾丈高，通體綠色，長的形狀倒是很像鹿，尾巴像馬，鼻子上還長了一隻角。這是個什麼東西？還能在河裡待著。誰也沒見過，有的將士就很害怕。成吉思汗也看到了這隻猛獸，對身邊的人說，這麼大的猛獸，我也沒見過，大家趕緊放箭把它射死。

於是，蒙古將士們紛紛放箭。奇怪的是，所有的箭都射不到這隻猛獸跟前，明明這隻猛獸在弓箭的射程之內，但是所有的箭射到猛獸跟前就全都掉到河裡去了。而且，這隻猛獸似乎發出了人聲，仔細一聽它說的什麼呢？好像是說你們主帥快回去。

成吉思汗覺得很奇怪，這東西怎麼射不死。這個時候，耶律楚材趕到了現場，喝止住了眾人，大家不要放箭了。成吉思汗趕緊把耶律楚材請過來問，先生您看這什麼東西，真是沒見過這玩意兒。

耶律楚材告訴成吉思汗，這種猛獸叫角端，能像人一樣說話，每當有聖人出現的時候，角端就隨著聖人一起出現。它一天能夠奔馳一萬八千里，弓箭、炮石都傷不了它。

成吉思汗一聽，有聖人出現的時候，這東西就會出現，那莫非應在我的身上？

哲別英年早逝

耶律楚材馬上說，沒錯，就是因為大汗來了，它才出現。別看這個東西長得怪模怪樣的，可是天上的精靈，它是不輕易下凡的。這隻猛獸的特點是愛惜生靈、厭惡殘殺。現在既然上天讓它降落凡間，尤其是落在這個地方，目的是什麼呢？就是要給大汗您示警了，長生天告訴您，天下萬國皆是大汗的屬國，天下萬民皆是大汗的子民。您以為殺的是敵人，實際上您殺的都是自己的百姓，所以您應該趕緊停止殺戮，班師回國。這才是長生天對您的警示。

耶律楚材剛說完，那隻猛獸大吼了幾聲，一轉眼就不見了。成吉思汗一看，看來耶律楚材說的對。耶律楚材說的，這隻猛獸全聽懂了，所以耶律楚材講完之後，猛獸就沒影了。於是成吉思汗說，既然天意如此，我就不再堅持進軍了，咱們班師回蒙古草原去吧。

耶律楚材一聽，趕緊帶領將士跪下來山呼萬歲，大汗能夠順從上天的旨意行事，這真是天下蒼生之福。

大家長出了一口氣，可算撿回了一條命，沒在這兒活活給熱死。然後，成吉思汗派使者過河，讓八剌將軍也班師北返。八剌將軍接到命令之後，一個上午就班師回來了。估計八剌在河那邊啥也沒幹，全軍都熱得直喘氣，就等著成吉思汗下令班師呢。

於是，蒙古大軍開始班師回國，返回蒙古草原。

西元一二二五年，成吉思汗結束西征，回到了蒙古草原。成吉思汗大軍班師之後，就等哲別和速不台二將班師回營。等啊等，終於等回來了，但是班師的大軍只有速不台一人率領，成吉思汗驚悉開國「四狗」之一的名將哲別，在班師途中不幸病逝，只有四十幾歲，英年早逝。

成吉思汗非常悲痛，跟隨自己這麼多年的一員赫赫名將，伐金國、平西遼、破花剌子模，打敗欽察，遠征俄羅斯，居然在班師途中病死了。成吉思汗非常悲痛，讓哲別的兒子繼承父親的爵位，接著做千戶長。

回到蒙古草原，成吉思汗又說，當初我西征的時候要求各部派兵，畏兀兒部落派兵了，這一路上有好多畏兀兒人為我出生入死。我還向西夏調過兵，西夏國王竟然置之不理，還出言諷刺我。這西夏太壞了，是可忍孰不可忍。現在既然西征已經結束，我又何必讓西夏苟延殘喘地活著呢？我把它徹底給滅了得了。

於是，成吉思汗準備征討西夏。就在成吉思汗調兵遣將的當口，有一個人出來勸阻成吉思汗，不讓他出兵。這個人是誰呢？

29. 巨星隕落：一代天驕的最後榮光

成吉思汗的一生，歷盡磨難，身經百戰，開疆拓土，威震世界。在經過了統一蒙古、大敗金國、西征花剌子模以及征討西夏的一系列戰役之後，成吉思汗的傳奇人生也走到了盡頭。關於成吉思汗之死，歷史上有很多傳說，那麼一代天驕的死因究竟是什麼？他死後為何祕不發喪，悄悄運回蒙古？而成吉思汗的葬身之地，究竟在何處呢？

意外的落馬

出來勸阻成吉思汗征討西夏的人，正是也遂皇后。

也遂皇后跟成吉思汗講，大汗您剛剛結束西征，現在又要南征，就算您龍馬精神、精力超人，但是也不能過度勞累，而且將士們也非常疲乏，需要休整。

成吉思汗聽完之後，掰著手指頭跟也遂說，我當大汗已經二十年了，現在西北一帶已經平定了，只有南方還沒有平定，所以我一定要率領軍隊去平定南方。即使今年不成，明年我肯定也要去。

也遂就對成吉思汗說，如果大汗您一定要南征，那我願意跟您同去，好照顧您的起居。哪怕就是跋涉萬里、風刀霜劍，我也認了。

成吉思汗一聽這話，拉著也遂的手，動情地說，我能得到你們姐妹，這輩子真是太值了。

成吉思汗打定了主意要去征討西夏。在蒙古草原上過完了冬，到了來年也就是一二二六年春天，成吉思汗立刻下令大軍南征。十萬蒙古將士迅速集結起來，擦亮盔甲、磨快刀槍、備好弓箭，跟隨大汗出征。

成吉思汗本人騎著一匹紅鬃烈馬，率領大軍，向西夏進發。

大軍行至一片草原，成吉思汗一時興起，下令圍獵。前面講過，蒙古人打獵，一方面是為了補充食物，另一方面也是一種軍事演習，所以蒙古人在行軍的過程當中經常進行圍獵。

成吉思汗騎在馬上觀看將士們射獵。這個時候，一頭野豬發了瘋似的向成吉思汗撲了過來。成吉思汗也是神射手，拉弓搭箭「嗖」的一箭就把野豬射翻在地。大家一起叫好，大汗六十幾歲的人了，功力不減當年。於是山呼萬歲，成吉思汗也很得意。

成吉思汗還沒得意夠呢，胯下的這匹紅鬃烈馬突然間尥起蹶子來了，一下就把成吉思汗從馬背上給摔下去了。成吉思汗這一生騎過多少駿馬啊，甭說是帶鞍子的馬，就是光身子的馬他也騎過無數，也是這一輩子大江大浪經得多了，沒想到在小陰溝裡翻了船。

成吉思汗穿著一身鐵甲從馬上掉了下來，關鍵是他一點兒心理準備也沒有，所以被摔得很重。成吉思汗的部下趕緊七手八腳地上前把他抬起來，發現他已經不省人事了。

大家趕緊命令大軍停止前進，立刻安營紮寨就地休整，讓大汗的身體慢慢恢復。

帶病征西夏

成吉思汗這一摔倒，心情十分惡劣，不但是身體上受了很大的傷害，而且心理上也受了很大的傷害。這突如其來的墜馬，對於已經六十多歲的成吉思汗來說，無疑是個不祥的預兆。成吉思汗的身上一會兒冷一會兒熱，就跟患了瘧疾似的，好幾天了病情也不見好轉。

也遂皇后就跟眾將商議，大汗受了傷，咱們下一步應該怎麼辦啊？大家一商量，西夏不是游牧民族，不會隨意遷徙，此時最重要的是成吉思汗的安危，不如咱們暫且退兵，等大汗身體好了之後再去征伐西夏不遲。也遂皇后走到後帳，就跟成吉思汗彙報將領們的意見。

成吉思汗聽完彙報之後，對也遂講，如果西夏國主聽到咱們中途退回的消息，一定會認為咱們是懼怕他，咱們不能給他留下這個印象。咱們大軍就地駐紮，不要回蒙古老營，然後立刻派遣使者去質問西夏。

於是，蒙古派遣使者到西夏的都城中興府，見到了當時的西夏國主李德旺，對李德旺一番指責，咱們兩國既然已經訂立了盟約，你西夏已經歸屬了我大蒙古國，那麼你為什麼不派遣人質到蒙古？另外，我們西征的時候你為什麼不出兵？

西夏國主李德旺本來就是一個懦弱無能的人，看到蒙古來使氣勢洶洶，嚇得一句話也不敢說，在那囁嚅了半天。

這個時候，一個西夏大臣三步併作兩步站了出來，跟蒙古使者說，西夏國過去的所作所為，都是我一個人的主張。如果你們想跟我國廝殺，就派兵到賀蘭山下擺開陣勢，咱們決戰。如果你們想要我們國家的金銀財寶，那就上中興府來拿吧。別的什麼話都甭說，回去告訴你們成吉思汗，我們西夏不怕他。

使臣回去之後，把西夏的答覆跟成吉思汗做了彙報。成吉思汗聽完，氣得一下子從病床上坐了起來，西夏如此不知天高地厚，敢公然辱罵我們大蒙古國，我就是死了，我的魂也得找他西夏國算帳，何況現在我還沒死。我不就是被馬摔了一下嗎？這不算什麼，立刻進攻西夏。

於是，成吉思汗帶病上馬。蒙古將士一看，大汗都這般英勇，誰敢居於人後？紛紛上馬，直奔賀蘭山去。

大破西夏軍

西夏國得知成吉思汗大軍直逼賀蘭山，只好派出軍隊迎戰。西夏統軍的大將就是強硬答覆蒙古使者的那位，叫阿沙敢不。

阿沙敢不指揮的西夏軍本來在山上列陣，看到蒙古大軍前來紮下陣營之後，立刻就衝下山去跟蒙古軍決戰。沒想到蒙古軍並不迎戰，任憑你怎樣衝陣，蒙古軍是巋然不動，只是以強弓硬弩射退西夏軍。西夏軍的第一次進攻沒有奏效，退回山上重整旗鼓。第二次又來，又被蒙古軍的強弓硬弩打退。

這個時候，西夏軍的士氣已經低落了。第三次再發動進攻的時候，西夏軍很多人已經心生懈怠，想必蒙古人還是不會出戰，所以咱們就拿盾牌遮住身體，別讓蒙古人射中咱們就行了，已經沒有衝鋒的勁頭了。沒想到這一次西夏軍隊一進攻，蒙古軍隊的陣營門戶大開，蒙古騎士一窩蜂似的怪叫著衝了出來，揮舞著長刀、大戟、狼牙棒，就往西夏士兵的頭上招呼。

蒙古大軍排山倒海一般，來勢凶猛，銳不可當。成吉思汗雖然沒有讀過兵書，不知道《曹劌論戰》的故事，但是對於「夫戰，勇氣也。一鼓作氣，再而衰，三而竭。彼竭我盈，故克之」的用兵之道，無師自通，深諳此道。

蒙古騎兵這一殺出來，西夏兵堵也堵不住，攔也攔不著，被砍瓜切菜一般，殺了個落花流水。阿沙敢不一看大勢已去，只好帶著殘兵敗將落荒而逃。

於是，蒙古軍就佔領了賀蘭山口。一過賀蘭山，西夏的首都中興府就無險可守。蒙古軍接著佔領了黑水城，這是西夏邊境最重要的一處要隘。

這個時候，天氣又到了夏天。蒙古人一到夏天就不擅長打仗，因為氣候炎熱，蒙古人受不了，要避暑。等到秋天到來，蒙古軍隊再次發動進攻，基本上把黃河兩岸的州縣全部佔領了，然後去進攻德順州。

蒙古人打到德順州的時候，德順州的守將急急忙忙上表朝廷請求救兵。但西夏國主李德旺，這個時候已經被蒙古人給嚇死了。李德旺懦弱無能，他以為阿沙敢不是國之棟樑，沒想到阿沙敢不很快就打了敗仗。眼看國亡在即，李德旺一急，就先走了一步，倒也避免了青衣行酒做階下囚的下場。

李德旺死後，李德旺的侄子登基，成了西夏的末帝。但一個十幾歲的小皇帝，明顯無力拯救即將破滅的王國。西夏的大臣們也知道西夏國沒救了，都是得過且過，有的甚至跟蒙古兵暗通款曲，有的忙著把自己的家人和財寶轉移到鄉下，有的做好了化裝逃亡的準備。所以根本沒人搭理各地的告急文書，德順州的告急文書到了都城之後，也被束之高閣，根本就沒人管。

德順州苦盼救兵不到，守將也明白是怎麼回事了。守將召集了部下，發表最後的臨別講話，朝政腐敗，國是日非，已經到了這一步了，我們的援兵來不了了，告急文書早就送上去了，卻是石沉大海。現在內無軍糧、外無援軍，怎麼辦呢？只有與城共存亡，我在城在，城亡我亡，除此之外別無選擇。

這個時候，有的不堅定的將士就逃走了，很多被主帥精神感動的將士，跟著主帥一起堅守城池。但是眾寡懸殊，蒙古軍的利箭如蝗蟲一般飛來，守將壯烈殉國，德順州自然就被攻陷。

六盤山安排後事

德順州一失，又到夏天了。成吉思汗率領大軍到六盤山避暑，然後派遣使者到西夏國的都城。看到蒙古使臣之後，西夏國上上下下慌作一團。西夏末帝湊了很多金銀財寶、牛羊牲畜交給蒙古使臣，提出要跟蒙古議和。

這一幕跟當年金滅北宋一樣，人家都打到你的首都城下了，你的首都已經是孤城一座了，這時候你提出來跟人家議和，誰跟你和啊？

所以成吉思汗接到西夏要求議和的文書之後，嗤之以鼻，又派遣使者告訴西夏國主，你必須親自來我營中乞降，否則的話一切免談。

送走了使臣之後，成吉思汗忽然覺得身上寒熱交替發作，冷一陣熱一陣，而且咳喘不止，根本就上不來氣。

軍營中所有的醫生都趕來了，但是大汗已經病入膏肓。成吉思汗也明白，自己來日無多了，恐怕是熬不過今天了。於是，成吉思汗拉著也遂的手，很動情地跟也遂講，我現在病入膏肓，無藥可救，長生天就要把我的魂靈招走了。我死之後，你回到草原上告訴各位姐妹，讓她們都不要悲傷，都要好好地生活下去。

也遂聽到這，已經是悲痛欲絕，泣不成聲。成吉思汗拍著也遂的肩說，你不要難過，人生就像是早晨的露珠，轉眼之間就要消逝了，我活了六十幾歲很值得了，沒有什麼可傷心的。你快去把各位王公大臣叫進來，我還有話要囑咐他們。

也遂趕緊出帳，叫隨軍的所有王公大臣進帳，聽成吉思汗交代後事。成吉思汗的四個嫡子，此時沒有一個在身邊。幾個月前，有使臣來報喪，說大兒子朮赤已經病死了。二兒子察合台和三兒子窩闊台，也在別處忙於征戰。剩下四兒子拖雷，在看著蒙古老營。

成吉思汗首先對這些跟隨自己多年的王公大臣表示了一番感謝，接著說，我現在病勢沉重，恐怕是好不了了。現在我幾個兒子都不在身邊，但是你們這些王公大臣都是我的親戚故舊，都是多年跟隨我出生入死的人，所以我非常信任你們。

我死了之後，三兒子窩闊台為人老成持重，可以做我的接班人，希望各位能像輔佐我那樣認認真真地輔佐他。但是國中不可一日無主，所以我死之後暫命四子拖雷監國攝政，等什麼時候窩闊台回到了蒙古老營，再讓他即大汗位。

大臣們此刻都已泣不成聲。

葬身之地是個謎

成吉思汗接著說，還有兩件大事，大家一定要記住。

第一件大事，我死之後祕不發喪，千萬不能讓西夏人知道我已經死了。因為他們已經決定投降了，如果他們知道我死了，說不定他們就反悔不降了，所以不要發喪。等西夏末帝率文武百官一出降，就把他們殺得乾乾淨淨，絕對不要讓西夏皇室一人漏網，要斬草除根，然後把西夏國併入我大蒙古國的版圖之內。

第二件事，我念念不忘我們蒙古人的大仇金國，看來我是沒法給祖先報仇了。那麼給祖先報仇的這個重任，就落到你們的身上。現在金國的北部已經全部被我們佔領了，西夏也被我們佔領了，這樣我們就可以兩面夾攻金國。金國的重兵都在陝西潼關，我們從西部直接進軍不好打；北邊又有黃河天險，怎麼辦呢？宋金兩國是世仇，我們可以從宋境借道從南邊攻入金國，宋朝一定會借道給我們的。如果我們從南邊殺入金國，金主只有調潼關的金兵來增援，金兵千里奔襲，我們正好以逸待勞殺他個全軍覆沒，這樣就可以滅了金國。你們一定要記住我的話，告訴窩闊台，一定要照我說的去做。

大家跪在地上，萬分佩服自己的大汗，真是深謀遠慮，眼看就要撒手人寰了，還把下一步的作戰計畫都給我們想好了。

成吉思汗也覺得諸事已了，便與世長辭了。

成吉思汗去世後，蒙古人果然祕不發喪。西夏國主率眾出降時，蒙古人按照成吉思汗的囑託，把西夏皇室殺得乾乾淨淨，然後把成吉思汗的遺體祕密運回蒙古老營安葬。

據說，成吉思汗的棺木是一株圓木。把一棵大樹砍下來，枝枝杈杈砍掉，中間按照人形挖一槽，成吉思汗就臥在這個槽裡，金盔金甲金佩劍，金盤金碗金筷子，按日常生活的裝扮嵌在這個槽裡。然後把大樹合攏，外邊用三道金箍包裹，用馬車祕密運回北方草原。

我們看歷朝皇帝的陵，都能明確知道在哪兒，所以基本上都被盜掘一空了。只有元朝的皇陵，《元史》上記載葬於起輦谷，這起輦谷到底在哪兒，眾說紛紜。比較可信的看法是在今天蒙古國的肯特山。但是從來沒有挖到過任何一件元朝皇陵的實物。

因為據說成吉思汗包括以後的蒙古皇帝，下葬的時候都很注重環保，來自草原還要回歸草原，不能破壞草地。所以蒙古人都是祕葬，不起墳土，不像中原人壘個大墳頭，遠遠一看就知道這底下有墳，刨吧。蒙古皇陵不起墳土，上邊踏為平地播種牧草，幾代之後，要想再找成吉思汗陵就找不到了。

今天內蒙古鄂爾多斯伊金霍洛旗有成吉思汗的陵墓，但是這個成陵據說是衣冠塚，成吉思汗的遺體沒有在這裡面。

改變了世界的人

成吉思汗一生戎馬，大大小小經歷了六十多場戰役，除了當年跟札木合的十三翼之戰，因為實力懸殊失利退卻之外，從來沒有打過一場敗仗。可以說，成吉思汗真的是一個天才的軍事家。有中國的學者評價說，成吉思汗是後人難以比肩的戰爭奇才，逢敵必戰，逢戰必勝，將人類的軍事天賦發揮到了極點。什麼樣的人叫戰神？成吉思汗這樣的人就是當之無愧的戰神。所以對於成吉思汗的軍事才能，大家的評價是一致的，他是公認的超級戰神。

當然，對於成吉思汗的功過，可能有不同的評價。比如有人說他是一代天驕，有人說他是不世出的聖主，也有人覺得他是殺人魔王。我想說的是什麼呢？成吉思汗不僅僅是一個軍事家，他也是一個治理國家頗有才能的傑出政治家。特別是成吉思汗的西征，實際上起到了一個打通東西方商路的作用。

法國著名的學者格魯塞，他在《蒙古帝國史》這本書中評價說：蒙古人幾乎將亞洲全部聯合起來，開闢了洲際的通道，便利了中國和波斯的接觸，以及基督教和遠東的接觸。……馬可・波羅得知了釋迦牟尼，北京有了天主教總主教。……從蒙古人的傳播文化一點說，差不多和羅馬人傳播文化一樣有利。對於世界的貢獻，只有好望角的發現和美洲的發現，才能夠在這一點與之相似。

這個法國學者高度評價了蒙古人的遠征，對於世界不同文化之間的交流作用很大。

《全球通史》的作者、著名的歷史學家斯塔夫里阿諾斯說：由於蒙古帝國的興起，陸上貿易發生了一場大變革。歷史上第一次，也是唯一一次，一個政權橫跨歐亞大陸，即從波羅的海到太平洋，從西伯利亞到波斯灣。……往來於這條大道的商人們說，無論白天還是黑夜，在塔那到中國的路上行走，是絕對安全的。

這也是高度評價了成吉思汗及其建立的蒙古帝國，對於東西方之間商業往來的進步作用。

一九九九年，當時的韓國總統金大中說：有人認為，由於有了蒙古人，人類才第一次擁有了世界史。而蒙古人堅忍不拔、勇猛無敵的精神和機智敏捷的性格卻塑造了偉大的成吉思汗。同樣，我也贊成一些人的評價，網路還未出現的七百年以前的蒙古人卻打通了世界各國的關係。

也就是說，在成吉思汗以前沒有完整意義上的世界史，只有地區史。比如說唐朝的時候，東亞有唐帝國，中亞、西亞有阿拉伯帝國，東歐有拜占庭帝國，西歐有查理曼帝國，這些帝國之間可能彼此沒有什麼往來。比如說唐帝國發生的事，很難影響到其他國家。而成吉思汗的西征，使各國發生了密切的往來，日益連成了一個整體。從這個意義上講，人類才第一次有了完整意義上的世界史。

因此，不管我們對成吉思汗這個人怎麼評價，他都無愧是一位傑出的軍事家和政治家。

袁騰飛講成吉思汗／袁騰飛著. -- 一版.-- 臺北
市：大地, 2014.10
面：　公分. --（History：71）

ISBN 978-986-5800-79-6（平裝）

1. 元太祖　2. 傳記

625.71　　103016942

袁騰飛講成吉思汗

HISTORY 071

作　　者	袁騰飛
發 行 人	吳錫清
主　　編	陳玟玟
出 版 者	大地出版社
社　　址	114台北市內湖區瑞光路358巷38弄36號4樓之2
劃撥帳號	50031946（戶名　大地出版社有限公司）
電　　話	02-26277749
傳　　眞	02-26270895
E - mail	vastplai@ms45.hinet.net
網　　址	www.vastplain.com.tw
美術設計	普林特斯資訊股份有限公司
印 刷 者	普林特斯資訊股份有限公司
一版一刷	2014年10月

大地

定　　價：320元